蜀沙古金

GUSHUJINSHA

黄剑华 著

四川文艺出版社

图书在版编目（CIP）数据

古蜀金沙 / 黄剑华著. —— 成都：四川文艺出版社，
2021.12

ISBN 978-7-5411-6147-6

Ⅰ.①古… Ⅱ.①黄… Ⅲ.①巴蜀文化—出土文物—
研究—成都 Ⅳ.①K872.711.4

中国版本图书馆CIP数据核字（2021）第251991号

GUSHU JINSHA

古蜀金沙

黄剑华　著

出 品 人　张庆宁
责任编辑　王思鈜　叶　驰
内文设计　史小燕
封面设计　赵海月
责任校对　段　敏
责任印制　喻　辉

出版发行　四川文艺出版社（成都市槐树街2号）
网　　址　www.scwys.com
电　　话　028-86259287（发行部）　028-86259303（编辑部）
传　　真　028-86259306

邮购地址　成都市槐树街2号四川文艺出版社邮购部　610031
排　　版　四川胜翔数码印务设计有限公司
印　　刷　四川华龙印务有限公司
成品尺寸　169mm×239mm　　　　开　本　16开
印　　张　20　　　　　　　　　　字　数　290千
版　　次　2022年4月第一版　　　印　次　2022年4月第一次印刷
书　　号　ISBN 978-7-5411-6147-6
定　　价　78.00元

古蜀金沙

|目录|

古蜀文明遗存的新发现

第一章

一、湮没的古蜀文明

古蜀历史由于缺少文字记载，一直云遮雾绕扑朔迷离。在《蜀王本纪》和《华阳国志》等汉晋时代的文献追述中，地处长江上游内陆盆地的古蜀国曾有蚕丛、柏灌、鱼凫、杜宇、开明等朝。但他们究竟是传说的人物还是确有其人？是人名还是氏族或部落的名称？他们所代表的各个朝代延续了多久？相互之间的兴衰更替又如何？众多的疑问为古蜀历史文化抹上了浓厚的神秘色彩，使后人产生了种种猜测。

千百年来，神秘的古蜀历史曾激发了文人墨客的丰富想象，并引起了后世学者们的深厚兴趣。唐代大诗人李白在著名的《蜀道难》中写道："蚕丛及鱼凫，开国何茫然。尔来四万八千岁，不与秦塞通人烟。西当太白有鸟道，可以横绝峨眉巅。地崩山摧壮士死，然后天梯石栈相钩连……"当我们读到这些瑰丽的诗句，感受到的不仅仅是古人对"蜀道之难，难于上青天"的惊叹，更会油然联想到许许多多的古蜀历史文化之谜。比如古代蜀人究竟是什么时候在成都平原建都立国的？古蜀先民们崛起于何处？他们是如何进入成都平原的？古蜀王国的疆域和文明发展状况以及社会生活情形怎样？古蜀历史文化的特点是什么？古蜀与中原文明和周边区域文明的关系又如何？对于这一连串的疑问，尽管学者们历来已有各种不同的理解和解释，但真实情形却一直笼罩在迷雾之中。

湮没的古蜀文明在经历了漫长的历史岁月，到20世纪80年代有了惊人的三星堆一号坑、二号坑考古发现之后，才终于被撩开神秘的面纱，露出了璀璨的面容[1]。三星堆出土的青铜雕像群和大量精美文物，为解开众多的古蜀历史文化之谜提供了一把极其重要的钥匙，印证了文献古籍中的记载，由此可

---

[1]　四川省文物考古研究所编《三星堆祭祀坑》，文物出版社1999年4月第一版。

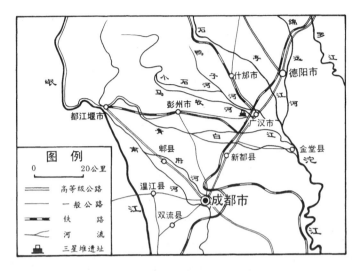

广汉三星堆遗址地理位置图

知传说中的古蜀王国并非子虚乌有。三星堆考古发现充分揭示出古蜀文明的灿烂辉煌，告诉我们在商周时期甚至更早，成都平原就有着繁荣昌盛的古文化、古城和古国，这说明岷江流域也是中华文明的重要发源地之一，拥有同中原和其他地域一样古老而发达的历史文化。

三星堆考古发现有着极为重要而深远的意义，不仅为我们了解湮没达数千年之久的神秘古蜀文明提供了珍贵的资料，也在人类文明发展史上增添了新的绚丽篇章。从审视和研究的角度来看，三星堆出土的大批罕见的文物，展示了百科全书式的文化内涵和穿越时空的艺术魅力，无论是在中国考古史还是世界考古史上，这都是一次前所未有的惊人的考古发现。正因为三星堆考古发现具有多方面的无可替代的重要价值，所以我们怎么赞美它都是不过分的。1986年三星堆一号坑、二号坑的考古发掘经新闻媒体报道后，立即在海内外引起轰动，获得了专家学者们极高的评价和社会各界的热情关注。此后，三星堆出土文物应邀在国内和世界上许多国家和地区展出，更是反响巨大、热闹异常，受到全世界的关注。

三星堆考古发现的另一重要收获是通过考古发掘揭示了古蜀王国规模宏大的都城遗址。其城址主要分布在广汉真武、三星两村，位于鸭子河与马牧河之间，呈南宽北窄的梯形布局。城墙结构由主城墙、内侧墙和外侧墙三部分组成，分段夯筑而成，城墙下层采用斜面拍夯法，主城墙上面有使用土坯砖修筑的梁埂。城圈范围东西长1600～2100米，南北宽1400米，现有面积2.6平方公里，面积与郑州商城遗址相当[①]。城墙两侧分布着比较密集的居住遗址。在鸭子河和马牧河两岸的台地上和附近的许多地点也发现了丰富的文化遗存，整个三星堆遗址分布范围的总面积约达12平方公里。这些考古发现充分显示出这里曾是古蜀王国的一个重要都城，是古代蜀人政治经济文化的中心。正如邹衡先生所述："从城址的规模来看，与商王朝的都城郑州商城不相上下，可以想见，当时屹立在中国西南部的这一古国是何等气派。"[②]如果将三星堆遗址同周边考古发现的数十座同时期中小遗址联系起来思考，可知殷商时期的古蜀王国是一个由中心城邑、一般邑聚和村落组成的复杂社会，有着灿烂辉煌的青铜文化，拥有高度发达的制玉和制陶工艺，社会生活呈现出一派繁荣兴旺和绚丽多彩的情形。

三星堆考古发现在很多方面都给了我们丰富的启示。出土的青铜雕像群展现出了鲜明的地域特色，说明古蜀王国在祭祀活动和礼乐制度等方面都有着不同于中原文明的许多自身特点。规模宏大的三星堆都城遗址大于早商都城，与中商都城不相上下，则说明古蜀王国并非商王朝的外服方国。因为根据《尚书》《周礼》《左传》等古代典籍记载，殷商王朝在内外服制度和匠人营国之制方面有一整套严格而明确的规定，方国都邑必须小于王都，不能逾越。"如将蜀国纳入商代外服体制，显然是严重逾制，在当时根本无法想象，只能表明蜀国都制与商王朝都制分属于两个不同的政权体系。"[③]二者不

① 屈小强、李殿元、段渝主编《三星堆文化》，四川人民出版社1993年12月第一版，第113页。

② 邹衡《三星堆祭祀坑（序）》，文物出版社1999年4月第一版，第8页。

③ 段渝《四川通史》第一册，四川大学出版社1993年10月第一版，第47页。

存在隶属的关系，也就没有权力大小的区别，在营建都邑的规模方面也就可以各行其是。由此可知，地处长江上游内陆盆地的古蜀国在当时是一个独立发展的繁荣强盛的王国，在政治上、经济上、文化上都自成体系。但古代蜀人并不封闭，和黄河流域殷商王朝以及周边其他区域在经济与文化上有着源远流长的交往和相互影响。比如三星堆出土青铜礼器中的尊、罍以及玉石器中的璧、璋、戈等形制就反映了商文化与蜀文化的相互影响和融合。三星堆出土的玉琮等器物则反映了古蜀文明与长江中下游地区有着久远的交流和往来。如果从更宏观的角度来看，三星堆青铜文化与古代西亚文明也有许多相近的文化因素，相互间可能有过交流并产生过影响。最为显著的例证是，三星堆出土的青铜群像、青铜神树、纯金面罩、金杖、金箔饰等在国内尚无同类出土资料可资比较，而与古代西亚青铜文化做横向比较却可发现一些相似之处，因而有学者认为三星堆青铜文化"是在土生土长的古蜀文化的基础之上，既吸收了中原殷商文化的因素，又可能吸收了来自西亚古老文明的因素形成的一种复合型文化体系"[①]。值得指出的是，古代蜀人与世界其他地区的远程交流有可能是直接的，也可能是间接的，无论是从古代文献透露的信息还是根据考古发现提供的大量资料来看，这种交流往来早在殷商时期之前就开始了。可以说正是这种交流往来，显示出了"三星堆青铜文化与西亚上古文明在东方文化体系中的相互作用和联系"[②]。

古蜀文化与殷商文化的交往，可能有水陆两途。一条是顺长江上下，可能是古代四川与中原地区往来联系的主要途径。通过对出土青铜器物类型与纹饰的比较研究，可知以中原为中心的殷商文化先向南推进，在江淮荆楚地区产生强烈的影响，又溯江进入蜀地。三星堆出土的不少青铜器与湖南、湖

---

① 霍巍《广汉三星堆青铜文化与古代西亚文明》，《四川文物》1989年"广汉三星堆遗址研究专辑"，第43页。

② 范小平《三星堆青铜雕像与西亚上古雕塑艺术比较》，《四川文物》1997年第5期，第52页。

北、江西、安徽等地出土的同类器物非常相似，便是很好的证据[①]。另一条是北经汉中之地或通过陇蜀之间，也是古蜀与中原的重要交流途径。据学者们研究考证，早在开明王朝开凿石牛道之前乃至夏商之际，古蜀国北面的交通就已存在了，古代蜀人使用栈道的历史可能远比见诸文字记载的还要久远。正如《史记·货殖列传》所述，先秦时期"陇蜀之货物而多贾"。邓少琴先生指出："是时雍蜀之间已有商业之发展。下至石牛道之开凿，以蜀饶资用，南御滇僰，西近邛筰，栈道千里，无所不通。"[②]考古发现也为此提供了重要印证，陕南城固出土的铜器群中就有属于殷商文化的器物，如鼎、尊、罍、瓿、簋、戈、钺等，又有属于早蜀文化的器物，如青铜面具、铺首形器以及陶器中的尖底罐等，呈现出两种文化交错共存的现状。在陕西宝鸡地区茹家庄、竹园沟、纸坊头等处发掘的弓鱼国墓葬更展现出一种复合的文化面貌，从不同侧面揭示出商周时期古蜀文化进入渭滨地区与周文化和寺洼文化的交流融合[③]。这些发现对于研究当时的民族关系、不同地域之间的文化传播和交流影响，显然具有非常重要的意义。

总的来说，三星堆青铜造像群展现出浓郁的古蜀特色，在王权和神权方面有着自成体系的象征含义。三星堆出土的青铜尊、青铜罍等形制，以及玉石器中的璋、戈等形制则显示出对商文化的模仿，反映了商文化对蜀文化的影响，应是古蜀与中原在经济文化方面长期交往的结果。值得注意的是，古蜀与中原的文化交流是不丧失主体的交流。三星堆出土器物说明，古代蜀人在接受商文化影响的时候，以高超的青铜雕像造型艺术为代表特色的古蜀文化始终占据着主导地位。同时我们也应看到，古代蜀人不仅有极其丰富的想

---

① 李学勤《商文化怎样传入四川》，《中国文物报》1989年7月21日。李学勤《〈帝系〉传说与蜀文化》，《四川文物》1992年"三星堆古蜀文化研究专辑"，第16～17页。
② 邓少琴《巴蜀史迹探原》，四川人民出版社1983年6月第一版，第156页。又见《邓少琴西南民族史地论集》上册，巴蜀书社2001年8月第一版，第118页。
③ 卢连成、胡智生《宝鸡弓鱼国墓地》上册第6页，下册彩版二、三，文物出版社1988年10月第一版。

象力和创造力，而且具有很强的开放性和兼容性，并显示出强烈的开拓精神。古代蜀人与外界有着长期而积极的经济往来和文化交流，这对古蜀文明的灿烂发展起了重要的促进作用。正如李学勤先生所说："蜀文化是有自身的渊源、自身的演变的。在接受了长时期的中原和其他地区的文化影响之后，才逐渐融会到全国的文化进程中去。"[①]也可以说，正是由于三星堆古蜀文化与中原殷商文化各自所具有的鲜明特色，展现出长江流域和黄河流域南北两个文化系统的绚丽多彩，并随着相互影响和交流融合，从而在中华文明发展史上谱写了青铜时代杰出而又辉煌的篇章。

威严华贵的三星堆青铜立人像

三星堆考古发现为我们了解殷商时期古蜀社会的祭祀活动、生活习俗、礼仪制度、科技文化以及古代蜀人的族属关系、精神观念、审美情趣等提供了丰富翔实的资料。从美术考古的角度来看，三星堆出土的众多青铜雕像，铸造精美，形态各异，组成了一个千姿百态的栩栩如生的神秘群体，很可能是古蜀王国群巫集团的生动写照，其中高大的青铜立人像则可能是大巫或群巫之长与蜀王的象征。它们代表的应是古蜀族和古蜀国宗教首领阶层，同时也是古蜀国统治阶层的象征，既代表着神权，又是王权的化身。此外，神奇的青铜纵目人面像既有人的特点，更有神与鬼的夸张，显示出浓郁的图腾、神灵意味，可能是古代蜀人的崇拜偶像。三星堆青铜人物雕像群具有极其丰富的象征含义，既有祭祀者的形象，又有被祭祀的祖先神祇和神灵偶像的神奇塑造，组成了具有浓郁古蜀特

---

① 李学勤《三星堆饕餮纹的分析》，《三星堆与巴蜀文化》，巴蜀书社1993年11月第一版，第79页。

神奇夸张而又寓意丰富的
青铜纵目人面像

色的规模宏大的祭祀场面。同时出土的还有众多的鸟、虎、龙、蛇与各种飞
禽走兽的青铜造像，表现的则是神物大合唱的情景，也与古代蜀人的祭祀活
动有着密切关系，应是盛大祭祀场面的组成部分。由此可知，祭祀活动在古
代蜀人的社会生活中至关重要，很可能是古蜀国事活动中的一件头等大事。
这些充满神秘意味和强烈巫术色彩的祭祀场景告诉我们：古代蜀人向神灵偶
像崇拜祭祀，其目的是为了得到祖先和众神的庇佑，以强化神权和王权的影
响和统治。进一步看，昌盛的大型祭祀活动也是团结凝聚古蜀国各部族各阶
层的重要形式和有效手段。众多的青铜人物雕像，个个气概英武，从头像特
征看，可能属于同一民族集团，应是古蜀国统治阶层和巫师群体的象征；而
各种不同的脸型头饰则反映出他们之间存在着等级和族属的差别，可能分别
代表着古代西南地区各个氏族、部落的巫师和首领以及各社会阶层中杰出而
显赫的人物。我们很容易联想到古代酋邦社会和部落联盟时代大型盟会的情
景，由此推测古代蜀地曾长期小邦林立，从而形成了古蜀王国的共主政治秩
序。古蜀王国历代王朝的兴衰更替，早期城址和王都的变迁，显然都与联盟
和共主的变化有关。

三星堆一号坑出
土的青铜人头像

三星堆二号坑出土的头戴
辫索状帽箍青铜人头像

三星堆二号坑出土
的头戴装饰青铜人
头像

　　三星堆出土的青铜神树也是令人惊叹的神奇之物，有着极为丰富的象征含义。首先，它是古代蜀人神树崇拜观念的体现，与流行于蜀地的太阳神话有着非同寻常的关系。《山海经》中对著名的十日神话曾有生动的记述，青铜神树三层九枝上便铸出了"九日居下枝，一日居上枝"的太阳神鸟的生动造型，充分展现了古蜀先民们关于树与鸟的丰富想象。其次，这是具有复合特征的用于古蜀盛大祭祀活动中的通天神树，展示了古代蜀人神奇的通天观念。在古代蜀人绚丽多彩的精神世界里，人神交往这一主题观念始终占据着显著的地位。《淮南子·地形训》中有"建木在都广，众帝所自上下"之说，青铜神树便是古代蜀人心目中的天梯象征，是传说中的众神或者仙人以及具有无穷法力的巫师上下天庭、往来于天上人间的场所。青铜神树底部，

三星堆出土的大型青铜神树，
具有丰富的象征含义

在圆形圈足上如同山丘一样隆起的底座三面分别铸有跪着的小铜人，分明就是升降于天地之间的巫师。那条尾在上头朝下攀缘在青铜神树之上的神龙，表达的应是众神乘龙而行、上天下地的情景。古代蜀人运用高超的雕塑造型技艺和娴熟的青铜铸造技术，将这些丰富的内涵通过青铜神树绝妙而形象地表现出来，真可谓令人赞叹的一大创造。

三星堆考古发现还告诉我们：古代蜀人有着极其昌盛的太阳崇拜观念。出土器物中不仅青铜神树和铜鸟是十日神话的形象体现，而且还有许多与太阳崇拜观念关系密切的器物，比如青铜太阳轮形器、圆日形状的青铜菱形眼形器、圆日图像的青铜圆形挂饰、四面坡状神殿屋盖上的圆日图像、胸前有圆日图像的人面鸟身像等。众多的圆日图像和造型器物在古蜀国盛大的祭祀场面中起着重要的装饰作用，势必造成强烈的视觉震撼，给人以神秘又神奇的感受，而这正是古代蜀人希望达到的祭祀效果。还有三星堆出土的金杖，上有羽箭穿过鸟颈的图案，很可能是射日神话的一种反映。金杖图案中的人面形象的圆日形的脸与光芒状的头冠给人以表情欢快、英雄豪放之感，可能表现的是太阳神的形象，同时也可能是无往而不胜的射日英雄的写照。图案中包含的多重形象含义并不矛盾。有不少学者认为，射日的羿即是中国的太阳神——类似西方的阿波罗[①]。这也正是古代蜀人多种崇拜观念相互整合的结果。

总而言之，古代蜀人的精神观念有着极其丰富的内涵，并有着自成特色的发展和演变。其中既有神树崇拜、神山崇拜、太阳崇拜、龙凤虎蚕等泛灵崇拜、祖先崇拜、英雄崇拜，又有神仙思想和魂归天门观念，并融入了想象力极其丰富的神话传说，同时又具有强烈的原始巫教色彩，形成了复杂而又庞大的系统，可谓五彩缤纷、洋洋大观。出土的丰富文物告诉我们：古代蜀人的宇宙观和世界观在三星堆时期已由初民的原始思维发展到了比较成熟的阶段，与之密切相关的则是古蜀国内陆农业文明的繁荣发展，艺术文化和科技工艺也都达到了很高的程度。可以说，正是由于繁荣的物质文明和绚丽的精神世界两者之间的相互促进和完美组合，得以成就古蜀文明的灿烂辉煌。特别是古代蜀人富于想象力和创造性地将丰富的精神内涵与生动的造型艺术完美结合在一起，达到了一种空前的境界，至今仍向我们展现着超越时空的永恒魅力。

三星堆考古发现揭示的古蜀文明，无论是其高度发达的青铜文明，还是丰富的文化内涵和独特的造型艺术魅力，都堪称东方文明的一颗明珠，在满天星斗多源一统的中华文明起源和发展进程中写下了神奇的一页，也在人类文明史和世界美术史上谱写了新的重要篇章。三星堆考古发现，使我们对绚丽多彩的古蜀文明终于有了真实深切的了解，并产生了举世瞩目的影响。但三星堆之后，古蜀文明的突然湮没，依然是个很大的谜。湮没之后古蜀文明的去向，给我们留下了有待破译的空白。学术界和世人都期待着新的考古发现，期望着会有揭谜的一天。果然，在21世纪的第一年，又有了令人惊喜的成都金沙遗址考古新发现！

---

①　唐愍《我国上古的太阳神》，《中国神话》第一集，中国民间文艺出版社1987年6月第一版，第232～234页。

二、惊人的考古发现

　　19世纪末20世纪初以来，中国近代有许多重大考古发现，例如我们熟知的甲骨文和敦煌藏经洞中的珍贵文物，最初的发现都带有一定的偶然性。成都金沙遗址的发现与三星堆古蜀文明遗址的最初发现一样，也有很大的偶然性。

　　21世纪第一年的春天，2001年2月8日下午，成都市考古队接到报告，中房公司在苏坡乡金沙村进行"蜀风花园城"小区道路的工程作业时，在挖出的泥土中发现了大量白色骨状物和古代玉石器遗存。当时有人推测，是不是挖到古墓了？考古队立即派人迅速赶赴施工现场查看，制止了围观拾捡文物的群众，并停止了施工。在挖开的沟内，考古工作者发现了大量的残断象牙，并在挖出的泥土中发现了一些石璧和石雕人像残件。根据多年从事田野考古工作的经验，他们意识到这儿并非寻常古墓，而是一个非常重要的考古发现，很可能又是一处古蜀文明的重要遗址。他们怀着激动的心情，立刻打电话将这一情况报告了考古队的负责同志。

　　当时成都市考古队的领导和勘探部的负责人正在绵阳开会，研究新年度的工作发展规划。接到报告后立即派副所长和勘探部负责人星夜赶回成都。第二天清晨，他们仔细查看了现场，地上一片狼藉，到处是玉石残片和象牙残渣，在挖掘机开挖沟的剖面上有三处象牙堆积，壁上还残存大量的玉器、石器，沟底散落着石璧、玉璋、玉琮残片和象牙。他们迅速采取措施，用彩条布搭建了临时隔离墙，组织人员清理散落土中的文物。在询问情况得知已有大量泥土运出发掘区后，又立即派人控制了泥土堆积范围，将其与外界隔离起来，调派人员进行清理。2月9日下午，考古队的领导也从绵阳赶回，直奔金沙村工地，决定加强现场保护，对这一重要发现所在区域进行抢救性考古发掘，并与有关部门取得了联系。当天晚上，公安机关关于追缴出土流失文物和确保金沙遗址发掘现场安全的通告就张贴在了现场的显著位置。调派的考古工作人员随即进驻现场，金沙遗址的抢救清理和大规模发掘工作从此拉开了帷幕①。

　　综合发掘现场的各种情况来看，金沙遗址确实是一处非同凡响的重要发现，考古工作人员感到一种难以形容的兴奋，同时又有一种说不出的痛心。因为他们在得到消息后尽管以最快的速度保护了金沙遗址发掘现场，但出土文物的地层关系已遭到破坏，而且发生了部分文物流失现象。虽然经公安部门的努力，将流失的文物大都追缴了回来，挽回了损失，但破坏了的地层关系以及被挖掘机械严重毁坏的遗物却是无法恢复的，因而考古工作者在为之庆幸的同时内心仍有一种深深的遗憾。随着西部大开发和经济建设的加快，城市建设蒸蒸日上，大型基础建设特别是道路建设和房地产开发的速度日益

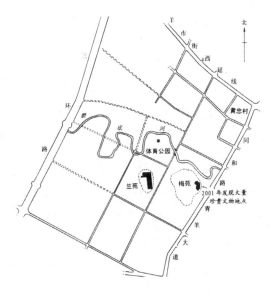

成都金沙遗址位置示意图

① 王方、张擎、朱章义《金沙——一个可能是古蜀国都邑的地方》，《文物天地》2002年第5期，第40页。

加快，由此一些重要地下遗址和珍贵文物遭到人为破坏的令人痛惜的情形屡有发生，不能不使人扼腕叹息。金沙遗址的抢救性清理和发掘工作就是在这种庆幸和遗憾的心情中开始的。

考古人员进驻工地后，先进行的是对金沙遗址发掘现场的清理工作，考古人员分为五组，分别对现场的四堆散土和外运泥土进行了清理，第一天就从散土中收集了金、铜、玉、石、象牙、骨器等出土文物400余件。这是一项非常细致的工作，在以后的两个多月里，考古工作者以极大的耐心对挖掘出来的散土进行了一遍又一遍的过筛清理，唯恐有任何遗漏，每个人都希望尽可能多找到一些出土文物，哪怕是一块小小的残片也绝不放过。经过多次认真搜寻，最后共清理出土金器、玉器、铜器、石器、象牙、骨器等各类珍贵文物1300余件。其中有金器30多件，铜器约500件，玉器约500件，石器250余件。在清理过程中，面对着出土的一件件精美文物，考古工作者常常抑制不住内心的惊喜，这是多么重要的考古发现啊！这些出土文物不仅数量众多，而且有许多精美异常的，有的更是首次发现，令人叹为观止。例如金器中的金面具、太阳神鸟金箔饰、金冠带、金箔蛙形饰、金喇叭形器、金盒等；玉器中的神面纹青玉琮、兽面纹玉斧形器、玉人头像、玉剑鞘、玉璋、玉璧、玉戈、玉矛、玉剑、玉锛、玉凿、玉镯、玉贝、玉牌形器等；铜器中的青铜立人像、青铜立鸟、青铜牛头、青铜兽面、青铜三鸟纹有领璧形器、青铜眼形器等；石器中的石跪坐人像、石虎、石蛇、石斧形器等。这些出土文物具有极其珍贵的价值，尤其是它们所展现的生动别致的造型、精湛高超的制作工艺、绚丽多彩的文化内涵和浓郁的艺术魅力，为研究和了解古蜀文明增添了新的珍贵资料。与此同时，清理出土的文物运回了考古队特地开辟的几间库房，进行清洗、编号、登记造册，并开始了初步的拼对整理和上架工作。鉴于这批清理出土的文物已混淆了地层关系，而且遭受破坏的情况比较严重，只能统一按采集品编号。大多数器物已被损坏，残片相互混杂，这给器物的定名、拼接、整理工作造成了很大的困难，考古工作人员在拼对整理过程中往往要反复比对。面对着一堆混杂的残片，就像在做拼图智力游戏，经

成都商业街遗址考古发掘现场情形

过几个小时甚至几天的工夫，才将挑拣出来的残片准确无误地拼接成器物的原来形状。尽管有诸多的困难，工作量又是如此巨大，考古工作人员还是在较短的时间内完成了第一批出土文物的拼接整理与上架工作，从而为研究探讨工作提供了方便，也使纷纷前来参观的国内外专家学者们能看到金沙遗址出土文物的概貌。

考古工作者最初的判断已被越来越多的出土器物所证实，成都金沙遗址确实是一处重要的古蜀遗址，这是继三星堆之后又一个非同寻常的重要考古发现。消息经新闻媒体报道后，立即引起了海内外的广泛关注。整个考古界都为这一重要发现而津津乐道。金沙遗址的发现，不仅是成都市和四川省考古事业的一个新的巨大收获，也是全国乃至世界考古史上的一件大事。我们知道，在成都平原上从事田野考古的文物工作者们，自20世纪中叶以来，为寻觅古蜀文明遗踪，曾付出了勤奋而艰辛的努力。经过长期不懈的探寻，他们相继发现了成都十二桥文化遗址、新津宝墩等六座早期古城遗址、成都商业街船棺和独木棺遗址等，为揭示古蜀先民们的栖息迁移活动情形和古蜀文明的繁荣灿烂以及古蜀王朝的兴衰更替提供了丰富的实证。金沙遗址的重大考古发现更是意义深远，对揭开古蜀历史文化之谜显得尤其重要。继三星堆之后，我们更清晰地看到了古蜀社会的真实面貌。此后，金沙遗址毫无争议地被评为"2001年全国十大考古新发现"之一，其显赫的学术价值得到了学术界公认，并引起了社会各方面的广泛关注。

从金沙遗址清理出土的大量文物来看，其中有些器物造型与三星堆出土器物非常相似，形态和制作工艺都有很大的一致性，例如青铜立人像、金面具、玉人头像、青铜立鸟、青铜牛头以及玉器中的玉璋、玉璧、玉戈等，此外还有大量的象牙，由此可知金沙遗址与三星堆遗址之间有着非常密切的关系。但是，金沙遗址清理出土的许多器物也与三星堆出土器物有着明显的差异，比如神面纹玉琮，又比如金冠带上的图案等。更有一些金沙遗址的出土器物是迄今为止从未有过的发现，例如太阳神鸟金箔饰、金箔蛙形饰、金喇叭形器、金盒、玉板状槽形器（玉剑鞘）、玉牌形器等，皆是考古界见所未见、闻所未闻之物，无论是造型风格还是文化内涵，都别具特色。这些蕴含着古蜀时代丰富信息的大量器物，说明数千年前的古蜀社会不仅有过三星堆时期的繁荣辉煌，而且还有金沙遗址所展示的兴旺灿烂。可以说，金沙遗址的重大考古发现使我们对湮没于地下已几千年的古蜀文明有了更多的触摸和了解，同时也提出了许多新的疑问等待着我们去思考探讨。如金沙遗址和三星堆遗址之间究竟是什么关系？金沙遗址是和三星堆遗址同期还是在三星堆遗址湮没之后出现的一个新兴的古蜀王国都邑所在？在古蜀王国历史上曾发生过数次王朝更替，金沙遗址是哪个古蜀王朝的遗存呢？这一连串的未解之谜，一开始就吸引着学者们做出种种分析推测，并激发了考古人员深入探寻的浓厚兴趣。

抢救性的清理只是一个序幕，在对现场散土反复过筛搜集出土文物的同时，正式的考古发掘工作也随之展开了。考古人员从施工现场挖掘机挖开的深沟附近开始由上向下进行发掘，对每个地层与出土器物都做了详细记录。地层关系与器物类型是判断遗存时代与文化属性的重要依据，金沙遗址的考古发掘工作从此进入了科学而规范的步骤。在地层的第六层，考古人员发掘出土了一批玉器和铜器。继续往下发掘到第七层时，出土的玉器和铜器数量大增，并伴随

金沙遗址考古发掘现场情形

大量象牙出土。根据考古人员的田野考古工作经验，这种情形在成都平原历年来发现的其他古蜀遗址中是较为罕见的。这些器物与大量的象牙为什么会密集地放置在一起？是古代蜀人有意埋藏于此？还是由于某种原因导致了这些器物与大量象牙的遗弃与湮没？许多费人猜思的疑问，随着考古发掘的进展而不断涌出，摆在了考古人员的面前。为了寻找原因，弄清缘故，考古人员并没有急于去开挖那些密集堆置在一起的已找到开口的象牙坑，而是从外围着手，继续扩大发掘面积。

在其后大面积的深入发掘中，又有了许多新的发现。首先是在发掘区西北部的第五层发现了数量众多的陶器，接着在下面的第七层发现了大量的鹿

角、野猪獠牙、象牙、玉器、陶器、美石等遗物，它们较为集中地分布在一起。从地层关系看，这儿呈下凹状，可能是当时地面的低地，被利用来堆积这些数量很大的遗物，其分布面积约300平方米。据现场发掘的考古人员推测，这片大面积的遗存很可能与古代蜀人的宗教礼仪活动有关。当然这片遗存蕴含着极其丰富的信息，从中可以了解古蜀社会生活的许多情形，譬如大量的野猪獠牙和鹿角便透露了古代蜀人频繁的狩猎活动和当时良好的生态环境，很容易使人联想到当时林木茂盛、鸟兽繁多的情景。值得注意的是，这片遗存中的野猪獠牙经过鉴定均为野猪的下犬齿，却无上犬齿，这是个非常有趣的现象。与此同时，在发掘区南部也有了新的重要发现，发掘显示出有一片石器分布区，器形主要有石璧、石璋等，大都为半成品，分布面积也有300平方米左右。这些尚未制作完工的半成品石器皆为倾斜放置，层层叠压，相互之间有泥土相间隔。按常理推测，这儿似乎应是石器的加工制作之处，但在附近却没有发现玉石器作坊遗迹和加工废料，这也是耐人寻味的一个现象。此后，在其他发掘区域也有石璧等类型的半成品石器出土，究竟是什么原因造成了这些半成品石器的遗弃？如果是当时古蜀先民有意为之，该区域属于什么性质？其目的又是什么？这些疑问都令人费解，其真实原因目前尚不明了。

接着，考古工作者对机械施工时发现的象牙堆积坑进行了初步清理，该坑在挖掘机开挖中已遭到严重破坏，残存的仅有坑的西南角。从清理的情况看，坑内的象牙层层叠放，共有八层，在坑底和坑壁还发现了数量较多的玉器、铜器。虽然象牙堆积坑中的大量象牙已令人遗憾地被机械毁损，但残留的数量仍然可观。这些叠放在一起的象牙都很硕大，大多长1米以上，埋在地下数千年之久仍显露出细腻的光泽。鉴于目前对远古时代遗留至今的象牙尚无成熟的和比较有效的保护方法，考古工作者并没有急于将象牙从坑中取出，考古队领导经慎重研究后决定暂时将开挖的泥土回填，利用象牙堆积坑原有的环境条件加以保护。这样做较为有效地防止了大批象牙出土后可能发生的脱水酥裂现象，待到后来发掘工作大体告一段落后才将这些象牙逐渐取出密封保存。对象牙堆积坑进行仔细发掘清理的最大收获是对金沙遗址年代有了明确的判断。考古工作者从揭示出的较为清楚的地层关系和出土遗物类型分析，象牙坑的时代应为西周早期到春秋前期，进而推测象牙坑的性质很可能与当时古蜀社会中的某种宗教礼仪活动有关。这对整个遗址的时代判断，以及对古代蜀人社会生活情形的了解显然有着很重要的意义。

　　2001年春夏之际，考古工作者主要对金沙遗址发现现场和附近地段进行了清理和考古发掘，收获极其丰富。这儿属于城市建设规划中"蜀风花园城"的"梅苑"。东北角，大量的出土文物表明这里应是古蜀时代非常重要的一个大遗址，湮没于地下的遗存可能还有很多。为了进一步揭示其真实面貌，勘探和扩大发掘便作为迫切的任务提上了考古队的议事日程，并很快取得了各方面的赞同与支持。为了配合基本建设，雨季过后，从9月开始，考古队又调派人员集中力量对规划筹建中的"蜀风花园城"的"兰苑""体育公园"进行了考古发掘。与此同时，考古工作者还对金沙遗址附近做了大范围的全面的文物勘探，总计勘探面积达1平方公里，共布勘探沟800余条，通过

金沙遗址"兰苑"的考古发掘现场

勘探确认了4处重点区域，进行正式考古发掘的面积约16000平方米①。这些文物勘探和考古发掘对初步探明金沙遗址的范围、性质和遗存分布状况起了非常重要的作用。

根据公布的资料介绍，从9月开始的考古发掘情况大致是这样的：首先是对"兰苑"的考古发掘。该区域位于金沙遗址的中南部，在"梅苑"的西侧，占地面积约16万平方米，经勘探确认文化堆积分布面积约2万平方米，主要分布在该区域的中部。考古人员在这里共布探方512个，经过大规模的考古发掘，发现了大量的木骨泥墙式房屋建筑遗迹和红烧土、成排的窖穴、400多个灰坑、90余座墓葬等。所发现的窖穴平面大都呈圆形，平底，坑壁较为规

金沙遗址"体育公园"发现的古蜀族墓葬区

① 成都市文物考古研究所、北京大学考古文博院《金沙淘珍》，文物出版社2002年4月第一版，第8页。

整，从中出土了数量众多的器物。在这里还发现了三座小型馒头窑遗迹，出土了大量的陶片、一批完整的陶器和少量的玉石器、铜器、金器等。较为完整的出土陶器主要有小平底罐、高柄豆、高领罐、陶瓶等，从形制和风格特征看，与三星堆遗址出土的同类器物十分相似。出土的陶器中还有尖底盏、尖底杯、圈足罐等，其类型特点与之前在成都地区考古发现的十二桥文化的典型器物几乎一样。此外在出土的陶器中还有扁壶、高柄杯形器座等一些较为特殊的器物，这是在金沙遗址首次发现的。发掘揭示的地层关系相当清楚，出土器物的类型也较为明确，将二者进行综合分析，考古工作者初步推断这片区域文化遗存的时代应为商代晚期至西周早期，可能是古代蜀人的居住区和墓地。

其次是对"体育公园"的考古发掘。该区域位于金沙遗址的中部，南邻"兰苑"，东邻"梅苑"北部，占地面积约9万平方米，经勘探确认该区域内的文化堆积分布面积约3.6万平方米。考古工作者从2001年10月至11月先在该区域内文化堆积区的两个地点进行了试掘，发掘面积162平方米。其主要收获是发现了一些房屋建筑遗迹和15座墓葬。这些墓葬较为集中，分布在81平方米的范围内，从葬式看多数为二次葬。其中3座墓葬内有随葬品，出土了少量的玉石器和陶器。从墓葬中随葬的陶器类型和其他器物的形制特征来看，结合地层关系分析，这批墓葬的年代大约在西周早期。从这些墓葬打破了文化层与房屋建筑遗址的情形推测，这片区域很可能是古代蜀人的居住生活区，后来被废弃而成为墓地①。

① 朱章义、张擎、王方《成都金沙遗址的发现、发掘与意义》，《四川文物》2002年第2期，第5页。

三、非同凡响的大遗址

金沙遗址的大面积考古发掘，揭示出无论是整个区域占地面积的广阔，还是出土文物数量的庞大、种类的繁多以及精美的程度，都说明这里应是一处非同凡响的大遗址，是商周时期古代蜀人的重要聚居地。众多的建筑遗迹和大量的出土文物告诉我们，这里曾经有过一段较长的繁荣时期，其兴旺与后来的湮没很可能与古蜀王朝的兴衰更替有着较为密切的关系。毫无疑问，金沙遗址是属于商周时期古蜀文化的一处重要中心遗址。那么，这里会不会是继三星堆之后古蜀王国的一个都邑所在呢？金沙遗址在古蜀历史上属于哪个王朝？金沙遗址与三星堆遗址究竟是什么关系？这些都是值得我们去深入探讨的问题。

从成都平原考古发现的整体情况来看，其实金沙遗址早在1995年就已揭开了破土的序幕，考古工作者曾在金牛区黄忠村的三个地点进行了不同程度的考古发掘，取得了一些比较重要的收获。1995年12月至1996年4月，成都市考古队配合城市建设，对位于黄忠村东部的黄忠小区进行了文物勘探，并做了面积约700平方米的考古发掘，出土了大量陶器，代表性器物主要有尖底杯、尖底盏、圈足罐、高领罐、器盖等。根据地层关系和出土器物类型推测，考古工作者认为该遗存的时代大约为商代晚期至西周早期，其考古学文化特征承接广汉三星堆遗址，和成都十二桥遗址基本一致，而与成都平原春秋战国时代考古学文化有较大差异，因此可知黄忠村遗址是一处典型的商周时期古蜀文化遗址[①]。这些发现引起了考古工作者对这片区域的重视，他们预感到地下很可能还埋藏着更多的遗存。

---

① 成都市文物考古研究所编著《成都考古发现》（1999），科学出版社2001年7月第一版，第164～181页。

黄忠小区发掘的古代蜀人聚居遗迹

　　1999年初，成都某房地产开发公司准备在黄忠村开发"三和花园"住宅小区，考古工作者对该工地进行了文物勘探，发现这片区域有着极为丰富的文化遗迹，随即于1999年6月至2000年4月对此地进行了规模较大的考古发掘。田野发掘面积达1400平方米，发现了许多重要遗迹，出土了大量遗物。发现的遗迹主要有房屋遗址17座、窑址17座、灰坑300余个、墓葬13座等。值得注意的是，有5座房址均为大型排房建筑，长度在20米以上，其中最大的一座宽达8米、长达54.8米，至少有5个开间，面积在430平方米以上。这5座房址的布局也很有规律，可能为一组建筑，由此可以推想其宏大的规模。发现的窑址均为小型馒头窑，数量较多，可以想见当时古蜀社会对陶器的大量需求以及手工制陶业的兴旺。这里的墓葬分为两种葬式，第一种是一次仰身直肢葬，第二种是二次葬，成人墓内大多随葬有兽骨，但很少有其他随葬品，仅有一座墓内出土了一把柳叶形青铜短剑，这种情形很可能与当时古蜀族的生活习俗有关。发现的灰坑数量甚多，以圆形为主。在这片区域内发掘出土了大量的陶器，质地可分泥质陶与夹砂陶两大类，从修复的陶器类型来看，既有尖底器，又有平底器和圈足器，种类十分可观。如泥质陶有尖底杯、尖底盏等，夹砂陶有圈足罐、中高柄豆、尖底罐、陶盆、杯形器、器盖、器座、纺轮、异形器等，反映了当时古蜀先民日常生活中大量使用陶器于储物、炊事、宴饮等情形。应该提及的是，在这片区域的西北部还发现了一条古河道，由西北流向东南，冲毁了遗址的一部分，形成了较为严重的破坏，其时间大约为战国时期，由此可知水患对古代蜀人聚居之地造成的危害。

2000年7月至9月，考古工作者对黄忠村北部规划修建的"金都花园"住宅区域进行了考古发掘，发掘面积约500平方米，出土了一定数量的陶器，并发现了一些窑址、灰坑、墓葬等遗迹。根据地层关系和出土器物类型可知，该遗址时代亦为商代晚期至西周早期。

被考古工作者称之为"黄忠村遗址"的上述三次考古发掘，揭示出这是一处商代晚期至西周早期的较为典型的古蜀文化遗址，但当初人们并不知道这是一个更大规模的考古发现的前奏。随着金沙村遗址的惊人发现和对"梅苑""兰苑""体育公园"等区域的大面积发掘，考古工作者终于意识到了这两处地域相邻、考古学文化面貌一致的遗址，其实是一个大遗址的共同组成部分。也就是说，金沙村遗址和黄忠村遗址应同属于一个重要的古蜀文化中心大遗址。随着大量珍贵文物的出土和对考古资料的深入整理，考古工作者更加确信了这一认识，并将包括两个地点在内的整个遗址正式命名为金沙遗址。

从占地面积来看，金沙遗址现已探明的分布面积约3平方公里，确实堪称规模宏大。其地理位置在成都市区西部的二环路与三环路之间，向东至市中心仅5公里，向北距广汉三星堆遗址不过38公里。整个遗址范围的特点是地势平坦，周围河流较多。遗址北侧有郫江故道，南面1.5公里处是清水河，另有磨底河由西向东横穿中间，将遗址分为南、北两半，北为黄忠村，南为金沙村。这些古今河道均由西北流向东南。值得注意的是，在这些河道两侧地带，近年来曾发现了很多商周时期的遗址，呈由西向东连绵分布状。如在抚

成都羊子山土台遗址（想象复原图）

琴小区[1]、十二桥[2]、方池街[3]、君平街、指挥街[4]、盐道街、岷山饭店、岷江小区等处均发现有商周时期的古蜀文化遗址并做了考古发掘。这些遗址由西向东绵延分布在约10平方公里的范围内，为了解商周时期古蜀文化在成都地区的发展情形提供了丰富的考古资料。在这些经考古发掘揭示的遗址中，尤以十二桥遗址发掘面积较大，出土器物甚多，最具典型性，因而有学者提出了"十二桥遗址群"[5]的看法。此外，在成都上汪家拐发现了战国时期的考古学遗存[6]，还有青羊宫遗址[7]等。联系到成都平原宝墩文化六座早期古城遗址的发现，还有举世瞩目的三星堆考古发现，以及1953年～1956年在金沙遗址东北方向约8公里处的羊子山土台遗址的发现，1957年～1958年四川新繁水观

① 王毅《成都市巴蜀文化遗址的新发现》，《巴蜀历史·民族·考古·文化》，巴蜀书社1991年4月第一版，第295～309页。

② 四川省文物管理委员会等《成都十二桥商代建筑遗址第一期发掘简报》，《文物》1987年第12期。

③ 徐鹏章《我市方池街发现古文化遗址》，《成都文物》1984年第2期。

④ 四川大学博物馆、成都市博物馆《成都指挥街周代遗址发掘报告》，《南方民族考古》第一辑，四川大学出版社1987年9月第一版，第171～210页。

⑤ 孙华《成都十二桥遗址群分期初论》，《四川考古论文集》，文物出版社1996年第一版，第123～144页。

⑥ 成都市文物考古队、四川大学历史系《成都市上汪家拐遗址发掘报告》，《南方民族考古》第五辑，四川科学技术出版社1993年12月第一版，第325～357页。

⑦ 四川省博物馆《成都青羊宫遗址试掘简报》，《考古》1995年第8期。

音遗址的发现和1959年四川彭县竹瓦街窖藏铜器的出土等，一些考古学者据此提出了成都平原地区先秦时期考古学文化的排列次序：宝墩文化→三星堆文化→十二桥文化→上汪家拐遗存①。这个序列的提出，对我们追寻和探讨古蜀文明的兴起和发展脉络提供了有益的参考，显然是有积极意义的。有的学者还将这一考古学文化序列与历史传说中的历代古蜀王朝做了对应的推测，提出了分析看法。从目前来看，这些推测尚有诸多值得商榷的地方，但这种运用多学科和多重证据来探索一个湮没文明的研究方法则是值得提倡和肯定的。

金沙遗址的发现使考古工作者获得了更多的考古学珍贵材料，但由于没有任何文献记载可以作为判断金沙遗址时代与文化性质的参考，不免使人感到遗憾。值得庆幸的是，先前的大量考古发现已经奠定了重要的参照，如果将金沙遗址置于成都平原地区整个考古学文化序列中去考察，一切就比较清楚了。从考古学文化特征看，金沙遗址与三星堆文化有明显的相似之处和衔接关系，其兴盛时期显然晚于三星堆，而与十二桥文化则大体一致。考古发掘揭示的地层关系和出土器物类型，也为此提供了足够的证据。由此可知，金沙遗址和十二桥遗址都是商周时期成都地区的重要遗址，其规模的宏大和出土器物的精美与众多则说明金沙遗址的地位在当时比十二桥遗址更为突出，应是一处真正的中心遗址，并很可能是继三星堆之后古蜀王国的一个都邑所在。由于金沙遗址目前尚未发现作为古蜀王国都邑应该有的城墙遗迹，对此尚有待于学者们做更多的搜寻和更深入的探讨。但金沙遗址以其繁荣兴盛的居邑和宏大壮观的规模开启了古蜀王朝在成都地区建都立国的先声则是不争的事实。有人将金沙遗址称为成都最早的"母本之城"②，若从上述角度来看，显然并非过誉之词。

---

① 孙华《四川盆地的青铜时代》，科学出版社2000年8月第一版，第91～115页。江章华、王毅、张擎《成都平原先秦文化初论》，《考古学报》2002年第1期。
② 肖平《金沙遗址探秘——成都的母本之城》，《成都晚报》2002年10月27日与11月3日第17版连载。

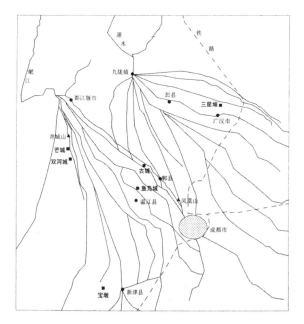

宝墩文化早期古城遗址分布示意图

从考古发掘揭示的各种遗迹和大量的各种出土文物来看，规模宏大的金沙遗址已有了较为明确的布局结构，并显示出了一定的规划和功能分区。在金沙遗址范围内，目前已经比较清楚的布局大致可以分为宫殿区、宗教礼仪活动区、一般居住区、墓地等。此外还有陶器制作场地和陶窑群所在地、玉石器加工作坊等。考古工作者认为：金沙遗址的东部即"梅苑"东北角一带可能是举行宗教仪式和祭祀活动的区域，附近有作坊区；金沙遗址的中南部即"兰苑"一带应是生活居住区与小型墓葬区；金沙遗址的中部即"体育公园"一带可能先是居住区，后来废弃而成为墓地；金沙遗址东北部的黄忠村则很可能是大型宫室建筑区的一部分①。在金沙遗址范围内还发现了较为宽

① 成都市文物考古研究所、北京大学考古文博院《金沙淘珍》，文物出版社2002年4月第一版，第10页。

阔的铺有卵石的场地，其性质如同中心广场，推测有可能是古代蜀人的聚集之处或是举行大型祭祀类活动的场地。在金沙遗址还发现有庞大的树桩和古树，与古蜀建筑大量使用树木有着密切的关系，因为当时工具十分简单，砍伐树木和加工木料需要较长时间和多人合作，据此推测在遗址范围内很可能会有阶段性的加工木料的场地。

成都平原的考古发现告诉我们，古代蜀人往往根据河流的走向与附近地势特点来选择修筑城址。宝墩文化六座早期古城址与三星堆古城便有这种显著特征。金沙遗址也沿袭了这一传统，同样显示出了滨河而居的特点。从客观上看，古代成都平原的地理条件和自然环境对此显然产生了很重要的影响，同时也充分展示了古代蜀人对自然环境的合理选择和利用。河流可供汲水饮用，灌溉田地，可以驾舟往来便于交通，也提供了鱼类等丰富的资源，这一切都与古代蜀人的生活有着至为密切的关系。有学者认为，古蜀历史传说记载中的鱼凫便是善于捕鱼的部族。在教民务农的杜宇与治水有功的鳖灵时代，古蜀国的农业已相当发达，但渔猎仍是一项重要活动，在当时的社会经济中仍是获取自然资源的有效手段。古蜀国是中国古代较早栽培水稻的地区之一，发展稻作农业自然离不开充沛的水源。古代蜀人滨河而居不仅对生活有种种便利，而且也是有益于发展农业生产的一种选择。这种古老的传统对后世蜀人如何选址筑城也产生了深远的影响。成都古代河道两岸由西向东延绵分布的众多古遗址，以及战国秦代对城市的修筑便是很好的例证。众多的河流与充沛的水资源为古代蜀人的繁衍生息提供了极大的便利，但当洪水来临、发生自然灾害时也给滨河而居的古蜀国都邑造成了难以想象的危害。有学者认为，宝墩文化一些早期古城不留城门的斜坡状城垣，便体现了古蜀先民防治水患的意识。三星堆古城的毁弃和湮没，除了王朝政权更替的原因，很可能也与洪水泛滥穿城而过毁于灾害有关。金沙遗址内也有水患冲毁居住区留下的痕迹，由此可以想见水患对古代蜀人的生活造成的危害。因而治理水患也就成了古蜀社会很重要的一项大事，这不仅在古代文献中有诸多记载，考古发掘也为此提供了大量翔实的资料。综合分析这些记载和考古资料，对我们探析金沙遗址和古蜀文明的兴衰，无疑是大有帮助的。

　　古代蜀人在成都平原上修筑城市和都邑，最初是从靠近岷山的西北部边缘地带开始的，然后沿着岷江支流河道两岸台地逐渐向平原腹心地区推进。最初修筑的早期城市规模较小，后来不断扩展，到殷商时候的三星堆古城已蔚为壮观，商周时期的金沙遗址更是规模宏大，这不仅与先后选址筑城的地理条件有关，也与不同时期古蜀国或古蜀族人力和物力资源的强弱有较大的关系。从另一个方面看，城市规模的大小也与其在当时社会中的地位和作用密不可分。让我们看一下这些古城址的占地面积和规模情形，并进行比较。位于成都平原西部边缘的芒城遗址可能是古代蜀人走出岷山进入成都平原后最早修筑的一座古城，其位置在都江堰市南郊约12公里的青城乡芒城村，平面布局呈方形，有内外两圈就地取土斜坡夯筑的城垣，尚有保存至今的残垣清晰可见，整个城址面积大约为10.5万平方米。与之十分相似的有崇州双河古城遗址，位于崇州市的北面与都江堰交界的上元乡双河村，城垣也分内外两圈，夯筑方式也一样，该城址整个面积约10万平方米。其附近有崇州紫竹古

都江堰芒城遗址

城遗址，面积约20万平方米。值得注意的是，从地理位置上看，芒城遗址位于文井江古河道的上游，双河古城遗址则位于文井江中游的味江河与泊江河汇合处。文井江古代又称西河，是岷江流经成都平原的一条重要支流。再往下游，在西河即将汇入岷江的附近，有新津宝墩古城遗址，其位置在新津县城西北约5公里的龙马乡宝墩村，仍处于成都平原的西南边缘，整个城址呈东北—西南向的长方形，城垣也是采用斜坡堆筑的形式人工夯筑而成，占地面积在60万平方米以上，据考古发掘揭示其年代距今有4500年左右。同时期的早期古城遗址还有郫县古城遗址与温江鱼凫城遗址。这两座古城遗址在地理位置上已处于成都平原的腹心地带。郫县古城遗址位于郫县城北约9公里的古城乡，城垣亦采用斜坡堆筑而成，残垣至今保存较好，整个城址面积约31万平方米。鱼凫城遗址位于温江县城北约5.5公里的万春乡鱼凫村，对残垣发掘揭示其城垣也是采用斜坡堆筑方式夯筑而成，整个城址面积约32万平方米[①]。

新津县宝墩古城遗址

---

① 江章华《成都平原的史前城址与史前文化》，《寻根》1997年第4期，第10～13页；江章华、颜劲松、李明斌《成都平原的早期古城址群——宝墩文化初记》，《中华文化论坛》1997年第4期，第9～12页；黄剑华《古蜀的辉煌》，巴蜀书社2002年4月第一版，第62～67页。

成都平原上的这些早期古城遗址，年代大约在新石器时代晚期，是古蜀先民们繁衍生息的重要聚居之地，也是古蜀文化早期发展历程中的重要遗存。这些城址的规模都不算很大，芒城遗址与双河古城遗址的面积仅10万平方米左右，郫县古城遗

三星堆古城遗址，从残存的城墙可以想见当时古蜀王国都城的规模

址和温江鱼凫城遗址的面积各为30万平方米出头，最大的新津宝墩古城遗址也不过约60万平方米。说明古蜀国这个时期的人力资源还比较薄弱，生产水平还处于较为简单和落后的阶段，社会生活情形也还不够复杂和繁荣。尽管如此，这些古城遗址仍以丰富而翔实的考古资料为我们揭示了古蜀族或古蜀国的早期发展轨迹，展示了古代蜀人对自然条件的充分利用和日渐兴旺的趋向；同时还说明，古代蜀人已由最初的原始聚落发展到了成功修筑具有抵御洪灾功能性的城邑，由落后愚昧走向了繁荣文明，成都平原此时已出现了早期城市文明的曙光。

古蜀王国在殷商时期已经非常繁荣，形成了特色鲜明、极其灿烂的青铜文化，在三星堆建立了规模宏大的都城，农业生产已经比较发达，社会生活更是欣欣向荣。据考古发掘揭示，三星堆古城总面积2.6平方公里，与宝墩文化早期古城遗址相比，可知古蜀族或古蜀国的人力物力等各方面都有了巨大的发展，出土的大量精美文物和独树一帜的青铜造像群更是真实地展示了三星堆时期古蜀文明的壮丽和辉煌。显而易见，三星堆古城作为古蜀王国一个极其重要的中心都邑，由于在宗教、政治、经济、文化诸方面的突出地位，它当之无愧地也是殷商时期长江上游的一个重要文明中心，对周边区域有着广泛深远的影响。与三星堆遗址有着密切衔接关系的金沙遗址分布面积约3平

方公里，从整个规模和布局来看比三星堆古城更为宏大，出土文物的数量之多、等级之高和精美的程度可与三星堆相媲美。通过比较研究，使我们对金沙遗址的地位与性质有了比较清楚的了解。在三星堆文明湮没之后，金沙遗址很可能取代了三星堆的地位而成为商周时期长江上游的文明中心，在古蜀王国宗教、政治、经济、文化诸方面都发挥着典型而突出的作用。

我们知道，在金沙遗址发现之前，古蜀文明在三星堆湮没之后的去向曾使人深感困惑，成为学术界难以回答的一个问题。金沙遗址的考古发掘使人们对此有了新的认识，提供了极其重要的研究线索。关于金沙遗址是商周时期成都地区一个非常重要的中心遗址，也可能是三星古城衰落之后古蜀王国都邑所在的看法已在学术界引起广泛关注，并得到了很多学者的认同。当然，要找到古蜀文明扑朔迷离的兴衰去向最终的答案，还需对考古发现提供的研究线索做更深入的探讨。而要深入了解金沙遗址，仅做浮光掠影式的概述也是远远不够的。只有去接近和仔细观赏金沙遗址出土的众多精美文物，通过对它们风格特征与文化内涵的探析，去解读湮没的故事，揭示历史的真相，才能知道那些古老而神奇的珍贵遗存究竟告诉了我们些什么。

雕像艺术
的杰作

第二章

一、神奇的铜像

青铜雕像是古蜀青铜文化最富有特色的灿烂杰作，也是商周时期古蜀文明最令人称奇的璀璨结晶。三星堆出土的青铜雕像群充分展示了瑰丽的神韵和丰富的内涵，真实地展现了一种令人耳目一新的东方文明形态，成为中外考古史上举世轰动的重要发现。要了解金沙遗址，也让我们从出土的雕像开始。

据参加田野发掘的考古工作者统计，金沙遗址现已清理出土的铜器有470件，占出土器物总数的35.69%，数量较多，品种也较丰富，大致可分为几何形、像生形、彝盛形三大类[①]。但是在金沙遗址出土的青铜人物造型却极少，仅有小型铜立人像1件。这种情形与三星堆遗址出土有千姿百态的青铜人物雕像群形成了明显的差异，究竟是什么缘故，颇使人费解。有人推测，金沙遗址的范围可能比目前勘探发掘的还要大一些，在整个遗址范围内很可能还会有类似的青铜人物雕像埋藏在地下某处。从20世纪80年代以来成都平原上接连不断的考古发现情况来看，这种预测并非无稽之谈，或许有一定的道理。不过，重大的考古发现往往带有较大的偶然性，金沙遗址是否还隐藏着更多的古蜀之谜，是否还会给学术界和公众以更大的惊喜，这一切都有待于今后的继续探寻和考古发掘。

金沙遗址清理出土的这件小型铜立人像重641克，通高19.6厘米，其中立人高14.61厘米，插件高4.99厘米。其整体形态为圆雕造型，由立人像和插件相互连接组成。其铸造工艺与三星堆出土人物雕像相似，从残留的泥芯范土看，系制模后一次浇铸而成，然后在器表进行过打磨抛光处理。其造型具有

---

① 成都市文物考古研究所、北京大学考古文博院《金沙淘珍》，文物出版社2002年4月第一版，第37页。

丰富的想象力，在制作方面展示了娴熟而高超的制作技巧。

让我们仔细观赏一下这件珍贵的小型青铜人物雕像[①]。立人做挺身肃然直立状，头戴奇异的环形冠帽，帽环周缘有十三道旋转状的弧形冠饰，好似等距离分布的弯曲象牙，很容易让人联想到太阳闪烁的光芒。环形冠帽与弧形冠饰显示出的诡异飘逸的形态是如此匪夷所思，很可能蕴含着某种特殊的象征含义。立人的脸形较为瘦削，粗眉大眼，直鼻方颐，颧骨凸起，嘴巴微张，双目圆睁，瞪视前方，神态诡谲，表情肃穆。脑后有隆起并列下垂的三道发辫，长辫上粗下细，下边有宽带束之，直拖至臀部。身穿衣袍，腰间系带，其服装下端长过膝部，因锈迹较重，衣饰不详。其双脚不现脚趾，似穿有鞋袜，显得宽大厚实，站立于上端分开呈Y字形的插件之上。立人的两边耳垂皆有穿孔，胸腹前的腰带上斜插着一件器物，好像是一柄短杖，其杖头如拳，形态独特，

金沙遗址出土的青铜立人像

或许是用于古蜀族祭祀活动的某种法器。特别值得注意的是立人的双臂做出环抱举物的姿势，左臂屈肘于胸前，右臂上举与肩齐，双手虚握，中空的双拳上下呈斜线相对，显示出两手之间可能握有某种祭祀用品。这与三星堆二

---

① 成都市文物考古研究所、北京大学考古文博院《金沙淘珍》，文物出版社2002年4月第一版，第43~46页图版。

金沙遗址青铜立人像脑后的发辫

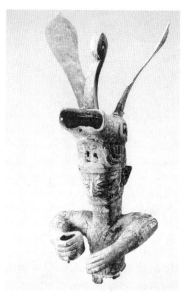

三星堆出土的兽首冠青铜立人像

号坑出土的大型青铜立人像和一件残断的小型兽首冠青铜人像的双手姿势几乎完全一样，虽然体型大小不同，但都是具有典型古蜀特色的祭祀活动中的巫师造型。其浑圆的双臂在形态上也很相似，小立人像右臂有凸起的棱，看不清衣袖上是否有纹饰，不过很明显双手腕上各有宽约1.1厘米的箍形凸起，可能是套在手腕上的饰品，金沙遗址出土有玉箍形器，腕饰的形态与之非常相似。

金沙遗址出土的这件小型铜立人像，无论是形态姿势、五官神情，还是冠帽服饰、脑后的长辫及腰间的法器都给人以神奇之感。从造型看，这件铜立人像与三星堆青铜造像群可谓一脉相承，显示出了浓郁的古蜀文化的风格特征。从文化内涵方面看，更是无可置疑地说明了金沙遗址与三星堆遗址有着密切的亲缘关系。它们有很多的一致性，但也有各自的一些不同特点，比如体型大小上的悬殊、服饰的差异、所戴冠帽的不同等。这对我们深入探析金沙遗址与三星堆遗址时间上的先后衔接，商周时期古蜀王国的社会结构和族属关系，古代蜀人的信仰观念和生活习俗，以及古蜀文明的兴衰与发展脉络都是很重要的材料。金沙遗址出土的这件小型铜立人像虽然体型不大，却向我们透露了丰富的信息，在很多方面给我们提供了有益的启示。

这件小型铜立人像的身份应该是比较清楚的。首先是它具有典型古蜀特色的双手环抱做虚握状的姿势，与三星堆体态高大衣冠华丽的大型青铜立人像以及另一件兽首冠青铜人像的形态如出一辙，在形貌神态上也高度一致，表现的都是献祭的情形，扮演的都是古蜀族与古蜀王国中的祭祀者的造型。也就是说，如果三星堆非同凡响的大型青铜立人像是古蜀王国盛大祭祀活动中的蜀王和群巫之长的象征，那么金沙遗址出土的这件小型铜立人像也同样具有古蜀族部落或氏族首领与巫师身份的含义。换一种说法，三星堆大型青铜立人像不仅高大精美，而且华贵雍容，气度非凡，在青铜造像群中身份显赫，很显然应是群巫之长，代表的是神王和蜀王的身份。相比之下，金沙遗址这件铜立人像就显得过于小巧袖珍，缺少了那份华贵和气势，所以表现的很可能是氏族巫师或部族首领。尽管它们地位不同，身份有别，但献祭的姿势所展示的祭祀情形则是一致的。它们都具有诡异神奇的特点，都形象生动地反映了商周时期古蜀族与古蜀王国祭祀活动的盛行和巫风的昌炽，透露了掌握神权与王权的群巫集团在当时古蜀社会生活中的统治地位和重要作用。

我们知道，古代西南地区有很多部族，是世界东方典型的多民族地区。汉代司马迁对此曾做了真实的记述："西南夷君长以什数。"其西其北又以什数，有的"皆魋结，耕田，有邑聚"，还有的"皆编发，随畜迁徙，毋常处，毋君长，地方可数千里"[①]。汉代班固在《汉书》中也对此做了同样的记载[②]。这是汉代的情况，上溯至商周时期，西南地区大大小小的部族数目可能更多。这种情形与西南地区独特的人文地理环境有着很大的关系。童恩正先生曾指出："四川的自然环境和地理位置非常优越，自古以来就十分适合我们祖先的劳动生息。""就南北方向而言，它恰好位于黄河与长江两大巨流之间，亦即中国古代两大文明发展的地区之间，既是我国西部南北交通的孔

道，又成为我国南北文明的汇聚之区。就东西方向而言，它正当青藏高原至长江中下游平原的过渡地带，又是西部畜牧民族和东部农业民族交往融合的地方。这种地理位置的特点，就使四川自古就有众多的民族迁徙栖息，在历史上留下了十分丰富的内容。""从远古的时候开始，这里除了汉族的先民以外，还有很多少数民族在活动……以后在川东和川西建立起来的巴、蜀两个奴隶制王国，就是在这种各族人民共同创造的远古文明的基础上发展起来的。"①除了文献记载，考古材料也对此提供了大量的例证。三星堆青铜雕像群便真实地展示了古蜀王国中的群巫集团与统治阶层是由众多部族或氏族首领兼巫师组成的，这种情形也可以说是商周时期古蜀社会结构与凝聚方式的生动写照。有学者认为，古蜀社会曾长期小邦林立，在古蜀文明早期阶段经历了由部落联盟到酋邦社会的演进，从而形成了共主的政治局面②。这是很有见地的一种观点。以此来看金沙遗址和三星堆遗址之间的关系，很可能是在古蜀共主政治秩序下，由于古蜀统治集团内不同部族或氏族的兴衰与王朝的更替，从而导致了三星堆古城的衰落和金沙遗址的兴盛。金沙遗址出土的小型铜立人像便是长期聚居于金沙的古蜀部族或氏族的崇奉之物。

关于古蜀时代部族甚多、小邦林立的情形，无论是从文献记载或考古资料来看，确实是长期的客观存在。据学者们研究，在秦灭巴蜀之前，巴蜀境内至少有数十个小部落，这些部落首领也就是小诸侯，或称为"戎伯"。蒙文通先生认为："蜀就是这些戎伯之雄长。古时的巴蜀，应该只是一种联盟，巴蜀不过是两个霸君，是这些诸侯中的雄长。""可见巴、蜀发展到强大的时候，也不过是两个联盟的盟主。"③这种多部族联盟的形式，正是古

① 童恩正《古代的巴蜀》，四川人民出版社1979年4月第一版，第2页、3页、5页。又见《童恩正文集·古代的巴蜀》，重庆出版社1998年12月第一版，第7～10页。
② 彭邦本《古城、酋邦与古蜀共主政治的起源——以川西平原古城群为例》，《四川文物》2003年第2期，第18～22页。
③ 蒙文通《巴蜀古史论述》，四川人民出版社1981年8月第一版，第30~31页。又见《蒙文通文集》第二卷《古族甄微》，巴蜀书社1993年4月第一版，第199～200页。

蜀王国与中原和其他地区在社会结构方面的不同之处。秦惠王准备伐蜀的时候，司马错曾说："夫蜀，西辟之国也，而戎狄之长也。"认为蜀国具有地广财多容易攻取的特点①。常璩《华阳国志》对此亦有记述②。商周时期的古蜀王国，没有外敌威胁，各部族之间有着较好的联盟关系，神权和王权高度统一，保持着很好的共主政治秩序，社会繁荣，民族昌盛，成就了青铜文化的灿烂和古蜀文明的辉煌。三星堆出土的青铜雕像群和金沙遗址出土的大量珍贵文物便是对这个时期古蜀王国文明形态与社会情形的最好说明。古蜀王国各部族或氏族之间的发展情况不会完全一样，有的繁荣兴旺日渐强大，有的则由于种种原因而逐渐衰落了。强大起来的部族或氏族很可能会取代衰落者而成为新的共主，发生王朝更替也就在所难免了。值得注意的是，古蜀王国的众多部族与氏族在地域文化方面有很大的一致性，而在崇尚与习俗方面又有一些各自的不同特点。金沙遗址可能在很早的时候就是古蜀王国某个部族或氏族的栖息聚居之地，起初也隶属于三星堆古蜀都邑的共主政治统治之内，随着这个部族的日渐强盛，后来终于取代了三星堆古蜀都邑的地位。这个变化显然有个逐渐发展的过程，最后被取而代之的结果与三星堆古蜀都邑发生突然变故也有很大的关系。我们不清楚这种变故的详细过程，但它最终导致了古蜀王朝的政权更替和三星堆古城的衰落。遭遇了变故的蜀人并没有将青铜造像群和珍贵器物搬运到金沙，不过并不排除有很多三星堆居民迁移到金沙的可能。这些都是很有意思且非常值得深入研究的问题。这里想要说明的是，金沙遗址出土的小型铜立人像应为长期栖居于此的古蜀部族所铸，所以它和三星堆青铜雕像群几乎完全一样却又有一些不同特点，将其放在古蜀历史文化大背景下来探析也就不难理解了。

　　金沙遗址铜立人像最为显著的与众不同之处应是头上所戴的奇异冠饰。三星堆体型高大的青铜立人像头上戴的华美冠冕，被发掘者称之为"花状高

①　王守谦等译注《战国策全译》，贵州人民出版社1992年9月第一版，第84页。

②　刘琳《华阳国志校注》，巴蜀书社1984年7月第一版，第191～192页。

冠"①或"筒形冠"②，实际上是冠帽合一的高冠样式。另一件残断的三星堆青铜人像头上戴的是兽首冠，或称象冠，冠顶两侧耸立着形态飞扬的两只兽耳，中间为昂起的卷曲象鼻，冠的上部还有一个平放的扁形容器，显得极其诡异奇特。这些冠帽样式神奇，内涵丰富，浪漫飘逸，可谓具有浓郁古蜀特色的独创。金沙遗址铜立人像头上所戴的奇异冠饰同样风格诡谲，极富想象力，但样式并不一样。其夸张的冠饰为十三根弯曲象牙状的弧形饰物，组成一个令人注目的旋转状的圆环帽圈。这种别出心裁的冠饰戴在神情肃穆做祭献状的铜立人像头上，很显然被赋予了某种特殊的象征含义。由这件冠饰的形态样式，很容易联想到金沙遗址同时出土的一件太阳神鸟金箔饰，内层采用镂空手法表现的旋涡图案中有十二道象牙状的弧形旋转芒，两者在造型构思上非常相似，有异曲同工之妙。虽然铜立人像冠饰与太阳神鸟金箔饰的旋转芒一为十三，一为十二，但它们的形状与组成方式异常一致，都是等距离分布，形似略呈弯曲的象牙状，组合在一起如同神奇的旋涡，洋溢着夸张而强烈的动感，最容易使人联想到的便是太阳耀眼的光芒。关于太阳神鸟金箔饰，将在后面的章节中做专文探析。这里先要指出的是，太阳神鸟金箔饰那金光闪烁的圆盘和耀眼的光芒，显而易见应是古代蜀人对太阳的一种富有创意的神奇表现，展示的是崇拜太阳的信仰观念。铜立人像头上戴的旋转状的奇异冠饰可能赋予了头罩太阳光环的特殊寓意，很显然也是古蜀族太阳崇拜观念的生动反映。

从考古发现提供的大量材料来看，太阳崇拜在商周时期曾是古代蜀人的一个主题观念，在古蜀王国昌盛的祭祀活动中占有重要而突出的地位。三星堆出土的青铜神树与众多的铜鸟造型，学者们认为应是太阳神话的形象展现。此外，三星堆出土的铜太阳轮形器、圆日形状的青铜菱形眼形器、有圆

---

① 四川省文物管理委员会等《广汉三星堆遗址二号祭祀坑发掘简报》，《文物》1989年第5期，第3页。

② 四川省文物考古研究所编《三星堆祭祀坑》，文物出版社1999年4月第一版，第162页。

日图像的青铜圆形挂饰、四面坡状神殿屋盖上的圆日图像，以及胸前有圆日图像的人面鸟身像等，都与太阳崇拜观念有着密切的关系。其中一件圆形铜挂饰在中间的圆日图像周围刻画了九道旋转芒，显然也象征着太阳耀眼的光芒。它们都生动真实地反映了古蜀时代太阳神话与太阳崇拜观念极其绚丽多彩的特色。学术界通常认为，太阳崇拜的产生与昌盛主要有两大原因：一是太阳充当了农业丰产的赐予者，二是出于氏族部落中分化出来的贵族阶层与太阳神攀亲的需要。例如苏联学者谢·亚·托卡列夫就认为"青铜时代的太阳崇拜，其萌生显然为农业经济趋于繁盛所致；据民间观察，太阳为丰饶的主要赐予者。另一方面，太阳崇拜又是社会分化的反映，氏族—部落贵族此时已分离而出——而依据可供类比的民族志

神奇的三星堆青铜人面鸟身像

材料推知，氏族—部落贵族自命为太阳神的后裔"[1]。叶舒宪先生也论述说，人类进化到农牧定居阶段以后，原始宗教的重心便从狩猎巫术和图腾崇拜转向了自然崇拜，在各种自然现象中对人类生活和思想影响最大的便是太阳。"因此，在大多数脱离了以狩猎和采集为主要生活方式的文化区域中，都不约而同地产生了对太阳的崇拜。伴随着新石器时代向铜器时代的过渡的文明史进程，先民们留下的早期精神遗产之中，与太阳崇拜相关的神话、传说、

---

① ［苏联］谢·亚·托卡列夫《世界各民族历史上的宗教》（魏庆征译），中国社会科学出版社1985年10月第一版，第39页。

史诗、歌谣、仪式、礼俗、建筑、历法、象征文字、造型艺术、歌舞表演等等，几乎随处可见。"①三星堆考古发现告诉我们：古蜀王国在殷商时期以成都平原和四川盆地为主要统辖之地，这个时期古蜀农业已相当发达，青铜文明高度繁荣，社会阶层也已有了明显的分化，精神世界更是绚丽多彩，太阳崇拜也顺理成章地呈现出空前昌盛的情形。金沙遗址也不例外，同样有着强烈的太阳崇拜观念，从出土遗物来看，古蜀族的重要祭祀活动便与这一观念有关。

通过冠帽来表达对太阳的顶礼膜拜并非金沙遗址的独创，三星堆青铜雕像对此已有生动的展现。最为显著的是三星堆青铜立人像所戴冠冕花瓣状的上部正中有一个非常显眼的圆日图案，顶部起伏的W形似含有山峦起伏或云蒸霞蔚的意味，两侧好像飞翔的翅膀可能象征着太阳神鸟的双翅，上面的纹饰图案更增添了华美尊贵的特点，这一切都透露出浓郁的太阳崇拜风格。正如有的学者认为，青铜立人像"头戴'冕冠'，或可称为凫冠，似莲花似太阳，头戴凫冠犹如头顶太阳，以示神圣和尊贵"②。根据《周礼·春官·司服》中的记述，可知古代不同的冠冕是和各种祭祀活动联系在一起的。三星堆青铜立人像作为蜀王与群巫之长的象征，头戴具有特殊含义的华美的冠冕，表达的可能正是对太阳的顶礼膜拜，由此可知对太阳的崇拜与祈祷可能是古蜀王国最隆重的祭祀活动。金沙遗址铜立人像头戴象征太阳光环的冠饰，毫无疑问表示的也是对太阳的崇拜与祈祷，而且显而易见这也是古蜀金沙最重要的祭祀活动。

金沙遗址铜立人像的冠饰不见花纹图案装饰，远不如三星堆青铜立人像所戴冠冕那般华美，服饰也有明显的差异，加上体型的悬殊，有力地说明了金沙遗址铜立人像在雕铸的时候三星堆古城可能尚未衰落。换一个角度来

---

① 叶舒宪《中国神话哲学》，中国社会科学出版社1992年1月第一版，第201页。
② 蔡革《从广汉三星堆祭祀坑出土文物看当时蜀人的服饰特征》，《四川文物》1995年第2期，第19页。

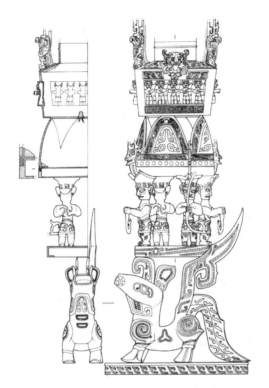

使人浮想联翩的三星堆青铜神坛线描图

说，既然古蜀王国有三星堆青铜雕像群作为群巫集团和统治阶层的化身，那么在共主政治秩序下的氏族或部落很可能只允许雕铸小型的青铜人像。这也说明了金沙遗址与三星堆遗址在时间上有着明显的并存与衔接关系。古蜀社会的发展和古蜀各部族的兴衰变化，才导致了三星堆古城的衰落，形成了金沙遗址的兴盛。尽管金沙遗址铜立人像体型较小，其内涵与寓意却和象征蜀王与群巫之长的三星堆青铜立人像是一致的，都是重要祭祀活动中的崇奉化身。说得更明白一点，头罩太阳光环的金沙遗址铜立人像可能代表着古蜀族中地位显赫的贵族形象，并具有氏族巫师的身份。在古蜀族举行的祭祀活动中，铜立人像扮演的可能是光明的使者，承担着祭祀太阳祈祷丰年禳除灾害的职责；也可能作为太阳神的代表，起着沟通人神的作用。

　　金沙遗址铜立人像环抱于胸前做虚握状的双手究竟所执何物，是一个很有意思的谜。三星堆青铜立人像那极度夸张的双手所执何物同样费人猜思，曾引起学者们的种种推测。有的认为是祭祀天地的玉琮[①]，有的认为是某种法器[②]，有的认为可能是象牙[③]。通过近年来深入的学术研究，大家认为三星堆青铜立人像双手握举外方内圆之玉琮的可能性不大，而执握弯曲的象牙或某种法器则有较大的合理性。以象牙实物的大小放置在三星堆青铜立人像握成环形的大得出奇的双手之中，确实是比较吻合的。三星堆同时出土的另一件残断的青铜兽首冠人像体型较小，残高只有40.2厘米，双手同样环抱做虚握状，显然不能放置象牙实物，那么执握的又是什么呢？有学者认为，从其双手相距较近，握孔明显错位来看，也有可能握的是两件东西，或者干脆就是一种手势[④]。在三星堆二号坑出土的残存神坛上有大小两种人像，两手也做环抱执握状，一种双手抱在一起握成圆形，另一种两手斜举虎口相对握成长方形[⑤]。此外还有陕西宝鸡地区与古蜀文化关系极其密切的𢀖国墓葬出土的青铜人像，如茹家庄一、二号墓出土的两件青铜人像，一件铜人（男相）双手举于右侧肩上前后相对握成夸张的圆形，另一件铜人（女相）双手干脆伸于左右两侧，好似做舞蹈状，一上一下握成巨大的环形[⑥]。这些可供对照比较的

① 沈仲常《三星堆二号祭祀坑青铜立人像初记》，《文物》1987年第10期，第17页。

② 钱玉趾《三星堆青铜立人像考》，《四川文物》1992年"三星堆古蜀文化研究专辑"，第52页。

③ ［澳］诺埃尔·巴纳德《对广汉埋葬坑青铜器及其他器物之意义的初步认识》（雷雨、罗亚平译），《南方民族考古》第5辑，四川科学技术出版社1993年12月第一版，第30页；［美］罗伯特·W.贝格勒《四川商城》（雷雨、罗亚平译），《三星堆与巴蜀文化》，巴蜀书社1993年11月第一版，第72页；黄剑华《三星堆青铜造像》，《寻根》1997年第4期，第14页、18页注［2］。

④ 黄剑华《古蜀的辉煌》，巴蜀书社2002年4月第一版，第99页。

⑤ 四川省文物考古研究所编《三星堆祭祀坑》，文物出版社1999年4月第一版，第233页图一二九、第234页图一三〇、第236页图版八六、第237页图版八七。

⑥ 卢连成、胡智生《宝鸡𢀖国墓地》，文物出版社1988年10月第一版，上册第315页、375页，下册彩图二三、图版一六九、图版二〇三。

出土实物说明商周时期古蜀王国或古蜀族雕铸的青铜人像在双手做执握状的造型方面确实有多种手势。无论执握为何物，或是约定俗成的特殊手势，表达的都是虔诚祭献之意。

这里还要提到三星堆二号坑出土的几件小人像手中握有牙璋或象征瑞枝祥草的藤状物，有学者认为也是很重要的参照，由此推测三星堆青铜立人像与兽首冠青铜人像双手执握的也许是性质类似的祭品或祭器[①]。以此来看，金沙遗址铜立人像体型较小，双手虚握的拳孔亦小，而且两手拳孔并不上下对应，因而有的考古工作者推测认为，小铜立人像"手持物品要么左、右手各执一件，要么两手握着的就是像三星堆二号器

三星堆二号坑出土的小型持璋铜人像

坑'铜神坛'上铜人所持的弯曲的树枝"[②]。执于铜立人像手中的弯曲的树枝当然不是普通的树枝，而是具有神话传说中迎送太阳的神树之枝的象征含义。此说似有一定的道理，与铜立人像所戴奇异冠饰的含义一致，表示的都是强烈的太阳崇拜观念。参照古籍文献记载，《楚辞·离骚》中便有"总余辔乎扶桑，折若木以拂日"的说法。扶桑是东极太阳升起的场所，若木是西极太阳下山的地方，都是神话传说中的太阳神树。关于"拂日"，有学者解

① 陈德安等《三星堆——长江上游文明中心探索》，四川人民出版社1998年10月第一版，第25～26页。

② 王方、周志清《铜立人像》，《金沙淘珍》，文物出版社2002年4月第一版，第47页。

释是"折若木以拂日，犹挥戈以返日也"，是挡住太阳不让它下落的意思①。当然也有另外的解释，萧兵先生就认为"《离骚》可能原是太阳神鸟的悲歌"，主人公在精神上"因为是太阳神后裔，他才能够这样随心所欲，颐指气使"，"乘坐由日御羲和所驾驶的太阳神车，盘桓于落日逍遥之所"②。这些解释和看法，对我们探析金沙遗址铜立人像手执何物，以及其可能被赋予什么样的象征含义显然是有借鉴和启示作用的。正如孙华先生所说，铜雕巫师手持象征扶桑、若木的铜神树的树枝，"来迎送太阳的起落，或举行某种祭祀太阳神的仪式，这是完全可能的"③。如果换个角度思考，上面所述只不过是一种假设。当然也有可能金沙遗址铜立人像双手所执是其他形态的某种吉祥物，或是用于献祭神灵或是用于人神沟通的某种祭祀器具或物品。总之，我们现在所做的只是探析，并不排除其他可能性。

金沙遗址这件小型铜立人像站立在插件之上，也是很有意思的一个现象。其插件略呈方形，上端分开，很像是农耕初期的一个倒置的耒形器。在分开的上部之间有两根支撑，并夹有布满铜锈的类似横梁的东西，仔细观察可以看到横梁状物体上面还残留有少量朱砂，很显然这是祭祀活动中留下的遗痕。清理出土时发现插件下端尚有一些残存的木质痕迹，据此推测当初古蜀族供奉或在祭祀活动中使用铜立人像的时候，下面可能有木质的基座，用插件插入木孔固定。这与三星堆铜立人像站立于纹饰华丽的双层方座之上有着明显的差异，可能是因为金沙遗址铜立人像形体较小，所以需要安放在木质的基座上，以衬托和彰显其特殊的身份。将青铜雕铸的人像与木质部件结合起来使用，很可能是古蜀族与古蜀王国的一种传统，或者是商周时期蜀人的习惯做法。三星堆出土的众多青铜人头像，颈下呈尖三角形，很可能就是

① 黄寿祺、梅桐生译注《楚辞全译》，贵州人民出版社1984年2月第一版，第17页、18页注［15］。

② 萧兵《楚辞的文化破译》，湖北人民出版社1991年11月第一版，第180页、96页，又见第137～143页表述。

③ 孙华《四川盆地的青铜时代》，科学出版社2000年8月第一版，第261页。

陕西宝鸡强国墓地出土的两件小型铜人像

装在木质身体之上的。三星堆出土的人面像，有的学者认为也可能是与木制或泥塑的身躯配合安装使用的[①]。这些青铜人头像与人面像的地位均低于高大的青铜立人像，可能代表着古蜀王国中的各氏族部落，这会不会就是它们使用木制身躯或木质基座的原因呢？除了地位关系上的原因，这与当时青铜的采矿冶炼生产数量也可能有较大的关系。总之，在三星堆出土的青铜雕像群中只有象征蜀王与群巫之长的青铜立人像高踞在铜铸的方形祭台上，其他身份较低的青铜雕像无一例外都是不能享有这种特殊待遇的。由此可见，金沙遗址铜立人像因为是古蜀族雕铸的巫师的象征，所以体型较小，只能和木质基座配合使用。

---

① 陈德安《三星堆祭祀坑出土青铜面具研究》，《四川文物》1992年"三星堆古蜀文化研究专辑"，第40～42页；陈德安等《三星堆——长江上游文明中心探索》，四川人民出版社1998年10月第一版，第30～31页；范小平《广汉商代纵目青铜面像研究》，《四川文物》1989年"广汉三星堆遗址研究专辑"，第61页；黄剑华《古蜀的辉煌》，巴蜀书社2002年4月第一版，第119页、127页。

　　这里值得进一步探讨的是，和金沙遗址铜立人像配合安放使用的是什么样的木质基座？会不会是古蜀族宗庙或神庙中的木质神坛或祭坛呢？因蜀地潮湿，木质易腐，数千年之后，这种古蜀族的木质神坛或祭坛已不见遗存，其样式大小等只有靠分析和想象去推测了。在陕西宝鸡强国墓葬茹家庄一、二号墓地出土的两件小型铜人，一件铜人（男相）高17.9厘米，残重0.3公斤；另一件铜人（女相）高11.6厘米，重0.15公斤，它们的衣下缘有方孔，或背部有钉孔，下身有椭圆形銎口，说明"铜人应插在木质座上，出土时置于棺椁之间头向处"，"铜人可能跟祭祀或巫术活动有关"[①]。它们的形态与体型同金沙遗址铜立人像有很多相似之处，而且都插在木质基座上，其文化上的亲缘关系是显而易见的，而这种使用方式自然也与强国墓葬主人的地位身份有关。关于插件和基座，还应注意到金沙遗址出土的尖喙铜鸟与青铜三鸟纹有领璧形器，铜鸟腹下有残断的柱形器，铜璧上有扁平短柄，可能都是插件，应是插在大型器物或基座上使用的。这也说明铜立人像的插件使用并非偶然现象，而是金沙遗址统治者特有的一种祭祀活动方式。如果和千里之外强国墓地出土的铜人联系起来，也可以说是影响深远的古蜀传统之一了。

① 卢连成、胡智生《宝鸡强国墓地》上册，文物出版社1988年10月第一版，第315页、375页。

二、奇异的石人

在金沙遗址出土的大量珍贵文物中，石雕人像可谓是古蜀族在人物造型艺术方面的又一杰作，也是成都平原商周时期石质遗物中最重要的考古发现。清理出土的石质人物雕像共有八件，加上后来发掘出土的已达十余件，其娴熟简朴的雕刻技艺和独特神秘的造型风格，令人大有耳目一新之感。这些石人独具特色的姿势和与众不同的形态神情引起了学者们的种种猜测。有的考古工作者认为它们表现的是当时社会的下层，有的认为它们应属于四川盆地内地位低下的族群，还有的认为它们可能表现的是来自于异族的人物，是战争俘虏或奴隶的形象等①。它们的造型所代表的真实身份，可能并非如此简单。它们所蕴含的神秘内涵更是费人猜思，可能与一般想象的解释并不完全一样。那么，古蜀族花费大量时间精力和心血去雕造这些石人究竟是出于什么动机？为了什么目的？在这些石质人物造型身上被赋予了什么象征含义？在古蜀族举行的祭祀活动中，它们又扮演的是什么角色呢？这些都是耐人思索、非常有趣的问题，需要我们经过深入的探讨来弄清它们。

我们发现这些采用石头雕琢而成的圆雕人物造像均为跪坐造型。它们的形态无一例外皆为裸体，跪姿一律都是双膝着地，臀部端坐于脚跟之上，赤足不穿鞋袜。这种一丝不挂的形体，显得大胆而又坦荡，在造型上展示出一种神秘的寓意和独特的风格，可以说是古蜀族能工巧匠富于创意和想象力的圆雕石质人像杰作。值得注意的是，它们的双手都交叉背于身后，腕部被绳索反缚，有的被绳索缠绕了两道或数道，手掌皆向下摊开，手指并拢贴于臀

---

① 张擎、周志清《石跪人像一》，唐飞、孙华《石跪人像三》，王方、刘骏《石跪人像四》，《金沙淘珍》，文物出版社2002年4月第一版，第166页、176页、181页。孙华、苏荣誉《神秘的王国》，巴蜀书社2003年1月第一版，第210页、222页。

后。这种姿势非常耐人寻味，很可能具有非同寻常的含义。这些石跪人像的发型也颇为奇特，它们头顶上好似顶着一片特制的瓦，中间低凹向两边翘起的形状又很像是一本打开的书。有学者认为这是一种中分的发式，准确地说它们的头发是从头顶向两侧分开并微微上翘，至前额和脑后又微微内束，总之发式非常奇异。它们的前额及双鬓皆不留头发，脑后则采用线刻的方式表现出拖垂的长辫，长辫为四索双股并列下垂，直至后腰，长辫的下端被反缚的双手遮住。人物雕像脑后的长辫展现典型的古蜀传统特色，三星堆出土的众多青铜人头像与立人像都是如此，金沙遗址铜立人像也是这样。不过也有例外，其中有两件石跪人像脑后就没有线刻的长辫，仔细观察可能并非有意如此，也许是因为将石人雕琢成形后尚未做进一步加工和刻画，或者是由于年代久远而刻画较浅已漫漶不现。这两件石跪人像有些部位雕琢得较为粗糙，仅具轮廓，据此推测前一种可能性较大。

从美术考古的角度来看，这些石跪人像在造型艺术上展现出一种简洁朴实、粗犷豪放的风格，与三星堆青铜雕像群相比，无论是形态或姿势还是装饰特色都有很大不同，在材料的选用和审美情趣方面也有所差异，别具匠心。古蜀族在雕造这些石人时采用了圆雕与线刻相结合的手法，在造型上达到了简练逼真的效果，在艺术风格方面既有写实又有夸张，给人以生动传神之感。在脸部形态上，它们大都颧骨高凸，鼻高额宽，眉弓突出，杏状大眼圆睁，眼珠与瞳仁呈向前方瞪视状，双耳较大，耳垂凿有穿孔，脸部下边则较为瘦削，脸颊略呈内凹，嘴巴或抿或张，有的嘴唇和耳朵上还残留有涂抹的朱砂痕迹。特别值得注意的是这些石跪人像的表情神态，无一例外都是一副承受痛苦的样子，充满了悲壮的意味，同时又交织着静默、企盼、祈祷、等待或苦闷与惊讶等微妙的神情变化。这反映了雕造者对当时人物表情的细致观察与巧妙把握，而且具有娴熟的雕琢创作技巧，在造型艺术上达到了较高的水平。这些石雕人物的表情神态同金沙遗址铜立人像的肃穆神秘状可能都表达着某种寓意，有着很丰富的含义。石人嘴唇与耳朵等处涂抹的朱砂痕迹可能是古蜀族举行祭祀活动时所为，涂抹朱砂是否有增强灵异或厌胜的作用，抑或是古蜀族的一种特定的礼仪习俗，我们不得而知。但三星堆二号坑出土的青铜面具和青铜人头像也有口唇涂朱的现象[1]，这告诉我们可能都是出于同样的目的，显而易见应与古蜀族和古蜀王国的祭祀与巫术有关。

　　在金沙遗址发现之前，成都平原其他古遗址内也曾发掘出土商周时期的石质人物造像，但数量很少。根据公布的考古资料，在三星堆遗址范围内最早出土有两件石跪人像，可惜头部皆已损坏，形态表情不详，身躯的刻纹也已漫漶不清，但双手反缚的跪姿仍依稀可辨。有学者称之为石雕奴隶像，认为"遗址中发现的两个双手反缚的石雕奴隶像说明了在这个时期奴隶制的存在"[2]，还有的学者称为"砍头的人牲石像"[3]。随后，1983年在成都方池街遗址又出土了一件石跪人像，据介绍是"在遗址早期地层的上面，发现一个青石雕刻的人像，高约0.5米，双腿下跪，双手被缚"[4]。后来又介绍说"这个石

成都方池街遗址出土的石跪人像

人高50公分，头发向左右两披，双手后缚，头部较大，脸部雕刻粗犷有力，只刻出眼鼻的大体轮廓"[5]。有学者分析认为，方池街出土的"这件石雕像，

①　四川省文物考古研究所编《三星堆祭祀坑》，文物出版社1999年4月第一版，第174页、178页、188页、190页。

②　陈显丹《广汉三星堆遗址发掘概况、初步分期——兼论"早蜀文化"的特征及其发展》，《南方民族考古》第2辑，四川科学技术出版社1990年2月第一版，第223页。

③　林向《巴蜀文化新论》，成都出版社1995年10月第一版，第14页。

④　徐鹏章《我市方池街发现古文化遗址》，《成都文物》1984年第2期，第91页。

⑤　王毅、徐鹏章《方池街古文化遗址的出土文物》，《成都文物》1999年第2期，第46页。

面部粗犷，颧高额突，双耳直立，尖下巴，高鼻梁，瘦长的脸上横着一张大嘴，头发由中间分开向左右披下，由于身上无衣纹饰样，从其特征上看，可能为一青年男性"。"方池街石人，神态严肃悲恸，赤身裸体（没有衣纹饰样），双手于背后做捆缚状，双腿弯曲下跪于地，从它所表现的形象来看，不像是作为祭祀对象……是作为祭品——'人祭'的代用品，其表现的当是受人宰割的羌人奴隶形象"。并认为"蜀与羌在当时都是较强大的部落，而且相互为邻，双方之间很难不发生关系，战争也是不可避免的。因此，古代蜀人将羌人形象的'古俑'代替人牲作为祭品是很可能的"①。或认为古老的氐羌是蜀族的祖先，"这件石雕像正是表现了蜀族先民的形象"②。也有学者不同意这种推测，认为"根据文献记载，羌人是披发覆面而不是辫发，将这类石人像的族属判定为羌人，其证据还不足"③。现在来看，当时三星堆遗址和成都方池街遗址出土的石人雕像，由于残损严重、数量甚少，使学者们的研究分析受到了很大的局限，因而种种推测还停留在相对比较浅显的层面上。金沙遗址十余件石跪人像的出土，无疑为这方面的研究提供了极其重要而丰富的实物资料，使我们可以对比做更深入的探讨。

这些商周时期古蜀石质人物造像的出土，引起了学术界浓厚的兴趣和广泛的关注。将它们与先前出土的几件石人像联系起来看，可知都是同一文化类型遗存。在年代上，它们都是商周时期的遗物。在形态特征与造型风格上，它们都非常相似。特别是方池街遗址出土的一件石跪人像。无论是赤裸的形体、反缚的双手、双腿弯曲跪坐于地的姿势、由中间向两边分开的发式、颧高额突与大耳阔嘴以及瘦长的脸形，或是做严肃悲恸状的表情神态，都与金沙遗址石跪人像一脉相承、高度一致。在四川之外其他地区多年来进

---

① 吴怡《成都方池街出土石雕人像及相关问题》，《四川文物》1988年第6期，第19～21页。

② 吴怡《成都方池街出土的石人初探》，《成都文物》1985年第1期，第49页。

③ 唐飞、孙华《石跪人像三》，《金沙淘珍》，文物出版社2002年4月第一版，第176页。

行的大量考古发掘中，迄今尚未有类似的发现。这说明这些石跪人像显然是具有典型的时代性和浓郁的地域文化特征的古蜀遗物，它们主要分布在成都平原上规模较大的一些商周时期的古遗址中，应是古蜀王国一些较大的氏族或部族为了某种祭祀目的而特意雕制的，也可能反映了当时影响较大、盛行一时的一种社会习俗。可以肯定的是，古代蜀人雕造这些石质人物绝非像现代人生产工艺品那样出于赏玩的目的，这些石人像的特征风格已充分说明了雕造者虔诚的态度与耗费的心力，他们并不追求视觉上的愉悦，却刻意表现一种浓烈的悲剧性的力量。总之，给人以深刻印象的这些石质人物造像提供给我们的并不是一些简单的信息，它们有着极其丰富的含义。

考古工作者对金沙遗址石跪人像进行出土清理时，根据它们的造型特点，认为大致可分为A、B、C三种类型。其中A型的形体较为瘦小，上身微向前倾，五官雕刻得比较粗略，高约17厘米。B型的体形适中，上身亦微向前倾，高约21厘米。C型的体形较高，上身较直，略显得有点扁平，肩部较宽，人体有的部位较为夸张，高约21～27厘米[1]。如果从雕刻技艺和造型风格来看，B型与C型的石跪人像雕刻较为细致精美，采用线刻表现的眼睛与发辫等处显得清晰流畅，做过耳垂钻孔和整体磨光加工，体表圆润，涂抹于嘴唇、眼眶、耳朵等处的朱砂痕迹仍明显可见，可谓金沙遗址出土的古蜀族石质人物造像中的精心之作。比较而言，A型石跪人像则雕刻得较为粗糙，身体造型已大致成形，但脸部五官仅显出轮廓，神态朦胧，表情模糊，因未雕出眼睛，眼眶与瞳孔采用朱、白两色颜料描绘而成，脑后的发辫也未刻出，体表也未打磨，给人的感觉好像是只雕刻出了雏形，尚未做细致加工。根据这些明显的差异来推测分析，其中的A型石跪人像很可能是金沙遗址古蜀族早期的粗犷之作，B型与C型石跪人像则可能是其积累了丰富的雕刻经验之后的石雕人物造像作品。从雕琢工艺的角度看，除了技巧方面的原因，花费的时间工

---

① 王方、朱章义、张擎《金沙村遗址出土石器》，《金沙淘珍》，文物出版社2002年4月第一版，第164页。

夫也明显不同，A型石跪人像雕刻时可能比较急迫和草率，B型与C型石跪人像雕刻时则比较从容细致，从而形成了两种不同的艺术效果。这是否与古蜀族必须雕造这类石跪人像来举行某种祭祀活动的急需程度有关呢？这些尽管都是分析推测，但可以活跃思路，对我们的深入探讨应该是有好处的。

现在让我们来看看其中的一些精美之作。

先看第一件，按照考古人员的编号为2001CQJC：716，在金沙遗址清理出土的8件石雕人物造像中，是雕刻最为细致、保存最为完整的一件。这件石跪人像通高21.72厘米，重2117克。雕造者充分采用了雕琢、磨光、钻孔、线刻等手法，对石人像的形态造型从整体上到细微处都做了生动逼真的表现，并在脸部的某些部位施加了彩绘，涂抹了朱砂[①]。有些部位较为夸张和简略，展示出一种别具匠心的粗犷风格。其线刻的双眼、睁大的瞳孔、嘴角下垂且唇部涂朱的方形大口、耸出的颧骨、内凹的脸颊与高挺的鼻梁、竖起的大圆耳朵和钻孔的耳垂、奇异的梳理整齐的双分发式、脑后下垂的大辫和反缚的双手，以及腰板挺直、平胸圆肩、微向前倾、双膝着地的跪坐姿势，都给人以栩栩如生之感。这件石雕人像选用的石材为蛇纹石化橄榄岩，由于该岩内含有大量分散的粉粒磁铁矿石及方解石，石像的表面有一些被侵蚀后形成的黄褐色斑痕。脸部人为的彩绘和涂抹的朱砂与这些自

金沙遗址出土的石雕人像之一

① 唐飞、孙华《石跪人像三》，《金沙淘珍》，文物出版社2002年4月第一版，第176～178页。

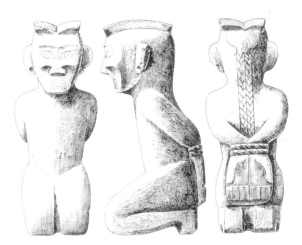

金沙遗址石雕人像之一线描图

然形成的斑痕互为衬托，更增添了这件石跪人像的古朴和神秘，观赏的时候能够油然体会到一种年代久远的情趣与韵味。从形态造型的风格特征看，这件石跪人像应为男性裸体双手反缚跪坐姿势。其神态表情做严肃苦涩与惊讶状，双眼圆睁、目视前方与嘴角下垂、方口大张的样子，似乎又含有一种悲壮、愤慨、期盼和祈祷的复杂意味。身后被两道绳索捆绑住的双手显得分外夸张，可能是有意为之，以突出其双手反缚所表达的某种寓意。其双膝下面与跪坐于地的脚趾处都做了磨平处理，可以平稳放置，说明古蜀族雕造这件石跪人像是供摆放使用的。很可能是用于专门的祭祀活动，或者是作为古蜀族宗庙与神庙中的供奉物。从视觉效果推测，或许有木制的祭台或神坛供摆放。此外，是否有作为殉葬品与陪葬品的可能性，目前还是一个谜。这件石跪人像奇特的姿势和微妙的神态都给人以深刻的印象，其被赋予的象征含义是相当耐人寻味的。

第二件金沙遗址出土的石跪人像编号为2001CQJC：717，高21.5厘米，重1951克，也是一件雕刻细致传神的精美之作。古蜀族精心雕造的这件石像同样采用了圆雕与线刻相结合的方法，展现了简练而娴熟的雕刻技艺。形象

精美传神的金沙遗址石雕人像之二

体态显得丰满稳重而又均衡对称，给人以生动逼真之感。无论是特征风格还是表现技巧都洋溢着鲜明的古蜀特色。这件石雕人像选用的石材也是蛇纹石化橄榄岩，因为石内含有大量分散的粉粒状磁铁矿石与方解石，故而外表被侵蚀后呈现出褐色状斑与黑色条纹和白色划纹，为石像增添了一种天然的韵味。此外，由于年代久远石质风化，石像身上出现了细小裂缝。在形态造型方面，这件石像亦着重表现了奇异的发式和双手反缚跪坐于地的姿势，双眼圆睁直视前方，脸部棱角分明，颧骨凸起面颊深凹，鼻梁高直，阔嘴紧抿，神态肃穆表情凝重，并同样意味深长地交织着悲壮、苦涩、期盼等多种情感。特别值得注意的是，古蜀族的能工巧匠在雕造这件石像时巧妙地运用了彩绘来增强对人物形态的表现，并突出其神态表情方面栩栩如生的效果。最显眼的便是紧抿的阔嘴上涂抹的朱砂，在经历了数千年的湮没之后，清理出土时仍鲜艳如新。在竖起的招风式的双耳上也残存有朱砂。石像的眼睛则采用彩绘形式描画而成，其外眼眶为黑色线条，充分利用了石材本身的肌理效果，而眼睑则涂以朱彩，眼仁描成白色，瞳孔也非常巧妙地利用了石质纹理，起到了层次分明生动传神的作用。在考古发现提供的出土实物资料中，这是非常值得重视的现象，充分说明了商周时期的古代蜀人对彩绘形式的熟练掌握和巧妙运用，可谓情有独钟造诣非凡，同时也反映了古代蜀人独特的审美意识，透露出当时祭祀活动与社会习俗中的一些真实情形。彩绘其实并不仅仅是一种美术手法，或是一种简单的艺术情趣，从一定意义上说也是原始神秘宗教观念的体现，其中蕴含着相当丰富的内涵。值得注意

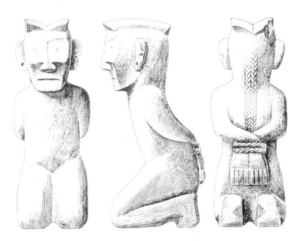

金沙遗址石雕人像之二线描图

的另一点是这件石跪人像反缚于身后的双手，并列的双手夸张地各凿出了四个粗壮的手指，不见大拇指，掌心向内紧贴臀部。而前面介绍的第一件（编号为2001CQJC：716）石跪人像反缚的双手则掌心向外，并列贴于臀部，分别刻出了拇指和蜷曲的四指。这种形态上的差别也颇耐人寻味，说明雕造者并不固守一种模式，而有灵活的创意和丰富多样的表现方式。

未做细致雕琢的金沙遗址石雕人像之三

第三件编号为2001CQJC：166的石跪人像，高17.4厘米，重1148克，是浅灰黑色的大理石雕刻而成，石质中有较多的白色条状斑纹，出土时一些部分有残损，头部与身体已断开，经拼接复原。这件石像在形态造型上同样具有颧骨高耸、脸部瘦削、发式两分、身

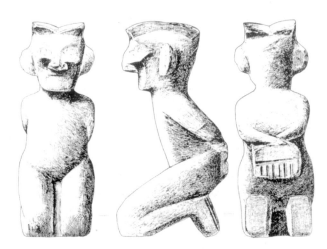

金沙遗址石雕人像之三线描图

子前倾、目视前方、表情严肃、神态悲壮的特点。雕造者同样采用了圆雕、线刻、打磨、涂描等手法，但在这件石像的细部表现方面特别是面部五官和反缚于身后的双手则显得较为粗糙。体型与其他石像相比略小一些，手与脚也较细。这件石像鼻梁以上部位未做细致雕琢，背后交叉的双手和捆绑在手上的绳索仅具轮廓，雕刻出的手指为七个，身后不见发辫。这种制作粗糙、雕琢不细的人像，与前面介绍的两件精美之作有较大的差异。可能是已经雕凿成形，但尚未做细致加工。推测其原因，也许是当时需用甚急，来不及精雕细刻；或者是早期的一种雕造风格，制作者在雕琢面部五官等细部方面经验不足，手法较为粗疏。此外也不排除制作者有意为之的可能，因为石像身部已经过打磨，唯五官与双手较为模糊。值得注意的是这件石雕人像用阴线刻出的嘴上被填涂了朱砂，并用朱砂涂目，表明这件石像已被用于古蜀族的某种祭祀活动之中，或已作为宗庙或神庙中的供奉。

　　第四件编号为2001CQJC：159的石跪人像高17.8厘米，重1366克，采用蛇纹岩青石雕刻而成。这类质地的青石在成都平原西部的彭州境内较多，采集也较为方便，古代蜀人使用的石材有可能采于此地。这件石像的胸部和双腿处有大量的酱黄色沁斑，出土时已残断，经过拼接复原。在造型风格上同样具有脸部瘦削、颧骨凸出、发式中分、目视前方、神情肃穆悲壮的特点。其形态与第三件相似，雕刻也较为粗糙，特别是鼻子以上部位未做细致雕刻，眼部稍凹，没有雕出眼睛，眼部上面有一道凸棱来表现粗长的眉毛，嘴部至下巴呈扁平状，亦未做细刻。身后反缚的双手雕刻得也很粗略，仅雕刻了五个手指。人像跪坐双腿的底部也不平整，左脚趾部略短，放置时稍向左侧倾斜。这件石像同样使人觉得只雕出了雏形，尚未做进一

风格粗犷的金沙遗址石雕人像之四

步加工。耐人寻味的是，眉棱下虽未刻出双眼却残留有少量的朱砂和白色颜料，推测曾描绘过眼眶和瞳孔。嘴部位置也残留有朱砂，应是描绘和涂抹口

金沙遗址石雕人像之四线描图

部用的。在半椭圆形耳朵正面一侧也涂有朱色。这些痕迹说明这件石像显然已在古蜀族的某种祭祀活动中被正式使用过。

以上四件石跪人像在造型上，与中原地区、长江中下游以及其他区域出土的同时期玉石类人物雕像相比，有较大的不同，具有一种浓郁的地域文化风格，也可以说显示了古蜀族特有的石质人物雕像风格。从形态特征方面分析，可知古代蜀人为了某种特殊的目的与用途而选用石材制作这些石像时，有的比较从容，精雕细刻，达到了生动逼真的效果；有的可能比较急迫，雕刻比较粗糙，未做细致加工。这是否与当时古蜀族制作使用这些石像时的急需程度有关？也有可能是由于制作者的原因，比如创意构思上的成熟与粗浅、雕刻手艺的高低区别以及雕刻经验的多寡等。尽管有形态特征方面的差异，但这并不影响古蜀族先民赋予它们的象征含义。这些石像上残留的涂抹朱砂与彩绘痕迹，说明它们一经雕成，尽管有的比较精美有的仅具雏形，却都派上了用场。换个角度来看，这也透露了古代蜀人在审美意识上的丰富和宽容，在造型艺术上既能做到精雕细琢也能保留粗犷，充分展示了表现手法方面的不拘一格和风格上的多样性。而在这些石质人物雕像面部等处施以彩绘涂抹朱砂，可能是为了增强这些石跪人像的神秘性，以达到和突出其栩栩如生的效果。这种具有古蜀特色的彩绘与涂朱也很可能是古蜀族表现原始宗教观念的一种方法，抑或是当时流行的一种崇尚习俗，或者是将它们供奉于宗庙神庙或使用于某种祭祀活动之中时进行的一种特殊仪式。这种表现手法客观上确实起到了"画龙点睛"的作用，联系三星堆青铜雕像群的描彩涂朱现象，同样展示了古代蜀人非凡的创意。

金沙遗址出土的这些石跪人像表现的是哪类人物？代表的是什么身份？究竟具有什么象征含义？是非常值得探讨和弄清的一个问题，也是古蜀先民留给我们的一个非常有趣的谜。这个有待破解的问题和费人猜思的谜，已引起了众多学者的关注。我们在前面已提到，有的学者认为金沙遗址出土的这些两腿下跪反缚双手的石像表现的应是当时社会的下层，可能是奴隶或俘虏与犯人的形象。有人甚至认为，这些象征着奴隶与犯人形象的石跪人像在金沙遗址大量出土，反映了当时古蜀族或古蜀王国中的等级与刑罚情形，透露出当时的古蜀王国"有可能它与商王朝一样有了较为完备的刑罚制度，执掌刑罚的就是掌握该遗址大量礼器和象征着王权金带等器物的统治阶层"①。还有的认为"从方池街出土的人像旁有凿和烧痕的人头盖骨，金沙村遗址出土人像上有涂朱的情况看，这种人像应是人祭的替代品，其目的是专用以祭祀活动。以石人替代过去的活人祭祀，无疑是一种社会进步的表现。"②毋庸讳言，这些推测大都是针对这些石跪人像两腿跪坐双手反缚的姿势形态得出的一种分析看法。若做深入探讨，可知这些看法并不确切。

我们知道，根据古代文献中有关记载透露的信息，早在远古时期中原地区的原始部落中已形成了某些强制性的行为准则。例如《尚书》中的《舜典》和《皋陶谟》就有"五礼""五典"的记载，如果部落中某些人违反了这些强制性的行为准则，就会处以象征性的"象刑"，或者受到"鞭""扑""流"等刑的惩罚③。到夏朝由原始的氏族联盟建立了早期奴隶制国家之后，才有了较为正式的《禹刑》，《左传》中就有"夏有乱政，而作《禹刑》"的记载④。按照后世学者的说法，夏代的刑罚首先注重天罚神判，其次包括死刑，使用五种肉刑。据东汉学者郑玄在《周礼·秋官·司刑》中作注说，夏代五刑是"大辟二百，膑辟三百，宫辟五官，劓、墨各千"。大辟就是死刑，膑辟是凿去膝盖骨，宫辟是毁坏生殖器官，劓是割掉鼻子，墨是在脸上刺字涂以墨记。这些刑罚有着相当野蛮残酷的色彩，与当时对付征服的各部落臣民、战争俘虏和奴隶，实行强权统治有着密切的关系。到了殷商王朝，随着对外战争的频繁和势力范围的扩张，统治者进一步

---

① 张擎、周志清《石跪人像一》，《金沙淘珍》，文物出版社2002年4月第一版，第168页。

② 王方、刘骏《石跪人像四》，《金沙淘珍》，文物出版社2002年4月第一版，第181页。

③ 《尚书·舜典》中有"象以典刑。流宥五刑，鞭作官刑，扑作教刑，金作赎刑，眚灾肆赦，怙终贼刑"的记述。见《十三经注疏》上册，中华书局1980年9月第一版，第128页。

④ 王守谦等译注《左传全译》，贵州人民出版社1990年11月第一版，第1162页。

河南安阳殷墟出土的囚俑（上为女囚俑，下为男
囚俑，正面与背面形状）

加强了对奴隶的镇压，不遗余力地维护奴隶主贵族集团的利益，制定了骇
人听闻的更加残酷且详细的刑罚。《史记·殷本纪》记述商汤时已有"汤
法"，《竹书纪年》说于"祖甲二十四年重作《汤刑》"①，其详细内容早已
佚失。从史籍中的零星记载来看，商朝仍沿用了五种肉刑，而把膑刑改成了
刖刑（砍掉下肢），增加了砍手等刑罚，《韩非子·内储说上》就有"殷之

---

① 《竹书纪年》卷六，《二十二子》，上海古籍出版社1986年3月第一版，第1067页。

法，弃灰于公道者断其手”的记述[①]，特别在死刑方面扩大了范围，增加了多种残虐的执行方法，此外还有镣、铐、枷等械具。安阳殷墟出土的商朝陶俑就有双手戴有械具的男囚俑与女囚俑造型[②]，甲骨卜辞里也已有“项枷”“连手枷”等文字。到了西周时期中原王朝已经有了一整套完备的礼乐和法律，周穆王时大司寇吕侯制作了《吕刑》，刑罚方面仍沿用夏商时代的五种肉刑，对定罪量刑施罚都做了明确规定。其中亦有新的改变，比如有疑问的刑罚可以罚款代替肉刑等，还规定了罚金数额。以上所述都是黄河流域中原地区夏商周统治者施用的刑罚状况。地处长江上游内陆盆地的古蜀王国并不属于中原王朝的统辖，这里有着众多的氏族和部落，大大小小的酋长甚多，可谓诸侯林立，在政治上施行的是共主制，在礼乐上也与中原有别而自成体系，三星堆出土的青铜雕像群对此做了很好的揭示。古蜀时代的刑罚情形如何，古文献中对此几乎没有什么记载，考古材料也缺少例证，目前我们还不得而知。因为古蜀王国与中原殷商王朝在政治体制与统治方式上都有很大的不同，古蜀王国是否也有自成特色的刑罚制度，现在还是一个谜。

　　人牲与殉葬曾是中原殷商王朝统治者广为采用的做法，特别是商王朝后期殉葬之风尤为盛行。根据甲骨卜辞和古文献的记载，商代奴隶主贵族经常频繁举行祭祀上帝、鬼神、祖先等仪式以求得到保佑，每祭祀一次除宰杀牛羊外往往还要杀人作为祭品。商王朝在营建宫殿和宗庙建筑时也要埋葬狗、牛、羊三牲和车马奴隶人牲等。殷墟的考古发掘对此有大量的揭示，如安阳武官村北地殷王陵区发掘了191个商代祭祀坑，共埋奴隶1178人，每次祭祀杀戮的人数少则几人多则几十人至几百人。商代人殉数量也很惊人，据统计，

---

①　陈奇猷校注《韩非子集释》，上海人民出版社1974年7月第一版，上册第519页、541页。
②　据参加安阳殷墟发掘的李济先生介绍说，这两件出土的陶人俑“穿着几乎完全遮住下肢的长袍”，认为“这两个陶人俑显然是囚犯，双手都戴着手铐，一个双手在前，另一人双手在背后。两人颈戴着枷锁，剃光了头”。见李济《安阳》，河北教育出版社2000年12月第一版，第219～221页，第222页图。可知表现刑罚者无需裸体。该陶人俑图可参见史岩编《中国雕塑史图录》第一卷，上海人民美术出版社1983年5月第一版，第19页。

已发现的商代墓葬中的殉人数量在1000人上下[①]。西周时期人牲祭祀之风仍很流行，但数量甚少，人殉制度也开始衰落，至西周中晚期上层社会统治集团中的周人贵族已不再将奴隶殉葬作为一种礼制。商周时期古蜀王国在祭祀活动与丧葬习俗方面也与中原王朝有很大的不同，三星堆遗址等许多重大考古发掘均未发现古蜀统治者有人牲或人殉的情形。这说明古蜀社会显然没有人牲或人殉的习俗，盛行的是具有浓郁古蜀特色的祭祀方式。

三星堆二号坑出土的青铜喇叭座顶尊跪献人像

① 徐吉军《中国丧葬史》，江西高校出版社1998年1月第一版，第81～87页。又见张之恒、周裕兴《夏商周考古》，南京大学出版社1995年10月第一版，第108～133页。

由此可知，金沙遗址出土的石跪
人像所代表的并非是人祭的替代品，
透露的也不可能是古蜀王国中的刑罚
情形。它们赤身裸体双手反缚的姿势
形态并不是为了简单地表现一种刑罚
制度，而是被赋予了特殊的象征含
义，很显然与古蜀族一些特殊的祭祀
活动仪式有着密切的关系，应是古代
蜀人某种崇尚观念的形象体现。在
三星堆出土的千姿百态的人物雕像群
中，只有二号坑出土的一件青铜喇叭
座顶尊跪献人像裸胸露乳，腰以下仍
穿有短裙；一号坑出土的一件青铜跪
坐人像身体下部裸露，但腰间系带穿

三星堆一号坑出土的青铜跪坐人像

有遮裆的"犊鼻裤"，上身穿右衽交领长袖短衣。金沙遗址石跪人像这样全
身赤裸，确实是比较特殊的一种造型。特别是采用夸张手法雕刻的被绳索捆
绑于身后的双手，加上额际两侧被修剪过的奇异发式，以及面部的彩绘和涂
抹的朱砂，具有浓郁的巫术色彩。

前面提到关于这类石跪人像的身份象征，已有学者提出了一些推测看
法。比如有的认为它们的身份地位应当很低，可能属于四川盆地内地位低下
的族群。但这类石跪人像无一例外都采用了商周时期中原地区表现上层贵族
人物的跪坐姿态，这就使得上述的推测存在了很大的疑问。首先说跪坐姿
势，根据古代文献记载，古代两膝着地伸直腰股为跪，两膝着地臀部贴于脚
跟上为坐，是中国很古老的一种礼仪习俗[1]。在殷商时期，跪坐成为崇尚鬼神

① 杨泓《说坐、踞和趺坐》，《寻常的精致》，辽宁教育出版社1996年9月第一版，第
4~5页。

的商朝统治阶层的起居法，并演化成一种供奉祖先、祭祀神天以及招待宾客的礼仪。当时只有一些滨海而居的土著采用蹲居法，被称为"蹲居的蛮族"或"东夷"①。从考古资料看，殷墟妇好墓出土的一些圆雕玉人与石人便是这种典型的跪坐姿势。其中有一件雕刻精美纹饰细腻，是商代玉雕人像中的代表之作，有人根据神态与佩带武器推测其很可能是妇好本人的形象。在三星堆出土的青铜雕像群中也有不少跪坐姿势的雕像，如一号坑出土的青铜跪坐人像、二号坑出土的青铜喇叭座顶尊跪坐人像以及青铜神树底座上的跪坐小人像等。可知跪坐姿势无论是在殷墟还是在三星堆的圆雕人物造型中表现的绝非是地位低下的族群，而是社会上层人物形象，它们可能是统治阶层、世俗贵族，也可能是巫师集团执掌神权者的象征。以此作为参照来看金沙遗址出土的石跪人像，也是这种跪坐姿势，说明表现的也是象征社会上层人物的礼仪习俗。所以我们可以说，它们并不是社会地位很低的人物，而是统治阶层人物的象征。很有可能是古蜀部族首领兼巫师在某种特殊祭祀仪式中的造型。

河南安阳殷墟五号墓出土的玉雕跪坐人像

① 李济《中国文明的开始》，《安阳》，河北教育出版社2000年12月第一版，第491页。

如果做进一步比较分析探讨，金沙遗址出土的这些石跪人像，无论是奇异的发式、脸部涂抹的朱砂和彩绘，还是不着衣饰的裸体跪坐造型和肃穆悲壮的神态，表现的都是具有巫术色彩的祭祀行为，而在古蜀族的祭祀活动中也通常只有巫师之类身份特殊的人才具备这种资格。作为参照，我们可以仔细观赏一下三星堆二号坑出土的青铜顶尊跪坐人像，其上身裸露双乳突出的造型不仅展示了祭献的含义，而且表现了一种坦荡的风格。金沙遗址石跪人像双手反缚全身皆裸，在造型风格上也同样具有坦荡的特色，在人物象征内涵方面也与祭祀行为密切相关。可以说，它们都洋溢着浓郁的古蜀特色，反映了古代蜀人独特的审美意识和崇尚观念。

其次我们特别需要注意的是这些石跪人像被绳索反缚的双手，雕刻手法极其夸张，显然是有意为之。它们那被修剪形成的奇异发式显然也有明确的特殊含意。这使我们很容易联想到古代的有关文献记载。《吕氏春秋·顺民篇》记述说："昔者汤克夏而正天下，天大旱，五年不收，汤乃以身祷于桑林，曰'余一人有罪，无及万夫；万夫有罪，在余一人。无以一人之不敏，使上帝鬼神伤民之命。'于是翦其发，䃺其手，以身为牺牲，用祈福于上帝，民乃甚说，雨乃大至。"《墨子·兼爱下》《国语·周语上》《尸子·绰子》等对此亦有类似记述。文中说的"翦其发"，就是将头发剪成奇异的发式。"䃺其手"，据毕沅、俞樾、陈奇猷等人的解释，是以木柙十指而缚之的意思[1]。《淮南子》佚文对此也有记述："汤时大旱七年，卜用人祀天。汤曰，我本卜祭为民，岂乎自当之。乃使人积薪，翦发及爪，自洁，居柴上，将自焚以祭天。火将然，即降大雨。"[2]内容略有出入，但所述的事情则是一致的，这是商王朝统治者在大旱之年举行的一种祭祀仪式，其目的是祭祀太阳和上帝鬼神，祈求风调雨顺国泰民安。

---

① 　陈奇猷校释《吕氏春秋校释》第2册，学林出版社1984年4月初版，第479页、482页。
② 　《文选》卷十五张平子《思玄赋》注引，见《文选》（影印本）上册，中华书局1977年11月第一版，第218页。

在干旱不雨或霖雨成灾时举行祭祀活动曾是商周时期的重要内容。特别是大旱之年的祈雨活动，大都要举行大型隆重的祭祀仪式。因为这与当时的农业生产、田猎渔牧以及整个社会经济生活都有直接关系，影响重大，所以《周礼》将祈雨纳入国家级祀典也就不难理解了。值得注意的是，商代的祈雨活动往往与巫术有关，出土的卜辞中对此有大量的记述。商朝求雨的方式主要有两种：一种是以舞求雨，另一种是焚巫尪求雨。求雨祭祀的对象大致有四方神、山川土地神、帝臣、气候神、先考先妣等，具有泛神性的特点。商朝的以舞求雨实际上是一种奏乐舞蹈的求雨祭礼，有时要连续多天举行，有时甚至商王自任巫祝跳舞求雨，祈雨时不仅要奏乐跳舞还要大声呼叫。《诗经·小雅·甫田》说"琴瑟击鼓，以御田祖，以祈甘雨"，记述的就是奏乐祭祀地神的祈雨情形。[1]卜辞中对此也记述甚多，如："唯万舞盂田，有

三星堆出土的多种跪姿青铜小人像

---

[1] 《诗经全译》（袁愈安译诗，唐莫尧注释），贵州人民出版社1991年7月第二版，第311～312页。

雨”（合集28180），“王舞，唯雨”（续编4.24.12），“唯万呼舞，有大雨”（合集30028），“其舞，有雨”（乙编5112），“王其乎（呼）舞……大吉”（合集31031）等。商朝的焚巫尪求雨则是旱情特别严重时举行的祭祀祈雨仪式。史籍中对此不乏记述，如《左传·僖公二十一年》说“夏大旱，公欲焚巫尪”，《春秋繁露·求雨》说“春旱求雨，令县邑以水日祷社稷山川……暴巫聚尪八日……秋暴巫尪至九日”。文中所说巫尪是指女巫。尪，意为仰面朝天的畸形人①。卜辞中大量记录了所焚巫尪之名与具体地点，由此可知当时经常发生旱灾及焚巫尪祈雨习俗的盛行。有的一片甲骨上同时记有好几个焚巫尪的祭地，说明受灾范围很广。有的一片甲骨记述前后五天在四个地方举行这种祭礼，至少焚了两个巫尪（例如《安明》2475），其隆重和酷烈的程度充分反映了当时旱情的严重和人们祈雨的焦切状况。在这种严峻的情况下，“由于宗教上或习俗上的需要，地位较高者也可以成为牺牲品。则甲骨文的焚巫尪，所焚者身份未必很低”②。《吕氏春秋·顺民篇》与《淮南子》佚文记述的其实就是古代焚巫尪求雨的习俗，汤自“翦其发，䶩其手，以身为牺牲”，欲自焚以祭天求雨，正是一种亲自使用巫术的行为。这种“大旱而以人祷”的举动应是殷商确实发生过的事，也是上古社会里常见的现象③。这种情况在后世仍然存在，并由焚巫尪求雨逐渐演变为暴巫尪求雨。《山海经》中记述的“女丑之尸”或“黄姬之尸”，有学者认为可能都是古代久旱不雨时用作祈雨的牺牲品。女丑即女巫，乃天旱求雨时的暴巫之像，或者是女丑饰为旱魃而被暴也④。此外，赤身裸体也是古人采用模拟交感巫术求雨的行为，这种行为不仅盛行于我国古代，在世界上许多地方也同样

---

①　王守谦等译注《左传全译》，贵州人民出版社1990年11月第一版，第277～278页。《二十二子》，上海古籍出版社1986年3月第一版，第803～804页。

②　宋镇豪《夏商社会生活史》，中国社会科学出版社1994年9月第一版，第495页。

③　郑振铎《汤祷篇》，《中国神话学文论选萃》上册，中国广播电视出版社1994年2月第一版，第198～204页。

④　王晖《商周文化比较研究》，人民出版社2000年5月第一版，第121页。又见袁珂《山海经校注》（增补修订本），巴蜀书社1993年4月第一版，第262～263页。

流行，弗雷泽《金枝》中对此便有真实的记述①。

以上所述对我们探析金沙遗址石跪人像的真实身份和象征含义无疑有着重要的启示作用。根据文献记载和环境考古材料，商周时期不仅中原地区气候多变，成都平原四川盆地也灾害频繁，经常发生大旱和洪涝灾害。在这种时代背景下，古蜀族或古蜀王国的统治者很可能会像中原王朝一样经常举行求雨的祭祀仪式。金沙遗址出土的这些石跪人像在形态造型上"鬗其发""鬷其手"，便具有"以身为牺牲，用祈福于上帝"的寓意，显然就是"暴巫尪求雨"的形象写照。殷人"焚巫尪求雨"烧的是活人，周人"暴巫尪求雨"在烈日下曝晒的也是活人，古蜀族用石质雕刻的跪坐人像来象征和取代巫尪应是具有浓郁古蜀特色的做法，其性质与三星堆青铜雕像群是一脉相承的，反映了古蜀社会共主政治秩序下祭祀活动不同于中原地区而独具特色的真实情形。当然古蜀与中原在祭祀的内容与形式方面也有许多相同或相通之处，两地源远流长的文化交流与经济往来所产生的影响，理所当然要在社会生活中反映出来。金沙遗址石跪人像所象征的古蜀社会巫师形象，与商周时期中原地区的"暴巫尪求雨"便有着相同的含义。值得注意的是金沙遗址石跪人像面部的彩绘和涂抹的朱砂显示出了很强的巫术色彩，它们的赤身裸体也与古代模拟交感巫术有关。这些都表明它们是古蜀族或古蜀王国举行祈雨之类祭祀活动后的遗存。

金沙遗址出土的石跪人像不仅有丰富的象征含义，而且透露了大量的信息，对我们了解商周时期古代蜀人的社会生活、祭祀活动、风俗习惯以及审美意识和崇尚观念等都提供了宝贵的资料。随着研究探析的深入，今后必将会进一步显示出它们的重要价值，使我们获得更多新的认识。

---

① ［英］詹·乔·弗雷泽《金枝》（徐育新等译）上册，中国民间文艺出版社1987年6月第一版，第101～108页。

三、崇尚与象征的化身

　　同三星堆考古发现相比，金沙遗址出土的青铜雕像与石质人物造型，虽然体型较小，数量不多，却同样展示了丰富的文化内涵。特别是石跪人像，从一个侧面揭示了商周时期古蜀族的一种特殊祭祀仪式，使我们对古蜀文明增添了新的认识，在四川的考古发现乃至中国的考古史上都具有非常重要的意义。

　　从美术考古的角度来看，金沙遗址出土的青铜雕像与石跪人像同三星堆出土的青铜人物雕像群在文化内涵和整体风格特征上一脉相承，形象而生动地展现了一种鲜明的地域文化特色。这种古蜀地域文化特色与同时期的中原商周文化、长江中下游的楚文化和吴文化以及周边其他区域文化都不雷同，而是别具一格，洋溢着丰富的想象力，具有鲜明的独创性，显得如此生动活泼而又绚丽多彩。在黄河流域中原地区，殷商王朝大量铸造各种各样的青铜礼器，发展出了一系列繁复精美的青铜纹饰。历年来出土的青铜鼎彝器物可谓洋洋大观，充分反映了殷商时期中原青铜文化的繁荣，同时也真实地揭示了青铜礼器所代表的等级制度和礼仪习俗。虽然中原地区商周考古也出土了一些青铜或玉石雕刻的人物造型，但在中原青铜文化中的地位并不突出，形态造型也比较单纯，说明它们在殷人的崇尚观念中并没有得到足够的重视。中原青铜文化中占据主导地位的始终是青铜礼器。那些采用娴熟的青铜冶铸技术精心铸造的沉甸甸的青铜礼器，显得如此华贵精美，透露出上层贵族社会享有的威严气象，同时也不免给人一种千篇一律、凝重有余而轻灵不足的沉闷之感。这种典型的中原青铜文化随着向周边的传播，对长江中游等地产生了重要而深远的影响。这种影响也同样传入了蜀地，但聪明好学充满活力的古代蜀人在接受和吸纳中原青铜文化影响的时候并没有改变自己的传统，而是加以巧妙的借用和发挥，创造出了自成体系的具有浓郁古蜀特色的青铜文化。古蜀青铜文化的经典之作便是三星堆出土的千姿百态的青铜雕像群，以及金沙遗址出土的青铜雕像和石跪人像。它们作为古蜀族或古蜀王国群巫集团的象征，真实地说明了古蜀礼仪制度和祭祀方式都与殷商王朝迥然有别，别具特色。这也正是古蜀文明与中原文明之间最为显著的不同之处。商周时期的中原文明由于其特殊的地位而成为世界东方青铜文化的代表，20世纪80年代以来考古发现揭示的古蜀文明则为之增添了更为灿烂丰富的内容。

地处长江上游内陆盆地的古蜀文明与同时期的中原文明一样，有着兴旺的农业、发达的手工业、繁荣的社会生活、昌盛的祭祀活动，以及与外界活跃的经济往来和文化交流，各方面都基本上处于相同的发展水平线上。这个时期的古代蜀人同样掌握了娴熟的青铜冶铸技术，但他们并没有像殷人那样花费大量的资源和精力去铸造青铜礼器，而是对人物造型情有独钟，不遗余力地铸造了数量众多千姿百态令人叹为观止的青铜雕像，以此来张扬独特的崇尚意识，进行规模宏大的古蜀祭祀活动。虽然传世文献对古代蜀国的历史文化缺少记载，但三星堆和金沙遗址的重要考古发现却告诉我们，古蜀族或古蜀王国经常举行各种形式的祭祀仪式是不争的事实。这些昌盛的祭祀活动在古代蜀人的社会生活中占有极其重要的地位，并对古代蜀人的精神观念起着不容忽视的作用。古蜀族和古蜀王国的统治者就是通过这些祭祀活动来体

具有特殊象征寓意的三星堆青铜纵目人面像

现和行使他们执掌的神权与王权，达到有效统辖臣民和增强古蜀族群中各部落各氏族之间凝聚力的目的。换一种说法，古代蜀国的祭祀活动不仅是一种反映原始宗教意识的传统习俗，也不单纯是体现神权和王权的象征仪式，更是一种有效的统治手段和聚合模式。独特的地理环境和人文状况决定了古代蜀国与众不同的祭祀特点。于是，象征古蜀王国群巫集团的三星堆青铜雕像群和象征古蜀族巫师的金沙遗址青铜立人像与石跪人像，便在古蜀时代昌盛的祭祀活动中应运而生了。它们既是古代蜀国独特祭祀方式的产物，也是古蜀先民在青铜文化已高度繁荣的时代背景下智慧和创意的结晶。古代蜀人铸造和雕刻的这些人物造型与中原青铜礼器相比，显示出了更加生动活泼和绚丽多彩的特点。它们并不是古蜀祭祀活动中的简单道具，而是人神沟通的象征，在特定的祭祀场面中所代表的特殊身份和表现出的神秘力量无疑会产生一种震撼心灵的效果。

我们知道，三星堆出土的青铜雕像群是古蜀王国统治阶层的写照和群巫集团的象征，表现的是以古蜀族为主体的西南地区各氏族部落举行盟会和大型祭祀活动的情形，这一看法已成为学术界许多学者的共识。金沙遗址出土的青铜立人像和石跪人像则可能是古蜀族群中栖居于金沙村一带的某个氏族或部落的巫师象征。它们与三星堆青铜雕像群在文化内涵的一致性以及造型风格上的相似之处都是显而易见的。同时我们也会注意到它们有一些不同的特点，最为显著的主要有几点：一是体型大小方面的悬殊，二是形态表现上的差异，三是冠帽服饰的不同。首先说体型，三星堆青铜立人像通高达260.8厘米，金沙遗址铜立人像通高仅19.6厘米，显然是由于两者地位不同、身份有别的缘故。三星堆青铜立人像象征的是蜀王与群巫之长，因而高大华美气势恢宏；金沙遗址铜立人像表现的可能是部族首领或氏族巫师，所以小巧袖珍风格简朴。其次是形态，请特别注意面部。三星堆高大的青铜立人像、众多的青铜人头像、青铜小人像，甚至包括人面鸟身像，大都被雕铸成戴面具的形象，而面具往往是和原始宗教与古代巫术联系在一起的神秘道具，这样

三星堆一号坑出土洋溢着青春女性之美的青铜人头像

做的目的也许是为了增添神秘的气氛，或反映了一种观念和习俗①。三星堆青铜雕像群中也有少数为写实风格而不戴面罩的，如一号坑出土的一件青铜跪坐人像和一件充满青春女性之美的青铜人头像。金沙遗址铜立人像的面部五官和神态表情则完全是写实风格，看不出有戴面罩的迹象。金沙遗址石跪人像，雕造者采用了多种手法来表现，也是不戴面罩的形态。这说明在古蜀族与古蜀王国的群巫中有戴面罩的巫师，也有不戴面罩的巫师。或者说，在古蜀族与古蜀王国举行的祭祀活动中，有的巫师戴上了面罩，有的巫师则不戴面罩。这很有可能是真实地反映了当时古蜀族群中不同的氏族或部落在祭祀习惯方面的一些微妙差异。再次是冠帽服饰，也说明了古代蜀国各个氏族或部落有各自不同的喜好和表现方式。尽管有这些差异，但雕造者赋予它们的含义则是一致的，反映的都是古蜀时代的祭祀情形，表现的都是巫师形象。

金沙遗址小型铜立人像作为古蜀族以太阳崇拜为主要内容的祭祀活动中的巫师形象，相信是没有什么异义的。金沙遗址出土的石跪人像同样也是巫师的象征，表现的是古蜀族举行"暴巫尪求雨"之类特殊祭祀仪式的情景，这在前面已做了较多的探析。由于一些考古工作者曾对这些石跪人像的身份

① 黄剑华《古蜀的辉煌》，巴蜀书社2002年4月第一版，第107页、121页。

象征提出过不同的看法，我们不妨换个角度再做一些分析探讨。从考古发现的商周时期青铜或玉石之类圆雕人物造型来看，表现的几乎都是与祭祀活动或丧葬习俗有关的上层人物形象，绝少有特意表现奴隶或地位卑贱者的例子。这可能与当时青铜资源宝贵、玉石硬质材料雕造不易有较大的关系。在三星堆出土的千姿百态的青铜雕像群中，塑造的全是崇奉偶像与群巫形象。河南安阳殷墟出土的玉雕人物大都是上层人物的跪坐姿势和穿戴服饰，各地出土的商代青铜器物上的人头或人面也都是与巫师或祭祀礼仪有关的人物形态。殷墟曾出土有两件陶塑的商代男女囚俑，但它们属于墓葬陶俑的性质，与青铜铸造和玉石雕刻的人物完全不同，在质地和内涵上均有很大的区别。玉石在古人心目中和青铜一样，都是很珍贵的东西，古代

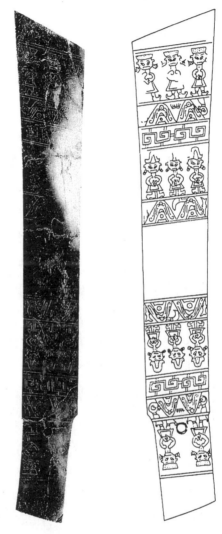

三星堆二号坑出土的玉璋与线描图

蜀人和殷人采集玉石大量制作玉璋、玉璧、玉琮、玉戈等用于祭祀礼仪便是最好的例证。我们还可以举出玉器线刻图案中的人物形象，比如三星堆二号坑出土的玉璋图案中刻画的便是沟通天地的群巫形象。由此可见，金沙遗址石跪人像作为古蜀族特殊祭祀活动中的巫师象征应是顺理成章的事情。

我们还可以举出一些传统习俗方面的例子来加以印证。根据古代文献记载透露的信息，自远古以来古代蜀人就形成了大石崇拜的习俗。按照众多古籍史料中的说法，据传大禹兴于西羌，生于石纽。《淮南子·修务训》和《艺文类聚》卷六引《随巢子》中都有"禹产于石"的记载。《墨子·墨子后语》与《蜀典》等古籍则记述了"石破北方而生启"的传说。这些记载隐约地透露了早在夏代就有了石崇拜的心理观念，并说明了大禹与西羌和古蜀地域的关系。羌族史诗《羌戈大战》则记述了白石崇拜的由来，这种供奉白石作为神灵象征的原始信仰习俗至今仍在羌族中盛行不衰。《华阳国志·蜀志》记述古蜀时代最先称王的蜀侯蚕丛"死，作石棺石椁，国人从之"，也透露出了古代蜀人崇拜大石的原始宗教意识，这与夏族石崇拜观念的影响显然亦密不可分。古代蜀人走出岷山栖居成都平原之后，崇拜大石的传统习俗更为盛行。《华阳国志·蜀志》说开明时期，"每王薨，辄立大石，长三丈，重千钧，为墓志，今石笋是也"，即是很好的说明。古蜀时代流传下来的大石遗迹，除了著名的石笋，还有武担石、石镜、天涯石、地角石、五块石、支矶石等。据刘琳解释，这些巨石"均为古代蜀王墓前的标志"，"皆由数十里乃至百里外的山上开采运来"[1]。童恩正先生也认为："蜀族是中国土著的最古老的民族之一，关于大石传说的内容十分丰富。"这些成都"平原上的大石遗迹，全部是从西部的邛崃山脉中运出来的……蜀国的奴隶主企图树立这些大石来歌颂自己的'功绩'，但是实际上它们都是劳动人民伟大创造力的纪念碑"[2]。这些巨石大都附会有神奇的传说，自古蜀时代以来就成为成都平原的一种特殊景观。与四川邻近的甘肃、云南等地尚未发现类似遗迹，这说明石崇拜无疑是古代蜀人独特的一种崇拜象征形式[3]。有着这种古老

[1] 刘琳《华阳国志校注》，巴蜀书社1984年7月第一版，第187页。

[2] 童恩正《古代的巴蜀》，四川人民出版社1979年4月第一版，第83页。又见《童恩正文集·古代的巴蜀》，重庆出版社1998年12月第一版，第89页、90页。

[3] 黄剑华《天门》，四川人民出版社2001年8月第一版，第210～225页。

悠久传统习俗的古代蜀人，选用石材雕刻象征巫师身份的人物形象，用于特殊的祭祀活动之中，应是一种很有创意的做法。栖居于金沙遗址的古蜀族雕刻这些石跪人像很显然就是这种崇尚习俗的产物。从这个角度来看，这些石跪人像作为尊崇的偶像与特殊身份的象征应该是没有什么疑义的。而在古蜀族祭祀仪式中身份最为特殊、最令人瞩目而备受尊崇的就是氏族或部落中的巫师了。值得注意的是，古蜀族雕刻的这些用于祈雨之类特殊祭祀仪式中的巫师形象采用了写实与夸张相结合的艺术表现手法，将生活中的原型作为依据，而加以富有创意的构思和充满想象力的发挥，从而展示出了一种强烈的艺术真实效果。对石雕偶像的崇尚这一悠久的古蜀习俗在后世亦有很好的延续，汉代雕刻的李冰石像便是显著的例证。

金沙遗址石跪人像告诉我们的并不仅仅是古蜀族特殊的祭祀仪式，也不单纯是一种古老悠久的崇尚习俗，更多的则是一种精神观念的张扬。古代蜀人认为人神是可以沟通的，三星堆出土器物便对这一主题观念给予了充分的展示，金沙遗址石跪人像也同样是这个重要观念的生动展现。形式多样、内容丰富的祭祀活动在古代蜀人心目中既是祈祷诸神获得保佑的方式，也是人神沟通的重要途径。在古代蜀人的祭祀活动中，不仅洋溢着浓郁的巫术色彩，更贯注了强烈的虔诚情感。所以，青铜铸成的群巫可以是戴着面罩与神密语的神秘模样，石质雕刻的巫师也可以是赤身裸体双手反缚跪地祈祷、神态悲壮的形象。为了祭日或者祈雨，古代蜀人并不赞赏和模仿中原殷商王朝过于残酷的祭祀方式，而是采取了较为温和的做法。巫师是氏族或部落的神权与王权的执掌者，为了祈雨并不会去焚烧或暴晒活人，而将象征巫师的石跪人像置于烈日之下同样起着"暴巫尪"的作用。在石跪人像的面部涂抹朱砂可能是巫术中的画龙点睛之术，象征着古蜀族给这些石雕偶像注入了神秘的力量，使之成了真正的巫师的化身。

金沙遗址出土的石质人物雕像给我们的启示是多方面的。世界上的许多古老民族都有采用石材雕刻人物造型的传统。例如我们熟知的古埃及、古希腊、古罗马在石雕人像方面就蔚然大观，而中华民族在玉雕和石雕人物造型方面也独具特色。金沙遗址出土的这些石跪人像不仅反映了古蜀文明的灿烂，也为世界美术史增添了新的内容。当我们今天审视和观赏这些石雕人像时，仍能深切地感受到它们绚丽的内涵和神秘的魅力。

璀璨的
金器

第三章

一、太阳神鸟的绝唱

　　古蜀族是世界上最早开采使用黄金的古老民族之一，三星堆考古发现对此做了充分的揭示，金沙遗址出土的金饰器物为之提供了更为丰富的例证。三星堆出土的金杖、金面罩、金虎、金鱼、金璋、金叶饰等黄金器物展现了古代蜀人高超的黄金加工制作技艺，以丰富的文化内涵和浓郁的古蜀特色在中华文明史上谱写了灿烂的篇章。金沙遗址出土的金面具、金冠带、太阳神鸟金箔饰、金箔蛙形饰、金喇叭形器、金盒等数十件金饰器物更以诡异的图案和奇特的风格给人以耳目一新之感，进一步印证了古蜀文明的神奇和瑰丽。三星堆与金沙遗址出土的黄金制品同两地出土的青铜雕像与青铜器物一样，也充分反映了文化内涵上的一致性，同时又显示出一些异彩纷呈的不同特点。它们通过璀璨的器形和洋溢着丰富想象力的图案纹饰，向我们展示和诉说的不仅仅是古代蜀人开采使用黄金的历史和加工制作技艺，还有古蜀族的崇尚观念、族属意识、社会习俗、审美情趣以及许多使我们产生丰富联想的神秘故事。

　　在金沙遗址清理出土的金饰器物之中，最令人惊叹的便是太阳神鸟金箔饰了。其神奇的图案和绝妙的表现手法，无论是在四川还是在全国都是从未有过的考古发现。将太阳神鸟金箔饰称之为金沙遗址最具神奇色彩的典型器物应该是不过分的。它虽然形制不大，显得小巧袖珍，展示的却是对太阳和宇宙的观察与想象，凝聚着极其丰富的象征含义。它以简练而生动的图像语言向我们透露了古蜀太阳神话传说的大量信息，记述了商周时期古蜀国极为盛行的太阳崇拜习俗，为我们了解古代蜀人的精神观念和追溯古蜀时代一些重要祭祀活动的真实情形提供了极大的便利。金沙遗址太阳神鸟金箔饰在考古史上的重要意义远不止此，作为成都出土的一件最令人赞叹的神奇之物，如今它已成为成都南延线立交桥上光芒四射的城市标志，向人们张扬着一种巨大的古蜀魅力，为成都这座西南地区著名的历史文化名城增添了无穷的光彩。在它引起我们的由衷赞叹之后，还需要知道的是它究竟告诉了我们些什么？现在就让我们对金沙遗址出土金器中的这件神奇瑰宝做一番观赏和探讨。

金沙遗址出土的太阳神鸟金箔饰形制为圆形，内有镂空图案，外径12.5厘米，内径5.29厘米，厚0.02厘米，用很薄的金箔制作而成，其匠心和创意显得是如此绝妙而又非同凡响，数千年之后仍璀璨夺目、精美异常。在制作工艺上，这件金箔饰采用了锤揲与切割技术，整件金饰厚薄均匀，纹饰边缘整齐平滑，工艺精湛，构思奇妙，充分显示了制作者的娴熟与高明。最为奇妙的是圆形金箔上面的纹饰，如同一幅均匀对称的剪纸图案，可能使用了相应的模具精心切割而成。无论是纹饰的整体布局还是图案的细微之处制作都一丝不苟，在有限的空间内达到了极为神奇的效果。这件圆形金箔上采用镂空方式表现的奇妙图案可分为内外两层。内层图案的中心为一镂空的圆圈，周围有十二

令人惊叹的太阳神鸟金箔饰

道等距离分布的象牙状的弧形旋转芒，这些外端尖锐好似象牙或细长獠牙状的芒呈顺时针旋转的齿状排列。外层图案是四只逆向飞行的神鸟，引颈伸腿，展翅飞翔，首足前后相接，围绕在内层图案周围，排列得均匀对称恰到好处。无论从哪个角度来观赏，整幅图案都充满了动感，好似一个神奇的旋涡，又好像是旋转的云气或空中光芒四射的太阳，四只飞行的神鸟则给人以金乌驮日翱翔宇宙的丰富联想。考古工作者曾将这件奇妙的金饰放在红色的衬底上观看，发现其内层旋涡形图案如同一个旋转的火球，周围飞鸟图案犹如红色的火鸟[①]。那火红的圆盘和耀眼的光芒分明就是古代蜀人对太阳的一种表现形式，而且表现得如此精妙而富有创意。还有那绕日飞行使人浮想联翩的神鸟，更是古蜀时代太阳神话的一种生动展现，而且将这个神话传说中的丰富含义发挥到了淋漓尽致的地步。

我们知道，原始崇拜是人类由洪荒向文明迈进过程中的一个古老话题，在各种原始崇拜观念中最昌盛的就是太阳崇拜观念了。这主要是由于太阳和自然万物的密切关系，对人类的生存繁衍起着至关重要的作用，所以先民们自远古以来就对太阳怀着敬畏崇拜之情，并由此而产生了各种崇拜形式。由于先民们对太阳与宇宙的观察，以及由此而产生的丰富想象，使世界各民族中都出现了绚丽多彩的太阳神话。这些以太阳为母题的神话传说，在世界的西方和东方都以各自不同的方式而广为流传，对古代各民族的精神观念和行为方式乃至整个历史文化都产生了重要而深远的影响。阿波罗是古希腊神话中众所周知的太阳神，中国古代则广泛传播着具有浓郁东方特色的十日神话，这些都是我们熟知的最为显著的例证。据学者们考证，对太阳神阿波罗的崇拜起源于远古时代的小亚细亚，在迈锡尼时期传入希腊，后来传入罗马。古希腊人和古罗马人曾塑造了许多阿波罗雕像，并修建了富丽堂皇的阿波罗神庙。这些神话传说以及反映在神话传说中的精神观念和文化特色，对

---

① 成都市文物考古研究所、北京大学考古文博院《金沙淘珍》，文物出版社2002年4月第一版，第29～31页。

汉代画像石上的三足乌（河南唐河出土）

后来的整个欧洲都有广泛的影响。与之相比较，中国远古时代的十日神话传说不仅与西方太阳神话传说有异曲同工之妙，而且展示了东西方区域文明的不同特色。

根据《山海经》等古籍中的记述，中国远古时代太阳神话传说中的十日是帝俊与羲和的儿子，它们既有人与神的特征，又是金乌的化身，是长有三足的踆乌、会飞翔的太阳神鸟。如《山海经·大荒南经》中就说："羲和者，帝俊之妻，生十日。"《山海经·海外东经》说："汤谷上有扶桑，十日所浴，在黑齿北。居水中，有大木，九日居下枝，一日居上枝。"《山海经·大荒东经》说："汤谷上有扶木，一日方至，一日方出，皆载于乌。"[1]这些便是对十日神话传说的记述。《淮南子·精神训》中说"日中有踆乌"，郭璞注解说"中有三足乌"[2]，则对太阳为金乌化身做了说明和解释。

[1] 袁珂《山海经校注》，上海古籍出版社1980年7月第一版，第381页、260页、354页。袁珂《山海经校注》（增补修订本），巴蜀书社1993年4月第一版，第308页、408页、438页。
[2] 许匡一译注《淮南子全译》，贵州人民出版社1993年3月第一版，第368～369页。袁珂《山海经校注》（增补修订本），巴蜀书社1993年4月第一版，第310页、409页。

汉代画像砖上的日轮金乌图（四川新都出土）

远古神话传说中的十日在汤谷中洗浴并栖息在扶桑树上，每日轮流从东极的太阳神树扶桑飞向西极的太阳神树若木。也就是说，每天早晨太阳从东方扶桑神树上升起，化为金乌或太阳神鸟在宇宙中由东向西飞翔，到了晚上太阳便落在西方若木神树上，这是一幅多么形象而神奇的景观。其中不仅表达了古人对日出日落现象的观察和感受，而且展示了先民们关于神树与神鸟的丰富想象。十日神话传说在殷商时期长江上游的古蜀王国中十分盛行，与古代蜀人的太阳崇拜观念交相辉映，呈现出一幅绚丽多彩的情景，三星堆考古发现对此便有充分的揭示。到了后世，十日神话流传的地域更为广泛，我们在各地出土的汉代画像石与画像砖上可以看到许多日轮金乌图。湖南长沙马王堆汉墓出土的帛画上亦有以彩绘方式表现的一轮画有金乌的太阳，这便是先秦太阳神话流传于后世的反映。在这些生动奇妙的图像中，最值得关注的便是神鸟与太阳的关系，这可能是先民们描述和展现太阳神话最为简洁也是最为有效的方法。在图像语言远比文字发达的古蜀时代，采用雕塑和图案来表现十日神话与太阳崇拜观念更是分外盛行，与当时昌盛的祭祀活动可谓相得益彰。古代蜀人将复杂的精神世界反映在充满想象力的图像之中可谓传统悠久，得天独厚。三星堆和金沙遗址出土器物向我们展示的便是这样一幅蔚然大观的情形。

　　三星堆出土的青铜神树就是古代蜀人心目中一棵具有复合特征的通天神树，既是十日神话传说中扶桑与若木的象征，又是天地之中建木的写照。青铜神树分为三层的树枝上共栖息着九只神鸟，分明就是"九日居下枝"的情景，在青铜神树的顶部还有出土时已断裂尚未复原的部分，推测还应有象征"一日居上枝"的一只神鸟。与青铜神树同时出土的尚有立在花蕾上的铜鸟、人面鸟身像等，很可能其中的一件便是那只居于神树上枝的铜鸟。当我们观赏青铜神树的时候，会注意到栖息于青铜神树上的九只神鸟都长着鹰喙与杜鹃的身子，鹰是翱翔长空最为矫健的猛禽，杜鹃是深受蜀国先民喜爱的禽鸟，将它们的特征融合成这种具有复合特征的神鸟，大概就是古代蜀人想象中的太阳精魂日中金乌的形象吧。青铜神树和栖息于其上的神鸟，生动地向我们展现了古蜀国十日神话传说的绝妙情景。此外，三星堆还出土了大量反映古蜀太阳崇拜观念的器物与图像，如青铜太阳轮形器、圆日形状的青铜菱形眼形器、有圆日图像的青铜圆形挂饰、青铜神殿四面坡状屋盖上的圆日图像纹饰、人面鸟身像胸前的圆日图像、金杖上圆脸戴冠呈欢笑状的太阳神形象等。这些古蜀时代留下的大量器物和图像遗存，真实地反映了殷商时期古蜀王国太阳崇拜祭祀活动的昌盛，说明对太阳的敬畏崇拜是古蜀时代十分突出的一个主题观念，在古代蜀人的精神世界和世俗生活中都占据着非常重要的位置。金沙遗址出土的器物与图像材料对此亦同样给予了充分的反映。比如金沙遗址铜立人像头上戴的旋转状的奇异冠饰，就有祭祀者头罩

三星堆青铜神树上的太阳神鸟

三星堆出土的青铜凤鸟

太阳光环的特殊寓意，应是古蜀族太阳崇拜观念在祭祀仪式中的生动展现。

特别值得注意的是，三星堆考古发现还揭示了古代蜀人有崇鸟的信仰，并以鸟为图腾，尤其是凤鸟与太阳神鸟在古代蜀人精神观念中占有特殊地位。而古蜀族的崇鸟观念与鸟图腾又与太阳崇拜和太阳神话相互交融，两者通常有着极其密切的关系。金沙遗址出土的太阳神鸟金箔饰那绝妙的图案所反映的丰富内容，对此又是一个极好的例证。我们知道，在中国远古时代流传下来的许多神话传说中，帝俊和黄帝都是世界东方的大神，具有类似于古希腊神话中最高神祇宙斯一样的煊赫身份。

如果说中原传世文献中记述的黄帝是黄河流域远古先民们心目中掌管天庭和人间的最高统治者，那么《山海经》等古籍中记载的帝俊就是中国南方文化系统中主宰宇宙和世界的天帝了。帝俊不仅与羲和生有十日，还和常羲生了十二月，同娥皇生三身之国。此外还有许多后裔，例如《大荒东经》说"帝俊生中容""帝俊生帝鸿""帝俊生黑齿"，《大荒南经》说"帝俊生季釐"，《大荒西经》说"帝俊生后稷"，《海内经》记述了"帝俊生禺号""帝俊生晏龙""帝俊有子八人，是始为歌舞"等。这些记述构成了一个具有浓郁南方地域特色的帝俊神话传说体系，其中帝俊的后裔都特别崇尚神鸟，大都有"使四鸟"的习俗。据袁珂先生考证，帝俊实际上也就是南方文化系统中玄鸟的化身，认为"帝俊即殷墟卜辞所称'高祖夋'者"，从字形看夋在甲骨文中是一鸟头人身的象形字，可知"帝俊之神，本为玄鸟"[1]。

① 袁珂《山海经校注》（增补修订本），巴蜀书社1993年4月第一版，第396页、410页。

这与黄河流域"玄鸟生商"
的传说含义是一样的，表达
的是殷商和古蜀等古代部族
都有强烈的崇鸟的信仰观
念。正因为帝俊是中国南方
神话系统中玄鸟的化身，所
以帝俊的子裔都和神奇的鸟
儿结下了不解之缘。从出土
资料来看，这种崇尚神鸟的
信仰观念在古蜀族中表现得
尤为突出。三星堆出土的众
多铜鸟便是很好的说明。

金沙遗址出土的青铜三鸟纹有领璧形器

金沙遗址出土的太阳神鸟金箔饰上面刻画的绕日翱翔的四只飞鸟，显然就是
《山海经》中所述帝俊之裔大都"使四鸟"的生动写照了。这件构思绝妙的
神奇之物不仅表达了古蜀族强烈的信仰观念，而且贯注了浓厚的情感。太阳
神鸟金箔饰的制作者和使用者可能正是以此来表明他们都是帝俊的后裔，同
时也表明了他们和十日的亲缘关系以及对太阳神的崇拜之情。

　　显而易见，金沙遗址出土的太阳神鸟金箔饰那奇妙的图像纹饰所表达的
象征含义是极其丰富的。以旋转的火轮作为宇宙中光芒四射的太阳的象征，
以飞翔的四鸟作为金乌和太阳神鸟的写照，通过对金乌托负着太阳在宇宙中
翱翔运行情景的描绘，是古代蜀人的崇鸟观念和太阳崇拜信仰生动而绝妙的
展现。这里我们还应提到金沙遗址出土的青铜三鸟纹有领璧形器，它是与太
阳神鸟金箔饰有着同样丰富内涵的珍贵器物。这件有短柄的青铜有领璧形器
整体为圆形，中央是圆孔，圆孔周围有凸起的高领，形器上的扁平矩形短柄
较短，不能手握，推测可能起插件的作用，应是插在基座上或连接某件器
物的榫头。该形器的尺寸为：直径10.24～10.36厘米，孔径4.03～4.31厘米，
领高2.9厘米，边轮宽2.67厘米，短柄长2.26厘米，厚0.2～0.33厘米，重280

克①。最令人注目的是在该形器宽平的边轮两面均铸刻有相同的飞鸟图案。其图像纹饰以边轮外廓的两圈旋纹为边栏，围绕着璧形器的圆孔布列着三只首尾相接展翅飞翔的神鸟。采用阴线刻画的三只神鸟，手法简练，线条流畅，形象生动，栩栩如生。形态上，三只神鸟同样为鸟颈向前，鸟腿后伸，做腾空飞翔之状。同时还细致地刻画了飞鸟的钩喙圆眼、华丽的长冠和飘逸的羽尾，造型风格上显示出浓郁的古蜀特色，而夸张的表现和丰富的想象更增添了这件器物图像给人的神奇之感。同太阳神鸟金箔饰相比，这件青铜三鸟纹有领璧形器不仅尺寸大小相近，而且在图像纹饰所表达的象征含义上也有异曲同工之妙。那周围有凸起高领的圆孔不就是圆日的象征吗？三只神鸟所表现的不同样是托负着太阳在宇宙中由东向西飞行的情景吗？很显然，这件器物同样是古蜀时代昌盛的太阳神话传说和太阳崇拜观念的产物，是古蜀族以太阳崇拜为母题的祭祀活动中的一件重要器物。

当我们将太阳神鸟金箔饰与青铜三鸟纹有领璧形器放在一起仔细观赏的时候，我们不能不为古代蜀人丰富的想象力和绝妙的图像语言所折服。特别是他们别出心裁的创意和表现手法，以及融化在器物图像中的自由奔放的情感和浪漫瑰丽的精神，真是令人惊叹叫绝。我们也注意到这两件器物图像中的一些微妙差异，比如托负太阳展翅飞翔的神鸟，太阳神鸟金箔饰为四鸟，青铜有领璧形器为三鸟，在象征含义上是否也有某些微妙的不同呢？它们是否反映了远古神话传说中相同母题内的多种内容呢？这些都是值得我们去探析的地方和需要弄清的问题。

从古籍文献中的记载看，《山海经》中曾有多处关于帝俊之裔"使四鸟"的记述，如《大荒东经》中说"有蔿国，黍食，使四鸟：虎、豹、熊、罴"；"帝俊生中容，中容人食兽、木实，使四鸟：豹、虎、熊、罴"；"帝俊生晏龙……食黍，食兽，是使四鸟"；"帝俊生帝鸿，帝鸿生白民，

① 成都市文物考古研究所、北京大学考古文博院《金沙淘珍》，文物出版社2002年4月第一版，第60～62页。

白民销姓，黍食，使四鸟：虎、豹、熊、罴"；"帝俊生黑齿，姜姓，黍食，使四鸟"；《大荒南经》中说"帝俊妻娥皇，生此三身之国，姚姓，黍食，使四鸟"等。据袁珂先生考证，"使"是役使之意。"使四鸟"或"使四鸟：虎、豹、熊、罴"可能是说役使的既有四鸟，也有四兽。而只有帝俊的后裔才有这种役使四鸟与四兽的能力[1]。在这些神话色彩很浓的不厌其烦的传说记述中，除了十日神话与崇鸟观念，似乎还反映了一种驱使和驾驶太阳神鸟的想象，透露了古代先民们战胜自然的气概与希望。太阳神鸟金箔饰上刻画的四只驮日飞翔的神鸟与"使四鸟"的记述显然并不是简单的巧合，可能就包括了多重含义在里面。

《山海经》中又有关于三青鸟与五采鸟的记述，二者同样是非常奇妙的神鸟。如《西山经》中说"三危之山，三青鸟居之"；《大荒西经》中说大荒之中，西有王母之山，"有三青鸟，赤首黑目，一名曰大鵹，一名少鵹，一名曰青鸟"；又说"有五采鸟三名，一曰皇鸟，一曰鸾鸟，一曰凤鸟"；《海内北经》说"西王母梯几而戴胜杖，其南有三青鸟，为西王母取食，在昆仑虚北"。这些记述中的三青鸟与五采鸟都非同凡响，显然也是古代先民

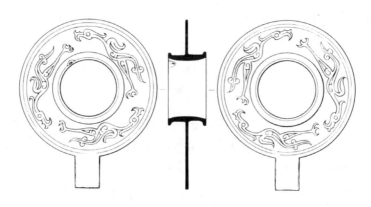

金沙遗址青铜三鸟纹有领璧形器两面图案线描图

---

[1]　袁珂《山海经校注》（增补修订本），巴蜀书社1993年4月第一版，第396～397页。

崇鸟观念的反映。《山海经》中虽未见"使三鸟"之说，但三青鸟为西王母取食，已含役使之意，而且三青鸟与五采鸟数量皆是三只。袁珂先生认为通过这些记述可知："三青鸟者，非宛转依人之小鸟，乃多力善飞之猛禽也。"[1]金沙遗址出土青铜有领璧形器上刻画的三只神鸟，那华美的冠尾和矫健的飞翔之态是否也与上述的神话传说有关呢？

值得提到的是，为西王母取食的三青鸟，在宋本中作"三足乌"。《史记》载司马相如《大人赋》中也说"亦幸有三足乌为之（西王母）使，必长生若此而不死兮"。还有《玉函山房辑佚书·河图括地象》中也说"有三足神乌，为西王母取食"。所以郭璞认为三青鸟即为三足乌。袁珂先生亦持相同看法，认为此说有理。我们知道，《淮南子·精神训》中说的"日中有踆乌"，即为三足乌，又称阳乌或金乌，被认为是日之精魂。古籍《洞冥记》中则又说三足乌是为羲和役使的日驭。由此可知，它们实际上都是太阳神鸟，属于十日神话与太阳崇拜观念母题范围内的不同传说。这里附带要提到西王母神话传说的起源传播，其中浓郁的巫术色彩、复杂的精神内涵（如魂归天门观念、升天成仙思想、龙虎座透露的图腾崇拜意识和信仰习俗，以及三足青鸟的特殊象征含义等）都与古蜀文化有着千丝万缕的密切关系[2]。三足乌究竟是什么形态？因古籍中并无记述而不得其详。求诸于出土资料，我们在汉代画像石画像砖上可以看到许多关于三足乌的描绘，有的在圆日中刻画一只飞翔的金乌，有的将圆日刻画在阳乌的胸部做展翅翱翔状，还有的则将三足乌雕刻成有三条鸟腿的奇异模样立于日轮之中。这些描绘丰富多样，并无统一的模式，大概都是后世对于远古神话的一种想象式的解释和表现。这些图像（特别是三足乌刻画成三条鸟腿的怪谲之态）曾遭到汉代学者的诘难，王充对此就大不以为然。《论衡·说日》中说："儒者曰：日中有三足乌，月中有兔、蟾蜍……审日不能见乌之形，通而能见其足有三乎？此已非

---

① 袁珂《山海经校注》（增补修订本），巴蜀书社1993年4月第一版，第359页。

② 黄剑华《天门》，四川人民出版社2001年8月第一版，第241～247页。

实。"①实际上商周以降的图像纹饰中还有另外一种表现方式，常常将三足乌描绘成绕日飞翔的三只神鸟。例如战国时期和秦代一些铜镜上的三鸟环日图，三鸟均为一足，有学者认为"可能为三足乌传说的演变"。还有汉代瓦当上绕日飞行的三鸟纹表现的也应是同一个主题，可知三足乌的数量应为三只，"也可以看作是以'三

战国铜镜上的三鸟环日图

青鸟'形式表现的日精"②。将这些图像资料作为参考，现在再来看金沙遗址出土的青铜有领璧形器，上面刻画的三只神鸟也是典型的长颈单足、羽尾华美、展翅绕日飞翔之态，显而易见就是对太阳神话传说中三足乌的一种形象表现。从时代的承袭演变关系来看，正是古代蜀人这些含义丰富、构思绝妙的图像对后世的图案纹饰产生了积极而久远的影响。不仅战国与秦代的铜镜上有三鸟环日图，汉代瓦当上有绕日飞行的三鸟纹，而且在汉代画像石"羿射九日"图中刻画的栖息于扶桑神树上的也是三只金乌③，这些都是古人心目中对三足乌最为生动的表现。

这里还要说到金沙遗址青铜三鸟纹有领璧形器上的圆孔与凸起圆形高领

---

① ［东汉］王充《论衡》，上海人民出版社1974年9月第一版，第174～175页。

② 芮传明、余太山《中西纹饰比较》，上海古籍出版社1995年11月第一版，第144～146页。类似的铜镜图像也有被称为"三龙纹"者，如周世荣《中华历代铜镜鉴定》彩版九第2图（紫禁城出版社1993年8月第一版），孔祥星、刘一曼《中国铜镜图典》第83页图（文物出版社1992年1月第一版）。若仔细观赏这两图，它们的长颈、单足、华丽的羽尾都是典型的鸟的特征，因而称为"三鸟环日图"确实更为恰当。

③ 王建中、闪修山《南阳两汉画像石》第149图，文物出版社1990年6月第一版。

汉代画像石上"羿
射九日"图（河南
南阳出土）

所象征的日轮，以及太阳神鸟金箔饰上旋涡状的太阳图像，说明古蜀族对崇尚的太阳形态有多种表现方式，或做圆日之形，或刻画成光芒四射的旋转之状。其实，这种不拘一格、丰富多样的表现手法早在远古时期就有了，我们在仰韶文化以来的彩陶上和原始时期的岩画上都可以看到用各种形式描绘的太阳图像，在青铜纹饰上更有大量的形式多样的表现，真可谓由来已久，源远流长。在中原地区出土的史前彩陶上，据考古工作者整理研究，"图案最具代表性的是与天体有关的日珥纹、太阳纹和飞鸟纹等，日珥纹围在光芒四射的太阳周边，太阳纹有的直接将太阳画作圆圈，周边绘出射线，有的还在中间加一圆点，有的将射线用阴纹表示"[1]。图案中有的主体太阳纹还以红彩涂实，并在周边用深棕色绘出数道射线，以表示太阳的万丈光芒，显得生动逼真而又光彩夺目。在甘肃、青海、宁夏等地区出土的大量彩陶上也有多种圆日图案，特别是半山类型时期旋纹已成为彩陶上的主要花纹，将强烈的旋动感表现得十分突出。最具代表性的是河南郑州大河村仰韶文化遗址出土的彩陶，太阳成为彩陶图案纹饰中描绘的重要对象。尤其值得注意的是，"大河村类型彩陶上的太阳纹有时和变体多足鸟纹画在一起，可能有一定的寓意"，"彩陶图案上的这种变体多足飞鸟纹，有着红色的头，展拓着长翼在空中飞翔，使画面充满了阳光般的热烈气氛"，使人

---

① 河南省文物考古研究所《河南史前彩陶》，河南美术出版社1996年11月第一版，第13页，第22页插图七彩陶太阳图案、第24页插图八日晕纹、第92页图案、彩版三图4太阳纹与图6日晕纹。

油然联想到关于太阳神鸟的远古传说。张朋川先生认为"这种鸟纹与太阳纹相结合的图案，也许反映了以鸟为图腾的氏族是崇拜太阳的"。结合古代传说来看，"在汉代的帛画、石刻等文物中这种寓鸟于日的图像屡见不鲜，而许多日中的金乌与庙底沟类型彩陶上的正面鸟纹都画成三足，如果这不是偶合的话，那么彩陶上的这种鸟和太阳结合的花纹可能是以崇拜太阳的鸟为图腾的氏族的图腾纹样在彩陶上的反映"[①]。还有的学者认为："仰韶文化彩陶中，有的鸟纹背上有太阳纹，像鸟背负着太阳而飞，同时还有以几何形变体花纹组合的许多形式。这说明古代太阳鸟的神话传说，早就存在于彩陶文化的时代。"此外，"半坡类型彩陶有以人面纹为太阳形的象征……展示了太阳为人格化神灵的寓意象征和被崇拜的宗教意识"。而"以红彩为太阳形象征的寓意手段"以及采用红黑彩并置形式来表现"太阳光彩的照耀，使彩陶花纹具有绚丽灿烂的风格与强烈浓郁的风采，再现了对太阳神崇拜的炽热情怀"[②]。

仰韶文化彩陶上的太阳（河南郑州大河村出土）

① 张朋川《中国彩陶图谱》，文物出版社1990年10月第一版，第96页、194页。

② 蒋书庆《破译天书——远古彩陶花纹揭秘》，上海文化出版社2001年1月第一版，第4页、5页、7页。

在我国许多地区广泛分布的原始时期的岩画上，太阳同样是表现的主题，并有多种形式的描绘。如江苏连云港将军崖岩画就描绘了三个光华灿烂的太阳，画面以太阳图案为中心，还环绕着人、兽、农具、祭祀坑与星辰符号等[①]。贵州的一些岩画也画有类似的多个太阳图像[②]，如黔中开阳县画马崖岩画中的太阳纹图形就甚多，大都"表现出具有圆形光体和辐射光芒，有的与铜鼓鼓面的太阳纹饰很类似"[③]。在新疆和田境内发现的岩画上也有凿刻的三个光芒四射的太阳，可见那时对太阳崇拜的炽烈，说明"原先生活在阿尔泰山和伊犁一带的塞人也把太阳神作为他们的最高神祇崇拜"[④]。在内蒙古阴山岩画中有一幅著名的拜日图，刻画了一人双手合掌高举过头跪地向太阳虔

广西宁明花山岩画描绘的祭日场景

① 李洪甫《太平洋岩画——人类最古老的民俗文化遗迹》，上海文化出版社1997年11月第一版，第131～133页。

② 王良范、罗晓明《贵州岩画》，贵州人民出版社1997年10月第一版，第81页，参见第134页、139页插图。

③ 盖山林《中国岩画》，广东旅游出版社1996年8月第一版，第165页。

④ 苏北海《新疆岩画》，新疆美术摄影出版社1994年11月第一版，第416页。

诚祭拜的情景①。云南沧源岩画中刻画的太阳，有的为人头之形并散射着光芒，有的则将头戴羽饰作法祭祀的巫师形象与光芒闪耀的太阳刻画在一起。广西宁明花山岩画不仅刻画了许多光芒四射的太阳，还描绘了众多高举双手做呼唤祈祷状的人形②，表现的可能是远古先民们的大型祭日场景。此外，在浙江余姚河姆渡遗址出土的象牙片上雕刻的太阳由多个同心圆构成，外圆上端刻成浓烈的火焰状，形似太阳的光芒，圆日左右还刻画了昂首相望、振翅欲飞的双鸟，被称之为双鸟太阳图（亦有名之为双鸟朝阳图的）。有学者认为，这种将鸟形或鸟纹与太阳的画面纹饰连在一起，应是先民将鸟信仰与太阳信仰糅合一体的独特展示③。

浙江余姚河姆渡遗址出土象牙片上雕刻的双鸟太阳图

在三星堆出土的展现太阳崇拜观念的青铜器物上，雕铸的太阳图像大都为凸起的圆日形状，如大量的青铜菱形眼形器。有的为双圆形，中间还铸了象征性的放射状芒，如青铜太阳轮形器。有的太阳外圈亦呈火焰状，如青铜人首鸟身像胸前的圆日纹饰等等。同时也有其他表现形态，例如二号坑出土

① 谢宝耿《原始宗教》，上海三联书店1995年10月第一版，第18页。

② 蒋书庆《破译天书——远古彩陶花纹揭秘》，上海文化出版社2001年1月第一版，第49～55页。

③ 陈勤建《中国鸟文化》，学林出版社1996年9月第一版，第41页，参见彩图一。

三星堆二号坑出土的圆日形铜挂饰

的一批圆形铜挂饰上就有多种圆日纹饰。其中一件中间为圆日，围绕着圆日为旋涡状的炯纹，采用阴线雕刻的手法使图像凸凹分明，显得简洁明快格外生动[①]。这与金沙遗址青铜立人像头上所戴旋转状奇异冠饰的寓意，以及金沙遗址太阳神鸟金箔饰上的内层图案风格极其相似，都充满了强烈的动感，在象征手法与文化内涵上都有异曲同工之妙。而大量的圆形或双圆形表现的圆日图像，三星堆和金沙遗址出土器物在构思创意和审美情趣方面更显示出相互媲美的一致性。这些告诉我们，在金沙遗址的古蜀族和以三星堆为都邑的古蜀王国，太阳神话和祭日活动都极为昌盛，展现出绚丽多彩的情形。从其他各地考古发现揭示的图像资料来看，太阳神话和祭日活动在我国很多地区古代先民的遗存中都有生动形象的展示，充分说明了这一崇尚习俗的久远，对我国许多古老部族的精神观念和社会生活都产生过深远的影响。而从表现形式的角度来说，三星堆与金沙遗址更显示出了一种浓郁而鲜明的古蜀地域文化特色，这也正是三星堆和金沙遗址考古发现备受赞叹的巨大魅力之所在。

总的来说，金沙遗址太阳神鸟金箔饰和青铜三鸟纹有领璧形器上的图案纹饰皆是古代蜀人崇鸟观念和太阳崇拜信仰的生动而绝妙的展现。需要指出的是，崇鸟和崇拜太阳不仅是古代蜀人精神世界中的主题观念，而且是古蜀各部族的共同信仰。古蜀历史上的柏灌、鱼凫、杜宇等王朝和当时古蜀族群中的各氏族部族都是崇鸟和崇拜太阳的，开明王朝也不例外，对鱼和鸟有着特别的崇奉。太阳神话在漫长的古蜀时期也有广泛的流传，显得昌盛而灿

---

① 四川省文物考古研究所编《三星堆祭祀坑》，文物出版社1999年4月第一版，第304页图版一一图2，第300页图一六五线描图3。

烂。三星堆和金沙遗址的考古发现对此便做了很好的揭示。

　　这里还要提到关于金沙遗址太阳神鸟金箔饰的用途，有学者认为可能是贴附于红色漆器上的装饰[①]。从质地和形态来分析，这件金饰为极薄的圆片形，可能难以作为单独器物来使用，只能贴附于其他质地较厚或较硬的器物上作为装饰，这一点应该是没有多大疑问的。但是否为漆器上的装饰？是什么类型的漆器？因无出土实物印证，尚不得其详，目前还难下断语。不过有些关键的认识则是比较清楚的，这件象征着古蜀时代各氏族和部族最高精神崇尚的太阳神鸟金箔饰显然不会作为实用器物上的装饰品，应该是备受尊崇的供奉之物或是重要的祭祀器饰、祭祀品，供古蜀族举行隆重的祭祀活动时使用。从其尺寸和精致的程度来看，这件神奇的金饰及形态奇妙的青铜三鸟纹有领璧形器也很有可能是金沙遗址统治者宗庙或神庙中的供奉品或献祭物。青铜三鸟纹有领璧形器上的矩形短柄是竖立插入某种基座供放置使用的，会不会就是古蜀族宗庙或神庙中的祭台或祭坛呢？只有竖立放置才能充分展现其两面的寓意丰富的图案纹饰，这对太阳神鸟金箔饰的使用方式也是一种借鉴和启示。通过以上探析，尽管我们还不能确定它们在古蜀族的祭祀仪式中究竟如何使用，但我们却可以肯定地说，太阳神鸟金箔饰和青铜三鸟纹有领璧形器都通过绝妙的图像纹饰，生动地展现了古蜀时代崇鸟和太阳崇拜的精神观念，堪称是太阳神鸟的千古绝唱，毫无疑义它们应是古代蜀人心目中的神圣象征。

---

① 孙华、谢涛《金四鸟绕日饰》，《金沙淘珍》，文物出版社2002年4月第一版，第30页。

二、金冠带图案之谜

在金沙遗址出土的金器中，制作精美并雕刻有图案纹饰的金冠带也是一件令人惊叹的器物，在考古史上有着十分重要的意义。

这件圆圈形的金冠带宽度较窄，其直径略呈上宽下窄状，出土时断裂为长条形，经连接复原，保存完好。金冠带的圆圈直径为19.6～19.9厘米，带宽2.68～2.8厘米，厚0.02厘米，重44克。在制作工艺上，与同时出土的其他金器一样系锤揲成形，并采用錾刻等手法，在金冠带的表面刻画了构思奇妙寓意丰富的图案纹饰。从金冠带的质地和形态功能以及尺寸大小来看，这件工艺精湛而又非常单薄的金带围成金圈后直径只有20厘米左右，显然不大可能作为腰带使用。俞伟超先生认为应是戴在头上的金冠。孙华先生认为这种推测应当是合理的，并认为"由于金带非常单薄，不大可能单独使用，如果它作为戴在头上的金冠，应当有其他质地的东西衬托。它应是当时高级贵族（也可能就是国王）冠下端的黄金饰件"。也就是说，该金带应当是戴在头上冠

金沙遗址出土的金冠带

冕的下部，是金冠的组成部分①。换一种说法，这件精心制作风格特殊的金冠带也可能是镶嵌或缝缀在冠帽上的装饰品和象征物。能戴这种特殊冠帽的很显然是古蜀族或古蜀王国中地位较高、身份显赫的权贵者或大巫师，或许就是金沙遗址统治者所戴的华贵冠帽上的金带饰。当然我们也不能排除古蜀族首领与巫师之类重要人物在举行盛大祭祀活动时将金冠带直接戴在头上使用的可能性。

金沙遗址金冠带上奇妙的图案

这件金冠带最令人称奇和特别值得注意的是图案纹饰，它采用精湛的錾刻工艺刻画于金冠带的表面，连细微之处都表现得非常清晰，给人以线条流畅、生动逼真之感。在整体上由四组相同的图案构成，采用对称性布局，表现手法简洁明快、图像奇异、寓意丰富，显示出绝妙的创意构思和高超的刻画技巧。其中每组图案分别刻画有一鱼、一鸟、一箭和一圆圈。最醒目的是横贯图案的长杆羽箭，其箭杆较为粗长，后有尾羽，箭杆射向鸟、鱼，先横过鸟颈然后射入鱼头，没有箭镞，说明已深插于鱼身之内。鸟的形态为粗颈钩喙，羽冠长尾，腿爪前伸，双翅向上腾起，大眼炯炯有神，显得极其生动。鱼的体型较为肥硕，大头圆眼，嘴略下钩并有上翘的胡须，鱼身上的鳞片和背腹部的长短鱼鳍以及卷曲的鱼尾都刻画得十分逼真。在表现手法上，

---

① 孙华、谢涛《金射鱼纹带》，《金沙淘珍》，文物出版社2002年4月第一版，第23～26页。

鸟较为抽象夸张，而鱼则较为写实，相互映衬，更增添了图像的意趣。昂起的鸟头和鱼头都朝向长杆羽箭射来的方向，并被羽箭横贯射中，显然有着特殊的寓意。这种具有特殊象征含义的图像，更通过四组相同的对称排列的图案来加以强调彰显，其构思是如此奇妙。当仔细观赏这些夸张而又真实的图像时，我们在华贵璀璨的光泽中会充分感受到画面中洋溢着的神奇内涵和豪情活力。

金冠带上每组图案之间还刻画了构思奇妙的双圆圈纹。该圆圈纹直径约2厘米，外轮廓为两道旋纹，中间又有两个对称的由双旋纹构成的小圆圈，在每个圆圈的上下又各有一个粗短的横纹，采用抽象的手法加以巧妙组合，从而形成了好像圆日又类似人面或兽面的图案纹饰。金冠带上共有四组图案，因而这样的双圆圈纹也刻画了四个。从造型风格上看，象征圆日与人面或兽面的双圆圈纹同样给人以奔放之感，在图案的组合中有着特殊的寓意。从整体图案布局来看，其中一个双圆圈即位于金冠带的正前方中央，以这个双圆圈纹为中心，在其两侧对称排列着羽箭横贯鸟颈射入鱼头的图案，鸟头和鱼头都朝向双圆圈纹。这似乎告诉我们：象征圆日与人面或兽面的双圆圈纹在整个画面中占据着主导的地位，强大有力的长杆羽箭就是从这里射向两侧的鱼鸟的，以此来表明主宰着鸟与鱼的命运。这是否说明，金冠带图案中寓意丰富的双圆圈纹应是古蜀族崇拜太阳观念的反映，同时又是古蜀族统治者掌握着神权与王权的象征呢？被羽箭横贯射中的鸟和鱼，既可能是古蜀时代渔猎生活的真实写照，又会不会是古蜀族群中一些氏族或部落所崇奉信仰的鱼鸟图腾呢？总之，金冠带上的图案纹饰有着极其丰富的含义。无论是刻画风格、制作工艺，还是寓意构思都可谓独具匠心，令人赞叹。

作为古蜀族的珍贵遗存，金冠带上的图案纹饰不仅显示了制作者丰富的想象力，更向我们透露了古蜀时代的大量信息。在那些使人赏心悦目的图像背后，隐藏着许多古蜀之谜。也许这些图案纹饰的含义可能远比我们直观想象的更为神奇复杂，因而对这些图像进行探析和解读是一件很有趣味的事情。我们想要弄清的，当然并不仅仅是图案含义的简单解释，而是要通过对这些图像的比较研究与探析解读，为我们了解古蜀历史文化提供资料和便利。现在就让我们来对出土器物做一些比较探讨。

　　面对金沙遗址金冠带，我们在观赏和赞叹之余不禁会联想到三星堆一号坑出土的金杖。金杖上面的图案纹饰同样刻画了长杆羽箭横贯鸟颈射入鱼身的情景，图像的构思与表现手法是如此相似。当然也有一些不同之处，两者之间的差别主要是图案的排列方向不同，其次是三星堆金杖上的人面像与金沙遗址金冠带上的双圆圈纹有明显的差异。先看图案上的排列形式，金冠带上的图案为横向排列，金杖上的图案则为纵向排列，这显然与两种器物不同的使用性质有着较为密切的关系。金冠带是作为冠帽金饰戴在头上的，因而刻画的图像采用横向排列的方式来表现。金杖则是执于手中竖直使用的，所以图案需要纵向排列来展示。金杖与金冠带上的主体图案虽然图像构成一样，都刻画了一箭、

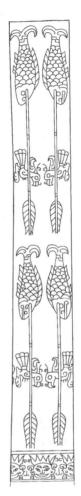

三星堆一号坑出土的金杖与线描图

一鸟、一鱼，数目也相同，都由四组相同的图案组成，但在排列方式上也并不一致，有着明显的差别。金冠带上的四组图案为单行对称排列，金杖上的四组图案则是双列同向排列。分析其原因，这也是由两种金器不同的形状和使用形式所决定的。金冠带上图案的单行排列可能是受到了金冠带宽度的限制，图案的对称则是为了装饰的需要，有利于更好地突出正面图像的寓意。

金杖上图案的双行同向排列可能是因为金皮展开锤揲加工成形时较宽（约7.2厘米，为金冠带宽度的2.5倍多）[1]，便于双行图案的刻画，而金皮在包卷木芯制成金杖后由杖身为圆形，双行图案恰好布满圆形杖身，给人以连绵不绝之感。图像都朝着同一个方向自然是由于金杖执握于手中竖直使用。这种不同的图案排列方式都是因器制宜，系采用灵活的表现方式来突出古代蜀人所崇尚的主题观念，以增强器物图像的象征效果，充分显示了制作者巧妙的构思和匠心。

其次让我们看一下三星堆金杖与金沙遗址金冠带两者图案上的另一个显著区别。金杖的主体图案下边还雕刻了前后对称排列的两个人物头像，其形态为头戴锯齿纹或花瓣状王冠，耳垂上挂着三角形长串耳饰，弯眉大眼，兽耳阔口，圆脸和五官呈现出开怀欢笑状。在造型上具有较强的写实风格，人头像上下还刻画了双勾纹与主体图案相隔。金冠带上于每组图案之间刻画一个双圆圈纹，共刻画了四个相同的双圆圈纹与四组图案相配。从形态上看，这种双圆圈纹既好像圆日，又似乎象征着人面或兽面，显得较为抽象。尽管有这些艺术表现方式上的差异和图案排列方面的不同，但它们的主体图案却是完全相同的，鸟头和鱼头都朝向人头像与双圆圈纹，长杆羽箭皆从人头像与双圆圈纹的方向射出，横贯鸟颈射入鱼头。也就是说，金杖与金冠带上的图案纹饰在文化内涵和象征上的一致性是显而易见的。有学者因而认为，金沙遗址金冠带上的双圆圈纹应当就是三星堆金杖上的人头像图案[2]。虽然两者的艺术表现形式有别，一为抽象一为具象，但它们所代表的同样都是人头像则是清楚的，它们所表达的寓意也是一样的。通过金杖与金冠带上的图案对比可知，这个看法应该是成立的。而比较研究告诉我们的除了图像的异同之外，还有更丰富的东西。

---

[1] 四川省文物考古研究所编《三星堆祭祀坑》，文物出版社1999年4月第一版，第60~61页。

[2] 孙华、谢涛《金射鱼纹带》，《金沙淘珍》，文物出版社2002年4月第一版，第24页。

　　我们知道，古蜀时代文字出现较晚，而图像甚为发达。生动形象的图像语言表达了绚丽多彩的精神观念，从中透露和反映出那个时代的社会生活情形，这本是古蜀历史文化的一大特色。古代蜀人不仅崇尚巫术和祭祀，而且长于形象思维，极富想象力，擅长将丰富的内容融化在简洁的形式之中，这些在造型艺术和图案纹饰中都有绝妙而高明的体现。通过图像来表达心中的崇尚，诉说古蜀历史上发生过的故事，这也是古代蜀人久远的一个传统。那么，三星堆金杖和金沙遗址金冠带上的图像又告诉了我们些什么呢？根据古代文献记载，在古蜀历史上先后有蚕丛、柏灌、鱼凫、杜宇、开明等氏族，由于他们的兴衰形成了古蜀历代王朝的更替。半个多世纪以来，成都平原一系列重要考古发现揭示了大量的古蜀遗存，证明这些古蜀传说并非子虚乌有。关于三星堆一号坑出土的金杖，有学者认为可能是鱼凫氏的遗存，如三星堆发掘报告中就说"相传蜀王中有名号'鱼凫'者，鱼凫为鱼鹰。这柄金杖可能与传说的鱼凫时代有一定关系。从图案内容来看，可能与巫术祈祷仪式有联系，推测是一柄巫术用杖，或为'魔杖'"[1]。有的解释金杖图案描绘的是"在鱼的头部和鸟的颈部上压有一支箭，似表现鸟驮负着被箭射中的鱼飞翔而来的场面"[2]。也有学者认为"关于这幅鱼鸟图的解释，一般多指向蜀王鱼凫"。按照《蜀王本纪》等记述，鱼凫既是神话人物，也是部族之名，到望帝杜宇统治时，鱼凫这个部族已经衰微，那么金杖鱼凫图案中的长箭"射穿凫颈和鱼头，是不是在述说鱼凫族败亡的故事呢"？[3]还有学者认为金"杖上线刻四组鱼鸟草叶纹图案，可能是部族的图腾"，并认为金杖"可能是国王的权杖"[4]。至于金杖的性质，有的学者则认为应是古蜀王国最高统

① 四川省文物考古研究所编《三星堆祭祀坑》，文物出版社1999年4月第一版，第60页。
② 《三星堆传奇——华夏古文明的探索》，台湾太平洋文化基金会1999年3月出版，第128页。
③ 杜正胜《人间神国——三星堆古蜀文明巡礼》，台湾太平洋文化基金会1999年3月出版，第33～34页。
④ 赵殿增《近年巴蜀文化考古综述》，《四川文物》1989年"广汉三星堆遗址研究专辑"，第7页。

治者执掌的王权和神权的象征，或是大巫师使用的法器①。此外还有学者认为"金杖上那鱼被箭射杀，鸟又连箭杆带鱼地驮负着成队飞来的图案，是蜀人根据顺势或模拟巫术的原理雕刻出的一幅通过巫术而希冀捕鱼成功的渔猎祈祷图，当然其中也隐含着图腾崇拜的意味"②。以上列举的一些看法，仁者见仁，智者见智，曾在学术界引起过较为激烈的争论。这些对金杖图案的推测看法，为我们对金沙遗址金冠带上的图像进行探析解读提供了重要的参考。换个角度来说，金沙遗址出土的金冠带上的图案纹饰也为弄清三星堆金杖图像含义提供了参照，说明在代表权力与特殊身份象征的金质器物上雕制这些图像绝非偶然现象，在古代蜀人的心目中这些图案纹饰确实有着非同寻常的深刻含义。

三星堆出土的凤冠铜鸟

从第一层含义来说，三星堆金杖和金沙遗址金冠带上的图案纹饰都反映了强烈的崇日意识，象征金杖的执掌者和金冠带的佩戴者都是帝俊的后裔，与太阳神有着密切的关系。这与金沙遗址太阳神鸟金箔饰以及三星堆太阳轮形器等所反映的太阳崇拜观念是一脉相承的，应是古代蜀人的一大传统，在古蜀时代的社会生活中应有非常突出的重要地位。金冠带上的双圆圈纹便是很显著的圆日象征。三星堆二号坑出土的一些圆形铜挂饰上面也铸刻有类似的双圆圈纹图案，它们其实并非简单的兽

---

① 屈小强、李殿元、段渝主编《三星堆文化》，四川人民出版社1993年12月第一版，第78页、81页。
② 陈德安、魏学峰、李伟纲《三星堆——长江上游文明中心探索》，四川人民出版社1998年10月第一版，第49页、50页。

面，表达的也都是崇日观念①。关于太阳崇拜，从远古时期起便有多种表现形式，双圆圈纹则是最常见也是最具代表性的一种圆日形态。三星堆金杖图案中的人面像，应是采用拟人化手法表现的一种太阳神形象。有的学者认为："人面形太阳神形象是拟人化、抽象化的产物，是较高一级的太阳神形象。"②例如内蒙古贺兰山岩画中就有许多人面形太阳神形象，"大多数的神像，头上光芒四射的灵光，颇似太阳光，有的简直像一个金光万道的太阳的形象，只是中心部分有人的五官，这种形象兼用了人和太阳的形象，即太阳的人格化和人的太阳化，将两者巧妙地糅合在一起了"③。在遥远的美洲，印加人的太阳神形象亦为人面形，与内蒙古贺兰山岩画十分相似。以此作为参考来看三星堆金杖图案中的人面形象，那圆日形的脸与光芒状的头冠不就是人面形太阳神的生动写照吗？在先民们崇拜太阳的观念中，太阳不仅是农牧业丰产之日神，也是一些民族和王权的保护神，此外还是光明正大、明察秋毫之神。三星堆金杖图案中呈开怀欢笑状的人面形太阳神似乎也正显示出了这多层含意。也可以说，太阳崇拜是古代蜀人精神世界中的一种主题观念，金沙遗址金冠带和三星堆金杖上象征圆日与人面形太阳神的图像便对这种主题观念做了寓意丰

圆眼钩喙冠尾飞扬的三星堆铜鸟

① 四川省文物考古研究所编《三星堆祭祀坑》，文物出版社1999年4月第一版，第300页图一六五圆形铜挂饰线描图图5、图4，第304页图版——图图3、图2。
② 何星亮《中国自然神与自然崇拜》，三联书店上海分店1992年5月第一版，第163页。
③ 盖山林《内蒙古贺兰山北部的人面形岩画》，《中央民院学报》1982年第2期。

富而又十分精彩的展示。

从第二层含义看，三星堆金杖和金沙遗址金冠带上的鱼鸟图像还透露了古代蜀人的崇鸟观念与族属意识。我们知道，远古时期许多地区的先民们都有崇鸟的习俗，或将鸟作为氏族或部落的图腾。例如良渚文化居民就有崇鸟的传统，黄河流域中原地区的殷人也奉鸟为祖神。南方文化系统中的最高神祇帝俊更是玄鸟的化身，神话传说中的十日和凡间诸多部族皆是帝俊的后裔，十日有金乌或太阳神鸟驮负着在宇宙中轮流飞行，帝俊后裔也大都有"使四鸟"的习惯。古代蜀人在崇鸟意识方面表现得尤为强烈，三星堆出土有大量的铜鸟造型便是最好的例证。三星堆金杖与金沙遗址金冠带上刻画的鸟图像皆为四只，很可能也是对"使四鸟"传说的一种反映。这些鸟图像与三星堆青铜神树上的铜鸟以及站立于花蕾上的铜鸟都是圆眼钩喙，冠尾飞扬，在造型上极为相似，体现的显而易见都是崇鸟的观念与习俗。此外，金杖与金冠带图案中的鸟和鱼也反映了当时古蜀王国中的图腾遗俗，透露了古蜀族群中有崇鸟与崇鱼的氏族，也可能有将鸟和鱼作为图腾的部族。传说记载中的鱼凫、杜宇、开明等古蜀王朝很可能都是崇奉鱼鸟的。金杖和金冠带上的鱼鸟图案很显然就蕴含着这样一种族属意识，并用图像语言做了生动的描述。

从第三层含义分析，三星堆金杖和金沙遗址金冠带上的图像画面中还反映了一种执掌神权统辖各族的王者气势，洋溢着一种炽热豪放的英雄情怀。图像画面中横贯鸟颈射入鱼头的长杆羽箭是如此强大锐利，充满力量，是对王者气势和英雄情怀的一种绝妙体现。由金杖和金冠带图像画面中的羽箭，我们很容易联想到上古时代广为流传的射日神话。按照《庄子·齐物论》、东汉王充《论衡·感虚篇》、西汉刘安《淮南子·本经训》等古籍记述，尧之时十日并出，万物焦枯，于是尧上射十日，或说尧乃使羿射十日，中其九日，日中乌尽死，天下又恢复了正常，万民皆喜。由此可知尧与羿都是古代传说中射日的英雄。据袁珂先生考证："关于射日除害神话，初本有两种民间传说，一属之尧，一属之羿。属之羿者更占优势，后人乃于古本《淮南

子》'尧乃'下增'使羿'二字，以为今本状态，于是尧射日之神话遂泯，
羿射日之神话独昌焉。"①羿作为天下共仰的射日英雄，很可能是南方神话系
统的产物。《山海经·海内经》就说"帝俊赐羿彤弓素矰，以扶下国，羿是
始去恤下地之百艰"，《山海经·海外南经》也有"羿持弓矢"射杀凿齿的
记述。唐代西华法师成玄英注疏《庄子·秋水篇》也提到曾引用古本"《山
海经》云，羿射九日，落为沃焦"②。正如蒙文通先生在深入研究《山海经》
后曾指出："我认为《海内经》这部分可能是出于古蜀国的作品。"③此外，
《墨子·非儒》与《吕氏春秋·勿躬篇》也有"古者羿作弓"或"夷羿作
弓"的说法，亦可作为羿是南方神话中射日英雄的印证。三星堆金杖与金沙
遗址金冠带上羽箭穿过鸟颈的图像很可能就有射日神话的寓意。那四支贯穿
鱼鸟的羽箭宣扬的正是这种大无畏气概，同时也显示了古蜀族统治者英雄豪
放的精神面貌。

如果我们从美术考古的角度看，三星堆金杖和金沙遗址金冠带上的图案
纹饰都起着重要的装饰作用。无论是其巧妙的构思，还是生动的图像和流畅
的线条，皆堪称古蜀族在雕刻艺术上的杰作。制作者精心刻画的这些图案纹
饰不仅显示了浓郁的古蜀特色，而且有着很深的用意。总的来说，这些图案
纹饰所表现的内涵应是当时古蜀先民们的社会生活、宗教信仰和审美观念的
综合反映。羽箭横贯鸟颈射入鱼身的画面，以及圆日照耀与呈欢笑状的人面
像，说明古代蜀人已能熟练制造使用羽箭，似与当时频繁的渔猎活动有着十
分密切的关系。虽然画面上有较多的神话传说的意蕴，还有一定的巫术色
彩，但张扬的仍是人的精神，折射的则是当时古蜀王国传统崇尚与民俗民风
的一些真实情形。在雕刻工艺上也很值得称道，制作者采用写实与夸张相结
合的艺术表现手法，充分发挥丰富的想象力和独创性，展示了极其娴熟而高

---

① 袁珂《山海经校注》（增补修订本），巴蜀书社1993年4月第一版，第310页。
② 郭庆藩辑《庄子集释》第三册，中华书局1961年7月第一版，第565页。
③ 蒙文通《巴蜀古史论述》，四川人民出版社1981年8月第一版，第168页。又见《蒙文
通文集》第一卷《古学甄微》，巴蜀书社1987年7月第一版，第53页。

超的水平。三星堆金杖和金沙遗址金冠带正是通过这些画面，将古蜀时代绚丽多彩的精神文化内涵向我们做了精妙而生动的展现。

这里应该注意，金沙遗址还出土了两件鸟首鱼纹金带，也是非常值得重视的器物。其中一件长21.1～21.6厘米，宽2.01～2.03厘米，厚0.02厘米；另一件长21.1～21.85厘米，宽2.01～2.03厘米，厚0.02厘米，共重11克。这两条金带尺寸较短，宽度相等，两端外倾，呈扁长的倒梯形。其形态与制作工艺都与金冠带十分相似，也是采用整块金片锤揲成形，并在上面錾刻了精致奇妙的图案纹饰。从使用功能看，它们也很可能是冠帽上的黄金饰物，或是供佩戴使用的装饰品。如果说金冠带是古蜀族统治者的专用物，那么这两件金带的使用者也许是地位稍次的古蜀族中的重要人物。金带上面刻画的图案纹饰也透露了这方面的信息，相比较而言比金冠带上的图案要简单一些，没有刻画双圆圈形的圆日象征，也没有刻画长杆羽箭，只表现了一对鱼鸟合璧的奇特造型。金带图案显然缺少金冠带画面中的崇日观念和王者气概，主要展现的可能是奇妙的图腾崇尚与强烈的族属意识。

金沙遗址出土的两件金带

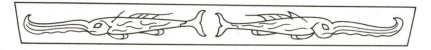

金带上奇特的鸟首鱼身线描图

　　金带上的图像粗看极其简明，两件金带的表面都刻画了一对鱼尾相对、鱼头向外的大鱼，按照单向对称排列，好像属于一种较为简单的图案纹饰。细看时就会发现，其实图像并非这么单纯，刻画的两条大鱼形态非常奇特，其身为鱼，前部却是鸟首和夸张的长喙，堪称前所未有的怪鱼。首先是鱼身较长，好似棒槌，背腹部均有鱼鳍，鱼尾较宽并作"Y"字形向两侧展开，鱼身没有刻画鳞甲却有几道水波纹以表明其快速游动之态。其次是前面夸张的长喙，形似鸟喙，却又与常见的鸟喙不同。其长喙前端上翘并略向后勾，长喙下缘为波浪形曲线，以显示其上面坚硬下面柔软，令人联想到鹈鹕之类鸟的嘴。其眼睛也很特别，呈橄榄状或梭状，前后皆有尖细的眼角，与常见的鱼眼和鸟眼都不一样。而与人眼或兽眼却有几分类似。再者是鸟首，因未刻画冠羽而与鱼头又颇为近似，接近鱼身处也刻作尖桃形的鱼鳃之状。总的来看，这种鸟首鱼身的造型在自然界中绝无实例，显得极为奇异，前所未见，令人惊讶。古代蜀人通过丰富的想象，采用艺术手法表现的这种鱼鸟合璧的独特造型当然不会是游戏之作，而可能赋予了特殊的象征含义。有学者认为，传说记载古蜀王朝谱系中的鱼凫很可能是以鱼和凫为祖神标志的氏族，其中凫氏应为崇鸟的蒲卑族，鱼氏应当是渔猎古族中的一支，这两个氏族联合组成的王族便称为鱼凫族[①]。又认为鱼凫族可能是崇鸟而射鱼的古族，也可能"鱼凫"只是古代蜀人想象中的一种动物图案[②]。

　　传世文献记载中的古蜀历代王朝，由于浸染了较多的传说色彩而显得扑朔迷离，但谱系关系还是比较清楚的。要探讨古蜀族群中氏族部落的渊源变化和弄清一些重要氏族部落的来龙去脉，古籍记载与出土资料都是不可忽略的重要参照。从考古发现看，三星堆金杖和金沙遗址金冠带上刻画的鱼鸟图案已向我们透露了古代蜀人强烈的族属意识。金沙遗址出土的鸟首鱼身纹饰

①　孙华《四川盆地的青铜时代》第一八篇《蜀人渊源考》，科学出版社2000年8月第一版，第341～345页。

②　孙华《金鸟首鱼纹带》，《金沙淘珍》，文物出版社2002年4月第一版，第27～28页。

金带则又为我们提供了许多新的信息。这两件金带图案采用巧妙的富于想象力的艺术手法，将鱼和鸟两个氏族标志融合为一体，它是否象征着两个氏族的联姻，并由此而形成了一个新的蜀族标志呢？这种图腾意味很浓的鱼鸟合璧的奇特图案是否为了更加简明清晰、直截了当地表达古蜀族群中两个崇奉鱼鸟为祖神标志的氏族相互之间亲密无间的团结呢？组合形成的图像显得比较凶猛，是否就暗喻着两个氏族联盟后的强大有力呢？鱼尾相对长喙向外的排列方式是否也表达了两个氏族联盟后团结一致共同对外的含义呢？这种标新立异的鱼鸟连体图像是否象征着鱼族向鸟族的蜕变转化呢？扬雄《蜀王本纪》说鱼凫田于湔山，神化不死，其民亦颇随王化去，到杜宇"自立为蜀王，号曰望帝，治汶山下邑曰郫，化民往往复出"[①]，似乎就透露了这方面的信息。总之，这种别出心裁的奇特图案包含着许多寓意，带给了我们丰富的联想。尽管我们目前还不能确切无误地断定其复杂的内涵，所做的只是初步推测探析，但有一点则是肯定的，这种鸟首鱼身、自然界中并不存在的奇异动物应是一种独特的古蜀"图语"。它是古代蜀人通过丰富想象而独创出来的一种图案纹饰，与其他地域考古发现揭示的文化特色迥然有别，展示了古蜀时代浪漫诡异、与众不同的风格特征。

在彩陶上也曾发现有变体鸟纹，如西北地区马家窑文化彩陶上就"有一种变体的鸟纹与鱼纹共同组成的纹样，是以天上的飞鸟与水中的游鱼连用一头"[②]。这种彩陶纹样同样具有丰富的想象力，但与金带上的鱼鸟合璧图像并不一样。此外彩陶上还有抽象化的变体鱼纹，如半坡遗址出土的彩陶上的人面鱼纹图案等，主要是为了表现用多条鱼举行鱼祭的含义[③]。有学者指出，原始人在彩陶上描绘的变体纹样并不是一种理性思考后采取的表现技巧与艺

① 《全汉文》卷五十三，《全上古三代秦汉三国六朝文》第一册，中华书局1985年12月第一版，第414页。参见《太平御览》卷八百八十八，卷一百六十六曰"鱼尾"而不称"鱼凫"，中华书局1960年2月第一版，第一册第808页，第四册第3944页。

② 张朋川《中国彩陶图谱》，文物出版社1990年10月第一版，第52页，参见图谱106。

③ 赵国华《生殖崇拜文化论》，中国社会科学出版社1990年8月第一版，第101～125页。

术手法，而是一种对世界的感知方式，是一种情感的抒发和希望的表达。这些图像"经过组合变形而表达较为复杂的意蕴，是原始先民已经意识到的一种表达方式"①。相比较而言，商周时期古代蜀人雕造或刻画的图像已有了长足的进步，不仅蕴含着复杂的意蕴和丰富的情感，而且体现了娴熟的艺术手法和高超的表现技巧。三星堆和金沙遗址出土器物所揭示的，就是超越了原始先民而已经发展到相当成熟阶段的图像。三星堆出土的青铜雕像群中已出现了青铜人首鸟身像、残断的青铜鸟爪人像等组合雕像。青铜面具中的纵目人面像与兽面像更显示出糅合了人兽特征而加以组合变形的强烈意味，充分表明了古代蜀人在这方面的绝妙创意，说明这很可能是古蜀社会一个重要的传统习俗。《山海经·海内经》等古籍中就有"青兽人面"、"虎首鸟足"、"人首蛇身"以及"东方句芒，鸟身人面，乘两龙"、"南方祝融，兽身人面，乘两龙"、氐人国"人面而鱼身"、禺虢"人面鸟身"、"陵鱼人面，手足，鱼身"等记述。《海内经》本就是出自古蜀国的作品，这些记载也透露了古蜀先民喜爱用组合图像作为氏族或部族标识

三星堆出土的青铜鸟爪人像

---

① 程金城《远古神韵——中国彩陶艺术论纲》，上海文化出版社2001年1月第一版，第216～217页。

的情形。这种情形在古蜀时代可能甚为流行，应是古蜀族群中的一种共同习俗。金沙遗址出土的金带上的鱼鸟合璧图像可能就是当时古蜀族群中流行习俗的反映。这两件奇妙的金带图案不仅向我们展现了古代蜀人对鱼和鸟的大胆而奇妙的想象，而且意味深长地反映了古蜀历史传说记载中与鱼凫氏族有关的内容。无论是作为氏族或部族的标识，还是作为一种别出心裁的装饰，这两件金带鱼鸟连体图案对研究古蜀历史文化都具有非常重要的价值。

综上所述，金沙遗址出土金冠带与金带上的图案纹饰以及三星堆出土金杖上的图像都堪称古蜀"图语"中的绝唱。除了这些"图语"所展示的浓郁的族属意识，金杖与金冠带可能还蕴含有王权与神权的象征含义。如果说三星堆出土的金杖是蜀王和群巫之长的使用之物，那么金沙遗址出土的金冠带显然也只有古蜀族中身份显赫的权贵才能使用，而另外两件金带使用者的地位则可能要稍低一些。显而易见，它们都是古蜀王国或古蜀族群中统治阶层的专用品，这些精心刻画的图案纹饰很可能也具有专用的性质。这些精妙的图像和连贯的画面，除了前面分析的多层含义之外，似乎还隐约地向我们描述了洋溢着神秘色彩的古蜀王朝兴衰更替的历史故事。而这也正是这些古蜀"图语"非同凡响的魅力之所在。解读其中的奥秘，将永远是一件引人入胜的事情。

三、金面具的联想

　　金沙遗址清理出土的大量珍贵文物中有一件小型金面具，也是最为璀璨的金器之一。这件金面具高3.74厘米，宽4.92厘米，厚0.01～0.04厘米，重5克。采用质地较纯的黄金整体锤揲成形，虽然经历了数千年的湮没，仍给人以金光灿灿的华贵之感。这件金面具在锤揲成形时可能垫有模具，具有五官分明、形态生动的特点。古代先民制作黄金面罩时在工艺上主要有两种方式。一种是用专门制作的人头像或人面像做模具，将黄金锤揲成形后再将面罩用生漆等黏合剂粘贴在青铜人头像上。另一种是将整块金皮或金箔直接在青铜人头像面部锤揲成装饰用的金面罩，并使之牢固地粘附在一起。考古工作者推测，金沙遗址出土的这件金面具可能采用了第二种成形方法，出土时已经从所装饰的青铜人头像上脱落下来，嘴部也残断为上下两部分；当然也

金沙遗址出土的金面具

三星堆一号坑出土的小型青铜人面像

不能排除这件金面具在锤揲成形后尚未覆罩在青铜人头像面部的可能[①]。遗憾的是在同时出土的大量器物中未发现与之相配的青铜人头像。金沙遗址出土的青铜人物造型仅有一件小型青铜立人像，从两者的面部形态与造型风格来看，这件金面具与之非常相似，尺寸大小也相近，由此推测这件金面具装饰的会不会就是青铜立人像呢？

从造型上看，金沙遗址出土的这件金面具为椭圆形大眼，弯月形眉，大耳高鼻，眉部凸起，双眼镂空，耳垂有凹痕但未贯通（应为穿孔位置），颧骨较为突出，镂空的大嘴做微张状，给人以神态欢快略呈笑意之感。在整体特征上，这件金面具五官匀称，表情温和，雍容华贵，显示出较强的写实风格。如果我们从对比研究的角度仔细观赏，很自然会联想到三星堆一号坑出土的一件小型青铜人面像，两者造型风格十分相近，都是宽脸大眼高鼻阔嘴圆下颌，但金沙遗址出土的这件金面具制作得更为精致小巧。在尺寸上，三星堆一号坑出土的这件小型青铜人面像高7厘米，宽9.2厘米，厚0.4厘米，在体型庞大、数量众多的三星堆青铜雕像群中算是最小的一种。而金沙遗址出土的这件金面具在尺寸上还要小得多，显得格外袖珍。这究竟是体现了一种造型上的时代风格呢，还是反映了使用性质上的差异？确实是耐人寻味的一个问题。

我们知道，在世界考古史上，古埃及和古希腊以及西亚一些古代文明很早就出现了黄金面罩。如公元前14世纪古埃及十八王朝法老图坦卡蒙陵墓中

① 谢涛《金人面像》，《金沙淘珍》，文物出版社2002年4月第一版，第21～22页。

古埃及图坦卡蒙墓中出土的人形棺和黄金面罩

出土的黄金颜面肖像人型棺和纯金面具，公元前15世纪古希腊迈锡尼墓葬中出土的金箔制作的金面罩等。过去一些西方学者因此而认为黄金面罩是西亚文明的产物，但是举世瞩目的三星堆考古发现完全打破了这一看法，大量的出土实物说明古代蜀人也是世界上在东方最早使用黄金制品的古老部族之一。而将黄金制成面罩作为青铜人头像的面部装饰，更是古代蜀人的一大杰作。从比较研究的角度来看，古希腊和古埃及出土的这些黄金面罩主要是用于丧葬，大都罩于死者或木乃伊面部，具有保护和再现死者面容的用意，"它的目的是想为死者保留一个不朽的面容，以便死者的灵魂游荡在外时也能找到自己的归宿"[1]。图坦卡蒙陵墓与迈锡尼墓葬中给木乃伊或死者戴黄金面罩的习俗，也是古代西方丧葬习俗与等级观念的体现。三星堆出土的黄金面具主要粘贴于青铜人头像的面部作为装饰，并非施于死者脸上，在形态

---

① 朱伯雄主编《世界美术史》第三卷，山东美术出版社1989年1月第一版，第83页。

古希腊迈锡尼墓葬中出土的金面罩

造型、装饰手法、用途含义等方面都独具特色，与古希腊、古埃及金面罩相比有许多不同之处。因为三星堆青铜雕像群（包括那些装饰黄金面罩的青铜人头像）是古蜀王国大型祭祀活动中的巫师或部落首领的象征，所以黄金面具以及那些璀璨珍贵的黄金制品在古代蜀人的观念中与丧葬死亡似乎没有什么联系，而与古蜀社会中占据主导地位的重大祭祀活动则有着密切的关系。三星堆出土实物说明，殷商时期古代蜀人已经熟练地掌握了制作使用黄金面具的诀窍。古代蜀人使用黄金面罩的本意很可能是为了使青铜人头雕像的面容呈现出灿烂的金色，以突出神权与王权象征者容貌的光芒，这不仅反映了当时的一种崇尚习俗，也可能含有原始宗教的奇特作用。金沙遗址出土的小型金面具，与三星堆出土的黄金面具基本上是一脉相承的，同样具有上述的重要特点，在风格特征与文化内涵方面都有很大的一致性。

东西方黄金面具在文化内涵与象征含义方面的不同特点，显然与不同区域文明之间的历史文化、生存心态、宗教信仰、审美观念、社会风俗、民族传统等方面的差异有着很大的关系。尽管有这些明显的差异和不同，但有一点则是相同的，那就是对黄金的开采和制作使用都显示出了很高的工艺水平，都是当时社会经济与文化生活繁荣发达的产物。金沙遗址出土的金面具与三星堆出土的装饰在青铜人头像上的黄金面罩，在造型艺术表现手法和黄金制作工艺方面都极为精湛，毫无疑问应是古蜀文明繁荣时期的灿烂遗存。这对我们进行对比研究，深入探析古蜀历史文化具有非常重要的价值。

三星堆一号坑出土的金面罩

　　考古发现告诉我们，古代先民使用面具其实是一种较为广泛的现象。从人类文明发展史看，世界上形式丰富多样的面具全都产生在古代文明最发达的国家和地区，如古埃及、古希腊、古罗马、古代的中国和古印度，以及美洲古代文化最发达的中美洲等。曾有人认为面具是愚昧落后的产物，显然是不恰当的。也有人认为面具与古代戏剧表演有关，其实"面具以它深刻的内涵和深厚的文化积淀，为我们提供的决不仅仅限于戏剧方面的借鉴"，"面具并不仅仅是娱乐或表演的道具，甚至不仅仅是一种艺术品，它更应该被看成是一种特殊的宗教文化的产物，是神灵、权力、地位的象征，它为我们研究人类学、民俗学、宗教学、文化学、历史学等综合学科提供了广阔的领域"。正如有的学者所指出的，面具通常是一个地区或一个民族的集体创造，展示的大都是整体的民族特征、地域风格以及长久形成的审美习俗[①]。还有学者认为："从比较民俗学的角度观察，世界上不少古老民族都有自己的面具文化，而且最初都毫无二致地将这种器具运用于宗教或巫术场合，有些

————————

① 沈福馨《人类宗教文化的综合载体——面具》，《世界面具艺术》，人民美术出版社1994年6月第一版，第2页。

方面竟表现出惊人的相似之处。但是也应当看到，由于各民族生存的自然空间、生态环境以及历史文化传承存在差异，物质生活条件以及社会经济结构不尽相同，因此反映在面具文化上也各具特色。"[1]这些都是很有道理的见解。黄金面具则可谓世界面具文化中最灿烂的结晶了。

三星堆和金沙遗址出土的黄金面具不仅具有深刻的内涵，而且展示了浓郁的古蜀特色。它们都制作成双眼镂空、嘴部微张的样子，使用方式主要是被包贴在青铜人头像上，制作者既有突出其面部光辉的用意，也可能试图呈现让祖先偶像观看祭祀场景并与司祭者"密语交谈"的含义。装饰有黄金面罩的青铜人头像更能显示出威严华贵的气势，并给人以神奇和赏心悦目之感，从而达到增强祭祀场面庄严气氛的作用。在《周礼·夏官》中有"方相氏掌蒙熊皮，黄金四目"的记述，注疏说这是一种"魌头"的状态[2]。而在甲骨文和钟鼎文中就有不少"魌"的象形字，都是人戴面具的特征。这说明古代使用面具（包括黄金制作的面具）进行祭祀活动，可能是一种相当久远的习俗。这种习俗在长江上游成都平原古蜀地区可能特别盛行。有学者认为，如果说金面罩反映了古代蜀人的魂灵观念与等级观念，那么粘贴有金面罩的青铜人头像的身份显然与其他雕像有别，可能就是古代蜀人祭

三星堆二号坑出土的装饰了黄金面罩的青铜人头像

---

① 李锦山、李光雨《中国古代面具研究》，山东大学出版社1994年12月第一版，第79~80页。

② 《十三经注疏》上册，中华书局1980年9月第一版，第851页。

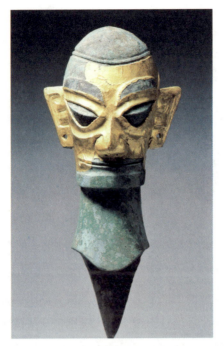

三星堆二号坑出土的黄金面罩青铜人头像

祀的祖先偶像[①]。值得注意的是，三星堆青铜雕像群中高大威武、具有王者尊贵气概的青铜立人像以及神奇无比的青铜纵目人面像都没有粘贴黄金面罩，而只有几件形态较为普通的青铜人头像粘贴了黄金面罩，这是不是说明黄金面罩并不象征身份，而主要是为了在青铜人头像上突出一种装饰效果呢？我们在注意和肯定这种华丽神秘的装饰效果时，当然也决不能忽略了它所反映的古蜀时代的习俗、观念、用意和情趣。此外，也有学者认为装饰了黄金面罩的青铜人头像可能"其目的并非仅仅为了美观，而是为了得到神灵的欢

---

① 邱登成《广汉三星堆出土金器管窥》，《三星堆与巴蜀文化》，巴蜀书社1993年第一版，第195页。

具有"黄金四目"特征的方相氏面具

娱，以使铜头像代表的神灵更灵验一些"①。总之，三星堆和金沙遗址出土的黄金面具带给我们的启示是相当丰富的。

同样是古代蜀人的珍贵遗存，金沙遗址和三星堆出土的黄金面具不仅在文化内涵方面而且在造型风格和制作工艺上都具有惊人的一致性，但两者之间也有一些显而易见的差异。比如三星堆出土的金面罩眉毛镂空呈前细后粗形，但大嘴却紧闭而不镂空，眼部镂空做杏仁形；金沙遗址出土的金面具镂空的眼部为椭圆形，眉毛略微凸起，为前后对称的弯月形且不镂空，大嘴则镂空成微张略呈笑意的形状。在面部形态上，三星堆装饰有金面罩的人头像显得棱角分明，气势威严，写实为主的特征中又有一定的夸张意味；金沙遗址的金面具则脸部丰满，线条圆润，神情温和，具有较强的写实风格。三星堆金面罩方颐甚宽，金沙遗址金面具圆颐较窄，也就是通常所说的前者为刚毅有力的方下巴，后者为圆润温和的圆下巴。此外还有尺寸上的巨大差别，三星堆金面罩装饰的青铜人头像体型较大，通宽20厘米左右，通高40厘米以上，与真人大小相近，它们和其他千姿百态的青铜雕像群一起营造出的是规模宏大的祭祀场面；金沙遗址金面具高不足4厘米，宽不到5厘米，相较之下未免过于袖珍小巧。为什么体型相差这么悬殊？这目前还是一个有待破译的古蜀之谜。根据其文化内涵上的一致性来推测，如果说三星堆金面罩装饰的青铜人头像是古蜀王国规模宏大的祭祀象征，那么金沙遗址的金面具则可能是古蜀族群中的氏族或部落的

---

① 陈德安、魏学峰、李伟纲《三星堆——长江上游文明中心探索》，四川人民出版社1998年10月第一版，第46页。

祭祀用品。进而推测，金面具与青铜雕像体型的大小也许与祭祀活动的级别高低有关，也可能与祭祀的性质、偶像的规格、场面的大小以及祭祀者的身份有一定的关系。此外，我们也不能排除另一种可能，金沙遗址的金面具除了用于祭祀之外，也可能是作为古蜀氏族或部落宗庙中的陈设。

从时间上看，三星堆一、二号坑的年代相当于殷墟中晚期；金沙遗址与三星堆相衔接并略晚于三星堆，相当于殷商晚期和西周时期。在这段过渡时期内，古蜀社会可能发生了很多重大事件。比如三星堆都邑的突然湮没、金沙遗址的逐渐兴盛，很可能就与当时政治经济等方面发生的变化有关。在《蜀王本纪》等传世文献中就有杜宇从天堕止取代鱼凫氏，"乃自立为蜀王，号曰望帝"的记述。后来又发生了望帝禅位于鳖灵的故事，说荆人鳖灵投奔望帝，被立为相派去治理洪灾，在此期间"望帝

郫县望丛祠中的"古望帝之陵"

与其妻通，惭愧，自以德薄不如鳖灵，乃委国授之而去"[①]。从这些记述中我们可以想象当时发生过严重洪灾，可以想象古蜀王朝之间的兴衰更替情形。政权更替当然不会如传说中的那么温和，但"禅让"之说也可能是古蜀时代共主政治秩序下真实的传统习惯。这些记述虽然有较浓的传说色彩，但向我们透露的信息却是极其丰富的。

鱼凫、杜宇、鳖灵可能都是古蜀族群中的不同氏族，分别来自于岷江流域、长江上游、荆楚地区。这些氏族加入古蜀族群后都融汇在了包容性很强

---

① ［汉］扬雄《蜀王本纪》，《全汉文》卷五十三，《全上古三代秦汉三国六朝文》第一册，中华书局1958年12月第一版，第414页。

的古蜀传统之中，但也可能保留了一些各自的习惯特点，从而增添了古蜀社会生活的活力与色彩。他们之间的兴衰更替也对古蜀历史文化产生过不同程度的影响。以此来看金沙遗址与三星堆遗址出土器物，既有文化内涵上鲜明的一致性，又有形态尺寸方面的差异和风格上的不同特色，也就不难理解了。金沙遗址出土的小型金面具与三星堆出土的黄金面罩装饰的青铜人头像便是显著的例证。它们的制作者可能代表着不同的氏族，对器物形制的大小可能有着不同的理解与嗜好，对某些形态特征也有不同的审美要求和表现方法。大概正是由于这些原因，加上年代因素，从而导致了三星堆与金沙遗址金面具的不同风格吧。

概括起来说，通过与三星堆考古发现的比较研究，我们对金沙遗址出土的金面具已经有了一些较为深入的了解，将这些看法归纳起来大致可得出这样几点认识：

一、金沙遗址出土的金面具与三星堆黄金面罩在文化内涵方面都具有类似的象征含义。其功能与使用性质也基本相同，都是作为青铜人头雕像的面部装饰，起着使这些偶像面部焕发出灿烂光辉的作用，以增强其华贵威严的气势。毫无疑问它们都与古代蜀人的祭祀活动有着密切的关系，而且都显示出浓郁的古蜀特色，代表着当时古蜀社会共同的崇尚心理与传统习俗，这也充分说明了金沙遗址与三星堆两者之间密切的亲缘关系。

二、在造型风格上它们也具有明显的一致性，同时又有一些不容忽视的微妙差异。这说明金沙遗址和三星堆古蜀都邑的统治者在族属关系上的同一性和连续性，但他们很可能属于同一族属中的不同部族，或是古蜀族群中的不同氏族，故而显示出精神文化与物质遗存方面的一些不同特色。这些氏族或部族之间的兴衰更替也可能是引起和形成造型风格变化的一个重要因素。

三、金沙遗址出土的金面具由于特别精致小巧，很可能用于古蜀族群中的氏族或部族的小型祭祀活动，也有可能是金沙遗址统治者宗庙中的陈设品和供奉物。这与三星堆黄金面罩装饰的青铜人头像以及青铜雕像群所展示的场面，在祭祀活动宏大规模上有着较为明显的区别。三星堆黄金面罩与青铜雕像群代表的可能是整个古蜀族群，象征的可能是古蜀王国的大型重要祭祀活动。因而它们在形制大小与规格数量上都不一样。虽有这些差别，但它们用于祭祀和供奉的性质则是一致的，所体现的古蜀时代神权与王权方面类似的象征寓意也是显而易见的。

　　四、在制作工艺上，金沙遗址出土的金面具和三星堆黄金面罩都是以很薄的整块金片或金箔采用锤揲、模冲、剪切、镂空等多种手法制作而成。三星堆黄金面罩包贴在青铜人头像上面之后，还经过蹭拭、剔除、粘合等工序，最后制成与青铜人头像浑然一体的黄金面部装饰，各处线条造型都凸凹分明，显示出一种异常华贵的气势。无论是娴熟的技巧还是精湛的工艺都显示出了很高的水平，堪称商周时期金器加工工艺的代表之作。正如有人所评价的，"这是造型艺术与金工工艺水平达到较高程度的产物，是古代灿烂文明的结晶"①。

　　有学者对三星堆黄金面罩给予了高度赞许，说"先秦时代很为突出的一项稀世金质珍品是近来在四川广汉出土的黄金面罩，这是远在三千年前制造的黄金面具，不但具有很高的艺术价值、历史价值，而且也具有很高的技术价值"②。对金沙遗址出土的黄金面具，借用这些赞许和评价也是适合的。金沙遗址的金面具和三星堆金面罩的重要价值，还在于它们从一个特殊的角度揭示了古蜀社会祭祀活动的昌盛和别具特色的精神观念与崇尚心理，反映了古代蜀人开采制作使用黄金的真实情形，并充分说明了商周时期古蜀文明的繁荣辉煌。三星堆金面罩和金沙遗址的金面具是商周时期古蜀灿烂文明的经典产物，它们精致的形态和灿烂的光泽，在三千多年后的今天仍展现出一种久远的魅力，带给参观者的并不仅仅是观赏的愉悦，还有对古蜀文明的赞叹和无穷的联想。

---

①　白建钢《黄金面罩——广汉县三千年前稀世出土文物目睹记之三》，《光明日报》1987年2月23日，参见《广汉三星堆资料选编》（一），广汉市文化局1988年5月编印，第41页。

②　田长浒《中国金属技术史》，四川科学技术出版社1988年6月第一版，第270页。

四、金蛙的寓意

采用冶铸、雕刻等各种手法来表现鸟兽动物造型也是古代蜀人的一大特长，他们在这方面常常展现出绝妙的创意和非凡的水平。制作动物形态的黄金制品更是商周时期古蜀文化的一大特色。除了前面提到的金杖、金冠带等金器上面刻画的鱼鸟图案，三星堆还出土有金片制作的金虎、金鱼等，金沙遗址则出土有金箔制作的金蛙等。这些具有浓郁古蜀特色的金饰器物同样有着丰富的寓意。

金沙遗址出土的金箔蛙形饰经过清理并公布的有两件，它们的形制特点、尺寸大小和制作工艺都基本相同，一件较为完整，一件头部略残。第一件长6.96厘米，宽6厘米，厚0.004～0.16厘米；另一件长6.94厘米，宽6.17厘米，厚0.012～0.1厘米。从上述尺寸可知，它们都是由很薄的金箔制成。从制作工艺看，均采用了锤揲、冲压、切割等技法，还可能使用了同样的模具。在细部纹饰表现上则采用了錾刻方式。考古工作者认为它们切割得比较粗糙，造成了边缘的凹凸不平，一些部位还可以看到切割时留下的小破口[1]。这种情形与同时出土的太阳神鸟金箔饰图案展示的精致绝妙的切割效果有很大的差别。不知是不是制作者使用的是不同的切割工具所致？抑或是制作者有意为之以表达不同的寓意？虽然我们对上述疑问还不能做出确切的回答，但有一点则是肯定的，那就是制作者对金箔蛙形饰切割成形后尚未做进一步的打磨加工，而对太阳神鸟金箔饰的加工则达到了尽善尽美的程度。这两种不同的器物展示了不同的加工效果，其中缘故何在，颇耐人寻味。

---

[1] 成都市文物考古研究所、北京大学考古文博院《金沙淘珍》，文物出版社2002年4月第一版，第32页。

金沙遗址出土的金箔蛙形饰　　　　　　金沙遗址出土的金箔蛙形饰

　　金箔蛙形饰虽然形体外缘切割比较毛糙，但在形态表现与纹饰加工方面还是相当考究的。如蜷曲的四肢，葫芦形的头部，尖桃形的蛙嘴，呈并列凸起的一对圆眼，腹部两侧的突起，尖状的尾端，以及沿着背脊两侧向四肢延伸的弦纹和连珠状乳丁纹都富有特色。特别是连贯排列的圆而高凸的乳丁纹，形象地表现了青蛙或蟾蜍身上的斑点与疙瘩，增添了形态上的生动之感。在肢体的处理上也别出心裁，如修长的四肢做对称性弯曲（前肢弯曲向后，后肢弯曲向前），呈卷云状，整体形状好似一只剖开的动物，这些都显得非常奇特，甚至有些怪谲。而这也正是金箔蛙形饰最大的与众不同之处。

　　总的来说，金箔蛙形饰表现的是一种抽象变形的动物，从总体造型与细部特征判断，当然以青蛙或蟾蜍的可能性最大。也就是说，古代蜀人制作的这两件金箔蛙形饰采用了抽象变形的艺术手法，表现的则是自然界中青蛙或蟾蜍的形态。当然，这些经过艺术加工后的形态已经融入了较多的想象成分，并被赋予了某些特殊的象征含义。它们与自然界中的实物原形已相去甚远，而成为抽象变形的洋溢着神秘意味的艺术之蛙。这些具有特殊寓意的金箔蛙形饰也可能是古代蜀人作为心目中的崇尚象征而特意创作的。它们很可能与古蜀时代流传的神话传说以及某种祭祀习俗有着密切关系。它们所反映的并不仅仅是一种制作工艺和艺术手法，也不单纯是一种崇尚心理和审美情趣，更多的是一种精神观念，或者说是一种很有特色的地域文化现象。

中国传世文献中有不少关于蛙类或蟾蜍的记述，并常常将其同神话传说附会在一起。譬如《淮南子·精神训》中就有"日中有踆乌，而月中有蟾蜍。日月失其行，薄蚀无光"的记载。按照学者们的注释，踆乌谓三足乌，蟾蜍即俗话说的癞蛤蟆。意思是说，日中有只三足乌，月中有只蟾蜍，日月如果不按常规运行，就会被咬蚀而失去光辉①。《淮南子·说林训》中又有"月照天下，蚀于詹诸"之说，詹诸也就是蟾蜍，表达的是同一个意思，认为月蚀是由于月中有蟾蜍在咬蚀的缘故。由此可知，远古时代不仅有广为流传的太阳神话，而且有月亮神话。踆乌（即三足乌，又称金乌或阳乌）是驮日飞行的太阳神鸟，蟾蜍则被古人认为是月中神灵的象征。关于太阳神话，《山海经·大荒东经》中已有我们熟知的"汤谷上有扶木，一日方至，一日方出，皆载于乌"的记述，可谓由来已久。关于月亮神话，《山海经·大荒西经》中有"有女子方浴月，帝俊妻常羲，生月十有二，此始浴之"的记载。《吕氏春秋·勿躬篇》也有"羲和作占日，尚仪作占月"之说，毕沅等注释说尚仪即常仪，后世的嫦娥奔月神话即由此演变而来②，这同样也说明了月亮神话的久远。在这些早期的月亮神话传说中，采用拟人化的手法将常羲作为月母或月神的象征，虽然没有直接提到蟾蜍，但在屈原《楚辞·天问》中已有"日月安属？列星安陈？""夜光何德，死则又育？厥利维何，而顾菟在腹？"的记载。关于"顾菟"两个字的解释，历来有两种意见。一种意见认为顾菟即畜养兔子（"顾"为照顾，引申为畜养之意。"菟"同

---

① 许匡一译注《淮南子全译》上册，贵州人民出版社1993年3月第一版，第368～370页。
② 陈奇猷校释《吕氏春秋校释》第三册，学林出版社1984年4月第一版，第1077页、1082页注［十三］。又见袁珂《山海经校注》（增补修订本），巴蜀书社1993年4月第一版，第463页注释"羲、仪声近，常羲即常仪也"。

"兔"）。另一种说法认为，月中兔子其实也就是蟾蜍[1]。闻一多先生曾解释说顾菟即蟾蜍的古音，顾菟在腹就是月亮中有蟾蜍[2]。季羡林先生认为这是很独到的见解[3]。萧兵先生则认为"顾、菟两个字应该顿开来，菟是兔子毫无疑问，顾则是鼓、蚼的假借字，是蟾蜍异名'居诸'的合音"[4]。结合后世的古文献来看，这些解释均有一定的道理。如果说《楚辞·天问》中"顾菟"的含义还有点含混的话，《淮南子·精神训》中已有了"月中有蟾蜍"的明确说法。而到东汉王充《论衡·说日篇》中则出现了"儒者曰：日中有三足乌，月中有兔、蟾蜍"的记述。此外张衡《灵宪》中也说"羿请不死之药于西王母，羿妻姮娥，窃以奔月，托身于月，是为蟾蜍"，把月中蟾蜍说成是奔月姮娥（即嫦娥）的化身。《太平御览》卷四中也有一些记述，一说"太阴之精上为月，月者天地之阴也"，或引《春秋演孔图》说"蟾蜍月精也"，又引《五经通义》说"月中有兔与蟾蜍何，月阴也，蟾蜍阳也，而与兔并，明阴系于阳也"[5]。上面援引的这些记述，有许多为后世附会或经过了文人的修润加工，但也说明了古代月亮神话传说的绚丽多彩。

　　根据传世文献记录的信息可知，关于月亮的神话传说起源相当古老，而且流传甚广，在古人心目中常羲（后演化为嫦娥）是人格化的月神，蟾蜍与玉兔则被视为月亮的象征。古代先民观察天象时常发挥想象，并与动物联系起来。比如古人可能发现太阳有黑子现象，便认为日中有三足乌；看见月亮有阴影，便说月中有蟾蜍，后来又增添了月中兔子，这自然与古人对宇宙和世界认识的局限有关。这里有一个非常有趣的问题，古人为什么要把月亮与

---

① 黄寿祺、梅桐生译注《楚辞全译》，贵州人民出版社1984年2月第一版，第58页注。

② 闻一多《古典新义·天问释天》，《闻一多全集》第二册，三联书店1982年出版，第328～333页。

③ 季羡林《中印文化交流史》，新华出版社1991年12月第一版，第11页。

④ 萧兵《楚辞与神话》，江苏古籍出版社1988年出版，第124～125页。

⑤ 《太平御览》，中华书局影印本1960年2月第一版，第一册第20～22页，又见第四册第4211页。

汉代画像石上的"常羲捧月"图
（河南南阳出土）

蟾蜍联系起来？有学者认为可能有两种原因，一种是观察与联想所致，因为晚上才能见到月亮，蟾蜍也是夜间活动的动物，而且月中有黑影形似蟾蜍，所以很容易联系在一起而成了神话传说。另一种是崇尚的反映，上古时代蟾蜍很可能曾是某些氏族或部落崇拜的图腾象征，考古发现在这方面就有相当多的揭示，"种种迹象表明，古代以蛙或蟾蜍为图腾的氏族或部落是比较多的。当他们发现月与蟾或蛙活动规律相似，而月上的阴影又像蟾、蛙，便认为自己的图腾祖先——蟾蜍或蛙不是一般的动物，而是来自月亮的神蟾或神蛙，于是便把月与蟾、蛙相提并论了"①。以至于古人后来又将兔子与月亮联想在一起，可能是因为洁白的月光与白兔的颜色相似，或者是认为月中的阴影与兔形相似。值得提出的是，古代先民可能很早就有了崇拜月亮的习俗，常羲"浴月"便是具有浓郁神话色彩的原始社会祭祀月亮这一行为的反映。月中蟾蜍的神话传说显然也是祭月习俗的产物。这在上古时代很可能同太阳崇拜一样，也是一种非常盛行的自然崇拜现象。正如有的学者所提出的："月神在商周两朝祭典里，决不会末减于祭日的隆重"②。这与古代先民们将太

---

① 何星亮《中国自然神与自然崇拜》，上海三联书店1992年5月第一版，第188～189页。
② 丁山《中国古代宗教与神话考》，《中国神话学文论选萃》下册，中国广播电视出版社1994年2月第一版，第83页。

阳神与月亮神崇奉为各自氏族或部落的祖神也有很大的关系。"初民乃至某些时代的古人，认为自己的祖先都是双重性的；既是凡人的肉胎，又是神祇之后裔"①，常认为本氏族或本部落是太阳的子孙，或是太阳神和月亮神的后裔。由此而形成的日神与月神崇拜现象，以及派生出的绚丽多彩的神话传说，显然都与先民的思维模式密不可分。

从考古发现提供的大量实物资料来看，早在仰韶文化时期的彩陶上就已有蛙纹图案。如马家窑类型的彩陶上，既有对蛙跳姿态的写实表现，又有充满抽象意味的描绘。在半坡类型早期彩陶上，也有采用简练的手法刻画出的蛙跳的生动姿态。②有学者经过深入研究后指出，蛙纹比鱼纹出现稍晚，但分布更为广泛，东起河南省渑池县著名的仰韶村、陕县庙底沟、中经陕西省华阴县西关堡、临潼县姜寨，西至甘肃马家窑、青海省乐都县柳湾，都有数量众多的蛙纹彩陶出土。这些彩陶图案中的蛙纹，既有象生的、写意的，也有抽象的，纹样之丰富多彩，色彩之绚丽和谐，实为世界其他地区所罕见。特别是青海柳湾出土彩陶上的蛙纹，可以排出完整的序列，令人叹为观止。这些大量的图案资料说明，蛙纹（或蟾蜍纹）应是中国母系氏族社会文化遗存中的第二种基本纹样，与其笼统地说它们是古代所谓图腾的象征，不如说它们是原始先民生殖崇拜观念的反映更为确切。从表象上看，蛙的肚腹和孕妇的腹部形态相似，都有浑圆而膨大的特征；从内涵上说，蛙产子繁多，有很强的繁殖能力，所以蛙便被原始先民作为女性生殖的象征。如果说彩陶上的鱼纹展示的是对女阴的崇拜，蛙纹体现的则是对女性怀孕的子宫的崇拜了，可以说这是人类生殖崇拜母题发展进程中的一个写照，也反映了原始社会先民对女性生育功能和繁殖过程认识的深化。姜寨出土的鱼蛙纹彩陶纹饰还形象地反映了当时举行"鱼蛙祭"以祈求生殖繁盛的习俗。马家窑文化遗存彩陶上的形式多样的大量蛙纹，也揭示了远古先民以蛙为象征实行生殖崇拜和

---

① 萧兵《楚辞的文化破译》，湖北人民出版社1991年11月第一版，第77页。
② 张朋川《中国彩陶图谱》，文物出版社1990年10月第一版，第54页、78页。

仰韶文化彩陶盆上的鱼蛙纹（陕西临潼　　彩陶盆上的"鱼蛙祭"图（青海大通上孙
姜寨遗址出土）　　　　　　　　　　　　家寨出土）

举办蛙祭的情形，在蛙祭上还有男性舞蹈队献舞。例如青海大通上孙家寨出土的马家窑类型舞蹈纹彩陶盆对此就有生动的描绘。这些大量存在的蛙纹充分说明了"蛙在母系氏族社会生活中是一种神圣的动物，据有特殊的地位，含有不容否认的象征意义"。进而言之，远古时期的月亮神话也可能与此有关。"在远古先民将蛙（蟾蜍）作为女性子宫（肚子）的象征之后，他们力图对月亮的盈亏圆缺做出解释。于是，他们想象月亮是一只或者月亮中有一只肚腹浑圆又可以膨大缩小的神蛙（蟾蜍），主司生殖。因之，初民又崇拜月亮。这就是月亮神话的起源，这就是月中蟾蜍的来历"[1]。

又有学者认为，传说时代曾发生过特大洪水，经过了鲧、禹治水才进入了文明时代，彩陶上的蛙纹便与远古治水神话传说有关，例如"有的蛙纹四肢空隙处，加水珠纹或雨点纹，则又与鲧、禹治水神话吻合"[2]。还有学者认为，蛙在远古时代是一大类水生物的通称，分布特别广泛，受到先民崇奉主要有三大原因：其一是蛙与女性有密切的比喻联系而成为生殖崇拜象征；其二是蛙可以预报天气的变化，如通过蛙鸣声的变化可以预知雷雨是否即将来临，天气是否大旱等，引发了初民的想象，认为蛙身上具有神秘属性，促使

---

[1]　赵国华《生殖崇拜文化论》，中国社会科学出版社1990年8月第一版，第180～206页。

[2]　陆思贤《神话考古》，文物出版社1995年12月第一版，第146页。

了蛙崇拜的形成；其三是蛙的叫声与婴儿的哭叫声相似，有些上古氏族因而将蛙奉为图腾。特别是刚刚进入农耕时代的原始先民，他们通过长期观察发现蛙类不仅具有强大的生殖繁育能力，而且还能对不同的天气变化做出迅速而又准确的反应，故而在心中产生了对这种不可知力量的敬畏感，"这样自然而然地就形成了对蛙类的崇拜观念。由于这种实用性的目的，因而导致了对蛙的崇拜，发展到后来，便演变成了一种取蛙祈雨的习俗。这种习俗，一直到汉代还有遗存"①。此外学者们还指出，不仅月亮神话与蛙崇拜有关，而且女娲的神话传说也与远古先民的蛙类崇拜观念有着密切的关系。因为娲与蜗古义同字，而蜗类在远古先民心目中也是包括在蛙类之中的。认为女娲可能是以蛙为图腾的远古部落首领，后来才被神化为蛙神和创世神②。诸如此类，对远古时期蛙纹图案的各种分析看法可谓丰富多彩。这些认识与见解对我们探析金沙遗址出土的金箔蛙形饰都是很重要的参考。

通过上面列举的资料可知，远古时期的蛙纹图案确实有着极其丰富的内涵。对蛙或蟾蜍的崇奉习俗由来已久，可能是一种较为普遍的现象。不仅彩陶上有大量的蛙纹图案，原始岩画中也有对蛙的描绘。最具代表性的便是描绘了众多舞蹈祭祀者图像的广西左江岩画。有学者认为岩画上"一个个大大小小的人像，其动作姿势几乎千篇一律，大同小异地做两手上举，两脚叉开，跳跃前进的姿势，酷似青蛙站立起来跳跃的形象"，可知表现的主体应是蛙神③。有学者进而分析认为，左江岩画表现的应是壮族先民生殖崇拜、举行祭祀的情景。这祭祀便是"蛙祭"，岩画中的所谓"蛙神"其实是壮族先民在祭祀时模拟青蛙姿态的舞蹈写照。此外，左江岩画上还绘有铜鼓，而铜鼓其实也是蛙腹的变形物，铜鼓也由此而成为南方民族祭祀的法器④。在

① 林少雄《人文晨曦——中国彩陶的文化读解》，上海文化出版社2001年1月第一版，第156~160页。
② 田兆元《神话与中国社会》，上海人民出版社1998年11月第一版，第10~11页。
③ 莫俊卿《左江崖壁画的主体探讨》，《民族研究》1986年第6期。
④ 赵国华《生殖崇拜文化论》，中国社会科学出版社1990年8月第一版，第206~208页。

云南晋宁出土的蛙矛

广西曾流传有"蛙为鼓精"的故事①。历史上也有蛙为"铜鼓之精"的说法，如唐人刘恂《岭表录异》就有"疑其鸣蛤，即鼓精也"的记述。在广西、云南等地出土的一些铜鼓上，不仅有蛙纹作为装饰，有的还于鼓面上铸有蛙的造型。宋人周去非《岭外代答》卷七记载说："广西土中铜鼓，耕者屡得之。其制正圆，而平其面，曲其腰……面有五蟾分据其上，蟾皆类蹲，一大一小相负也。"②萧兵先生认为"负子蛙"表现的其实是一只小雄蛙骑在雌蛙背上进行交配，"这显然是希望蛙类、蛙族蕃息繁庶的象征"③。20世纪以来出土的铜鼓数量甚多，据统计，现存各文物博物馆、高等院校、科研机构的铜鼓有1460余种，分散在民间主要是少数民族群众手中的铜鼓约800面。这些数字充分说明了我国南方和东南亚诸多民族对铜鼓的喜爱程度。这些铜鼓的装饰纹样极其丰富，最具代表性的是太阳纹，蛙纹也是常见纹饰之一。有的铜鼓上还有蛙的立体青铜雕塑，如云南江川李家山出土的一面石寨山型铜鼓上就有一只立体青蛙雕铸

① 杨知勇《从青蛙骑手的诞生谈图腾艺术的演变》，《民间文学》1986年第6期。

② 《笔记小说大观》第七册，江苏广陵古籍刻印社出版1983年4月第一版，第336页。《太平御览》第四册，中华书局影印本1960年2月第一版，第4212页。

③ 萧兵《楚辞与神话》，江苏古籍出版社1987年出版，第123页、124页。

在鼓面中央[①]，显得非常生
动。这只蛙雕是否就是铜
鼓之精的象征呢？总之有
着特别的寓意，并给人以
情趣隽永之感。在云南晋
宁石寨山墓地、广西藤县
等处出土的铜鼓鼓面周围
则铸有四只立体青蛙，充
分展示了铜鼓蛙雕形式的
多样和寓意的丰富。

云南江川出土的蛙鼓

　　这里要特别提到祭蛙
求雨，它很可能是盛行于远古时期的一种祭祀习俗。这一与初期农耕阶段先
民们的生活有着密切关系的祭祀习俗，在黄河流域、长江流域和南方广大地
区都有广泛的流行，特别是在南方各个古老部族中间可能尤为盛行。如果说
彩陶上的"蛙祭"图像与左江岩画上的"蛙神"画面表达的主要是生殖崇拜
的内容，那么壮族等少数民族用铜鼓做法器求雨则毫无疑问是祭蛙求雨的一
种方式了。在壮族的古老宗教信仰对象中，蛙神是壮族崇奉的主要神灵之
一。"传说青蛙是雷王的儿子，为雷王派到人间的使者。人间需要雨水，向
青蛙说一声，青蛙便鼓噪，雷王便下雨。后来人们不留心用开水烫死了青
蛙，从此天不下雨。人们去问始祖神布洛陀，布洛陀说：你们得罪了雷王，
要对死去的青蛙祭奠。"从此便有了祭祀青蛙的民间习俗，并成为广西红水
河上游壮族聚居区的一大传统节日，称为蛙婆节，俗称蚂蚜节。每年农历大
年初一至正月三十（有的至正月十五）举行敬奉蛙神祈年的活动，有"请蛙
婆""唱蛙婆""孝蛙婆""祭蛙婆""葬蛙婆"等祭祀仪式。通过敲打铜

① 李昆声《云南艺术史》，云南教育出版社2001年8月第二版，第81页、98页、99页，彩
图蛙鼓。

鼓、跳蛙婆舞、唱山歌等内容以赞颂蛙神给人间带来雨水、保佑丰收，这一古老遗俗在后世已成为乐神娱人的歌舞盛会[①]。其实祭蛙求雨这种远古流传下来的祭祀方式并非壮族所独有，有学者指出，早"在甲骨文中即见有祀虾蟆以求雨之记载"[②]。这一遗俗在汉代仍十分盛行，汉代董仲舒《春秋繁露》卷十六就对此作了记述，说春旱求雨除了祷社稷和暴巫尪，还需"于间外之沟取五虾蟆，错置社之中，池方八尺深一尺，置水虾蟆焉，具清酒脯脯祝斋三日，服苍衣拜跪陈祝"。夏旱求雨也要"取五虾蟆，错置里社之中，池方七尺深一尺，具酒脯祝斋，衣赤衣拜跪陈祝"。秋冬遇旱求雨也同样采取"虾蟆池"的做法[③]。这种先秦时代祭蛙求雨的习俗在汉代仍然盛行不衰，充分说明了其影响力的强大。如果它在远古以来不是一种重要的祭祀方式的话，那是不会产生如此广泛而深远的影响的。我们由此可以推测，祭蛙求雨在商周时期的古蜀国内很可能也是一种相当重要的祭祀方式。

我们再来看金沙遗址出土的金箔蛙形饰，通过比较研究和深入探析，现在已经比较容易弄清它们神秘而丰富的寓意了。在三星堆遗址曾出土石蟾蜍，形态为张口露齿，做爬行状，周身布满疙瘩，造型显得生动而又逼真，与金沙遗址出土的金箔蛙形饰有异曲同工之妙，显然所体现的也是同样的象征含义。这也说明金沙遗址出土的金箔蛙形饰并不是一个孤立的存在。三星堆时期已有了石蟾蜍，虽然两者质地有别，表现手法和形态风格也各具特色，但它们都展示了古代蜀人对青蛙或蟾蜍的崇奉，应是古蜀族举行蛙祭仪式的遗存。现在我们就来分析一下古蜀制作者赋予它们的丰富含义。

---

① 《中国各民族宗教与神话大词典》，学苑出版社1990年10月第一版，第761页、774页、775页。

② 刘敦励《古代中国人与马耶的祈雨与雨神崇拜》，台湾民族学研究所《集刊》1957年第4期，第105页。萧兵《楚辞与神话》，江苏古籍出版社1987年出版，第388页。

③ 《二十二子》，上海古籍出版社1986年3月第一版，第803页、804页。

三星堆遗址出土的石蟾蜍

首先，金沙遗址出土的金箔蛙形饰与三星堆遗址出土的石蟾蜍，显而易见都是为了用于当时盛行的蛙祭仪式，所要表达的很可能是祭蛙求雨的寓意。我们知道，在三星堆、金沙遗址、方池街遗址都出土有石跪人像，它们是古代蜀人遇到旱灾举行"暴巫尪求雨"祭祀活动后的遗存。这同三星堆和金沙遗址出土的石蟾蜍与金箔蛙形饰所表达的寓意也是一致的，董仲舒《春秋繁露》中记述的上古旱灾祈雨遗俗也是一个很好的印证。通过古文献记载透露的信息，根据环境考古揭示的资料，再参照这些特色鲜明寓意丰富的出土实物，可知商周时期古蜀国可能曾不止一次发生过旱灾，也可能有过类似于成汤时中原地区那样的大旱，因而举行"暴巫尪求雨"与"祭蛙求雨"的仪式很可能是当时一项非常重要的祭祀活动。在这种祭祀活动中，圆雕造型的石蟾蜍和金箔蛙形饰可能都是祭祀的象征，也可能是祈雨的献祭品。相比较而言，色泽灿烂的金箔蛙形饰似乎更能代表献祭者的虔诚，同时更表达了祈雨心情的迫切。结合金沙遗址出土的众多石跪人像来看，说明当时确实出现过连续发生的旱灾，由于旱情比较严重，所以金沙遗址的统治者才不惜用珍贵的黄金来制作献祭的金蛙，以祈盼感动蛙神，尽快解除旱情，保佑农业的丰收。这种祭祀仪式也有较为明显的巫术色彩，正符合了古蜀时代巫风甚炽的情形。

其次，金箔蛙形饰和石蟾蜍可能同远古时期广为流传的月亮神话传说也有一定的关系，其形态造型可能是古代蜀人心目中的月中蟾蜍或月中神蛙象征。特别是金箔蛙形饰那种写意和抽象的造型风格，洋溢着浓郁的神秘意味，展示了制作者丰富的想象力，显然绝非自然界中常见的凡俗之蛙，而只能是月中蛙神的象征。它们是古蜀族按照崇奉的对象，经过巧妙的构思和丰富的联想特意创作出来的一种神蛙形象。这透露出古蜀社会不仅有强烈的太阳崇拜观念，同时也有月亮崇拜的习俗。虽然太阳崇拜在三星堆和金沙遗址都始终占据着主导地位，月亮崇拜并不突出，但在神话传说的瑰丽特色方面则是完全可以相互媲美的。正是由于这些神奇的传说与崇奉，才形成了古代蜀人精神世界绚丽多彩的特色。

再者，在金沙遗址金箔蛙形饰与三星堆石蟾蜍所展现的丰富寓意和多层象征含义中，我们也不能忽略和排除它们透露的生殖崇拜意识。商周时期古蜀王国已有了相当发达的青铜文化，当时农业发展与人口繁衍肯定是古蜀族群中各个氏族或部落最为重视的一件大事。希望五谷丰登、部族强盛，这种带有共性的强烈心愿对各个古老部族来说都不会例外。而最能体现这种心愿和期盼的便是生殖崇拜。青蛙或蟾蜍作为生殖崇拜意识的一种象征，本是远古以来最为常见的一种现象。古蜀先民很可能也有这种习俗，通过特殊形式的蛙祭来表达生殖崇拜的内涵。古蜀族精心制作的金箔蛙形饰和石蟾蜍便很可能蕴含了这方面的内容。

此外，金箔蛙形饰与石蟾蜍也可能是古代蜀人喜爱和崇奉的吉祥物，甚至可能是古蜀族群中某个氏族或部族的具有图腾含义的标志。蜀地湿润，河流众多，是最早栽种水稻的地区之一，适宜青蛙与蟾蜍的大量繁育。在早期古蜀先民依靠渔猎和采集维持生存时，除了获取鱼类和鸟兽，蛙类也可能是食物来源之一。加上蛙类有两栖的特性、旺盛的生殖能力、类似于婴儿啼哭的奇异的蛙鸣声、感知雨旱天气变化的神秘能力，以及繁育过程中的变化属性等，这些都很容易引起古蜀先民的联想和敬畏崇拜。正是由于蛙类和古蜀先民社会生活的密切关系，由于对蛙类神秘属性的联想和敬崇，古蜀族群中既有崇奉鸟和鱼的氏族，也有将蛙作为吉祥物和图腾标志的部族，这应该是很正常的现象。到了商周时期，这种远古遗俗在古蜀族群的社会生活中仍然有较好的延续，并融入灿烂的青铜文化之中。这种情形并不是由于古蜀的落后，而是同古蜀部族的众多、古蜀国独特的社会结构、古代蜀人包容性很强的崇尚意识、古蜀时代昌盛的巫风和频繁的祭祀活动，以及地处长江上游内陆盆地的特殊的地理环境都有着密不可分的关系。正是这些多重因素，形成了鲜明而与众不同的古蜀文化特色。金沙遗址出土的金箔蛙形饰和三星堆出土的石蟾蜍便是具有商周时期古蜀文化特色的远古崇尚遗俗的生动反映。

综上所述，金沙遗址出土的金箔蛙形饰具有丰富的多重内涵应是不争的事实。关于金箔蛙形饰的使用方式，有学者认为由于"蛙形金饰很薄，单独使用的可能性较小，应当是附贴于其他质料器物上作为装饰。这种用金饰件装饰的器物最大的可能就是大型漆器，并且漆的颜色也很可能是红色。蛙形金饰件的数量原先应当不止2件，应至少有4件，也许可以多至12件"。又认为："根据铜鼓鼓面的纹饰，我们可以对金沙村四鸟绕日金饰和蛙形金饰联系在一起进行推测复原，其构图应是圆形的四鸟绕日金饰位于漆器的中央，周围等距呈放射状或旋转状排列四个或更多的蛙形金饰。这种用金饰件图案装点的红色漆器，其装饰效果有点类似于后来的平脱漆器，虽然在漆器工艺上可能还不能与平脱漆器画等号，但它可能与当时采用蚌片装饰的漆器一样，都属于嵌贴漆器。"又推测排列方式是"圆形的四鸟绕日金箔位于中央，周围排列着8只（或更多）蛙形金箔，最外面还有一圈金箔作为边栏"①。这种推测看法有几处明显的疑问值得商榷。第一个疑问是关于金箔

① 孙华、谢涛《金蛙形饰》，《金沙淘珍》，文物出版社2002年4月第一版，第18页、32页、33页、34页。又见孙华、苏荣誉《神秘的王国》，巴蜀书社2003年1月第一版，第298～301页。

蛙形饰的数目。原先是否确有4件或8件甚至12件之多？依据是什么，不得而详。因无出土实物佐证，看来目前尚难确定。第二个疑问涉及金箔蛙形饰与太阳神鸟金箔饰的关系和排列方式。由于两者体现的是不同的祭祀内容，在祭祀形式上也有明显的差异，制作工艺和艺术手法表现的主题也不相同，怎么会排列在一起作为同一件红色漆器的装饰图案呢？若从这些金饰件的尺寸看，按照这种排列图案所装饰的将是一件很大的漆器。什么性质的漆器才会用这种组合图案装饰呢？这与古代蜀人讲究简洁明快的审美观念似乎相去甚远。综合这些疑问，可知排列成组合图案的可能性不大。第三个疑问是关于金箔蛙形饰是否为漆器的嵌贴装饰。从金箔蛙形饰的工艺形态来看，头部有凸起的双眼，蛙身和四肢有圆而高凸的连珠状乳丁纹，与通常用于嵌贴装饰漆器的平整蚌片之类迥然有别，可知金箔蛙形饰绝非漆器的嵌贴装饰品。也就是说，关于金箔蛙形饰是漆器组合图案嵌贴装饰的推测是不确切的。当

湖南长沙马王堆一号汉墓出土帛画上的弯月蟾蜍与日中金乌

然，上述意见也是一家之言。作为学术探讨，有了争鸣更有利于研究的深入，相信这是一件好事。尽管有这些不同的看法，但学术上的一些共识还是比较清楚的。金箔蛙形饰在文化内涵上同太阳神鸟金箔饰一样都是古蜀族心目中崇奉的象征，显而易见古代蜀人制作它们都是为了用于重要的祭祀仪式，而且很可能都是金沙遗址统治者宗庙或神庙中的珍贵供奉物，或是重要的祭祀器饰或献祭品，而绝不会只是将它们作为一般性实用器物上的装饰。

汉代画像石上的日轮金乌与满月蟾蜍（河南南阳出土）

古代蜀人和南方诸族敬崇蛙类的习俗在后世仍有广泛的流传。湖南长沙马王堆一号汉墓出土的帛画在弯月上画了一只口吐云气的蟾蜍，同时在圆日中画了一只金乌，对"日中有踆乌，而月中有蟾蜍"的神话传说做了生动的描绘。在考古发现的一些汉代壁画和出土的画像石、画像砖上也有类似的画面。这说明青蛙或蟾蜍在后世（特别是汉代以后）已主要是作为带有神话传说色彩的月中神灵的象征了。而在南方一些少数民族地区仍保留着蛙祭的古老遗俗，如壮族的蛙婆节便是显著的例子。此外，出土铜鼓上的蛙雕显然也是这一遗俗的反映。甚至在蒲松龄《聊斋志异·青蛙神》中也记述了"江汉之间，俗事蛙神最虔"，并有"赛蛙神"的巫术活动。[1]前面所说的这些图像和实物资料都具有非常重要的价值，是对远古时期月亮神话传说和蛙祭习俗

_____

① 蒲松龄《聊斋志异》（铸雪斋抄本），上海古籍出版社1979年4月第一版，第638页、640页。

流传演化情形的生动印证。从这个角度来看，金箔蛙形饰确实是古代蜀人的一个绝妙创造，它们所展示的丰富内涵，不仅对我们了解商周时期古蜀社会绚丽多彩的神话传说和祭祀活动情形，提供了新的材料，而且揭示了新的内容。它们对探析古蜀历史文化的重要性，以及在美术考古等学术研究领域所具有的重要意义都是不言而喻的。

五、灿烂的工艺之光

中国古代很早就开采使用黄金了，古代蜀人便是世界东方最早制作使用黄金制品的古老部族之一。但中国古代先民利用黄金的历史显然要晚于玉石器。到了金属冶铸技术已被广泛运用的青铜时代，出现的各类黄金制品逐渐增多，而同千姿百态琳琅满目的青铜器物相比，金器仍处于从属的地位，并未获得充分的发展。深究其因，与夏商周时期黄金的开采量还极其有限可能有较大的关系，同时也受占据主导地位的青铜器和玉器的制约。

考古发现揭示，早期的黄金制品大都是金饰件，也就是说它们主要起装饰作用，比如作为青铜雕像或青铜器物上的装饰等。古代先民很早就注意到了黄金独特的质地和璀璨的光泽，常常将黄金同耀眼的阳光联系在一起。在西方的许多种语言中，"金"字都与"太阳"一词有着密切的亲缘关系，英语中的"金"字（gold）更有耀眼光亮之意。东方的古老部族也不例外，很早就懂得利用黄金像阳光一样灿烂的光泽来装饰珍贵的青铜雕像和重要的青铜器物，或制作用于精神崇尚的金器与特殊的祭祀用品。三星堆和金沙遗址出土的种类较多的黄金制品便是一个显著的例子。此外在我国北方的一些商代墓葬中也出土有形式多样的金饰。值得注意的是，北方出土的商周时期的黄金制品主要以人使用的金饰品为主，例如金耳饰、金头饰、金发笄、金臂钏、金环等，也有少量的器物上的金箔饰件。三星堆和金沙遗址出土的黄金制品则与北方不同，无论是形态种类或是图案纹饰以及制作工艺都给人以耳目一新之感，充分展现出与众不同的古蜀地域文化特色。例如金杖、金面具、金冠带、金虎、金鱼、太阳神鸟金箔饰、金箔蛙形饰等都包含着绚丽多彩的文化内涵，是其他区域考古从未有过的发现。

如果说三星堆青铜雕像群充分揭示了古蜀文明的辉煌，那么三星堆和金沙遗址出土的黄金制品则从另一个侧面展现了古蜀社会的昌盛和文化的灿

烂。青铜雕像、黄金制品，还有玉石器都是古蜀文明最为经典和最重要的遗存。它们不仅给世人带来了震撼和惊叹，也为我们的研究探析提供了丰富的启示。三星堆千姿百态、工艺精美的青铜雕像说明殷商时期古蜀王国在青铜铸造工艺和造型表现技术等方面都达到了极其娴熟高超的地步。三星堆和金沙遗址出土的黄金制品则说明了古代蜀人在制作使用黄金方面取得的非凡成就。

从制作工艺来看，三星堆和金沙遗址出土的金器主要是采用锤揲方法，先将黄金制成金片或金箔，再经过剪切、镂刻、修整等工艺制成各种金饰器物。金面具则使用相应的模具或直接将金箔

三星堆二号坑出土的金箔饰

金沙遗址出土的金喇叭器

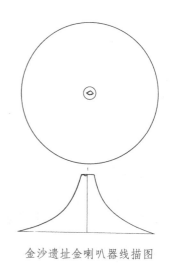

金沙遗址金喇叭器线描图

蒙在青铜人头像面部整体锤揲成形，再将某些部位镂空并加以打磨修整，最后用粘贴的办法使之紧附在青铜人头像上作为装饰，使偶像面部焕发出灿烂的光泽，从而增添其威严华贵的气概。金杖、金冠带等金器上的图案纹饰则采用錾刻与刻画相结合的方式加以表现，在图像的构思与纹饰的排列布局方面刻意创新，以达到别出心裁、非同凡响的效果。有些金器则同时采用多种工艺手法，比如金箔蛙形饰的制作就使用了模具、锤揲、冲压、切割、錾刻等多种工艺。有的在制作工艺上格外考究，显得极其精美，太阳神鸟金箔饰便是最突出的范例，那细致入微的剪切图案是如此生动精妙，可谓达到了臻善臻美的程度。有的可能有意保留了一些粗犷的特征，如金箔蛙形饰未作打磨修整的切割外缘也许是为了更类似于蟾蜍的形态，与那些圆而高凸的连珠状乳丁纹表达的含义是一致的。总之，金沙遗址出土的金器在工艺上显示了相当高的水平，在器形与图案纹饰方面更展示出浓郁的古蜀文化特色，前面所介绍的一些金饰器物都称得上是商周时期黄金制品中的代表之作。

金沙遗址出土的金器在器形种类方面也很丰富，许多都是三星堆出土金器中没有发现的，有的更是考古史上从未有过的罕见之物。这些都表现了古蜀族在制作这些金器时的独特创意，展示了制作者丰富的想象力，同时也从一个侧面反映了那个时代古蜀社会的精神崇尚和祭祀活动情形。除了前面已经介绍的太阳神鸟金箔饰、金冠带、金带、金面具、金箔蛙形饰，这里还要提到金沙遗址出土的一件金喇叭形器。根据公布的出土资料介绍，这件金喇叭形器平面为圆形，立体形态好似上小下大的喇叭状，上端有一近似菱形的小孔，周壁由上向下逐渐外侈，壁面内曲，器表为素面，未刻纹饰，整个造型显得非常独特。其尺寸为顶径1.12厘米，口径11.62厘米，厚0.02厘米，高4.81厘米，重51克。从制作工艺看，同样采用了锤揲成形的方法，并使用了形状相似的模具，出土时粘连有一件完全锈蚀的铜器。这件锈蚀的铜器虽器形已难辨别，但金沙遗址清理出土的青铜器物中有一件铜喇叭形器（尺寸为顶径1.42厘米，底径11.69厘米，壁厚0.22厘米，通高3.65厘米，重138克），与

金沙遗址出土的铜喇叭器（俯视）

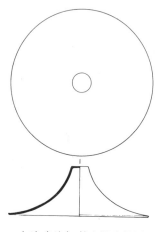

金沙遗址铜喇叭器线描图

金喇叭形器无论是形制或尺寸都极为相似①。由此推测，金喇叭形器很有可能是铜喇叭形器上的金饰，当然不排除金喇叭形器独立使用的可能。费人猜思的是它们特殊的器形，考古工作者推测与三星堆出土的一些喇叭形铜铃较为接近，但也有不同之处，三星堆喇叭形铜铃内有悬挂铃舌的横梁，金沙遗址出土的这两件器物却没有，所以它们是否是铃也就成了悬念。不过，金喇叭形器顶端的穿孔说明是可以用绳索之类通过穿孔将其悬挂使用的，而且可以在喇叭状下面悬垂其他物件。虽然我们现在还无法确定其性能，但金喇叭形器肯定是古蜀族祭祀活动中的使用品，或是金沙遗址统治者宗庙或神庙中的供奉物，这是没有什么疑问的。这件金喇叭形器重达51克，而具有王权与神权以及族属意识等象征含义的金冠带只重44克，作为特殊崇奉象征的太阳神鸟金箔饰也仅重20克，由此也可知制作者对金喇叭形器的重视，否则是不会花费这么多黄金来制作这件器物的。除了这些重要的金器之外，金沙遗址出

---

① 谢涛《金喇叭形器》、朱章义《铜喇叭形器》，《金沙淘珍》，文物出版社2002年4月第一版，第35～36页、67～68页。

土的黄金制品中还有金盒、金鱼形饰、金球拍形器等。这些金饰器物形式多样，内涵丰富，真实地反映了商时期古蜀族制作使用黄金的情况。

虽然商周时期古代蜀人在黄金制作工艺方面已达到很高的水平，但黄金的采集量依然有限。三星堆出土的黄金制品总的数量就比较有限，譬如没有用金面罩去装饰高大华贵的青铜立人像和庞大神奇的青铜纵目人面像，只给几尊一般的青铜人头像装饰了金面罩，这一耐人寻味的现象很可能与当时黄金采集数量较少有关。金沙遗址出土的黄金制品数量已明显增多，说明古代蜀人这时的黄金采集量已增大了，但总的来说还是有限，恐怕不能用大量出产来形容。正是由于黄金开采有限这个客观的限制，使得已熟练掌握黄金冶炼技术和制作工艺的古代蜀人并不能随心所欲地将黄金用于世俗性的日常生活之中，而只能用于重大的祭祀活动。也可以说，正是由于当时黄金资源有限，所以古代蜀人精心制作的各类金饰器物无一例外都与祭祀活动有着千丝万缕的关系。当然，精神崇尚在其中也起了决定性的作用。商周时期北方地区的黄金采集量也很有限，金饰大都出土于墓葬之中，这反映了北方与古蜀在崇尚观念和社会习俗方面的差异。

古蜀族使用的黄金采集于何处也是个很有意思的话题。我们知道，成都平原并不产金，产金的地方主要在四川盆地周边的丘陵河谷与西部高原以及金沙江沿岸地区。按照《天工开物》中的说法："凡中国产金之区，大约百余处，难于枚举。"有山石中所出，有水沙中所出，有平地掘井而得，"皆待先淘洗后冶炼而成颗块"。又说："金多出西南，取者穴山至十余丈，见伴金石，即可见金。其石褐色，一头如火烧黑状。水金多者出云南金沙江（古名丽水），此水源出吐蕃，绕流丽江府，至于北胜州，回环五百余里，出金者有数截。又川北潼川等州与湖广沅陵、溆浦等，皆于江沙水中，淘沃取金。"[1]参照《华阳国志·蜀志》，也有蜀地产金的记述。由此可知，南面的金沙江，川北的嘉陵江、涪江等处都是产金之地。关于金沙江产金，《韩

---

① ［明］宋应星《天工开物》，广东人民出版社1976年10月第一版，第336页、337页。

三星堆二号坑出土的铜铃

非子·内储说上》已有记叙："荆南之地，丽水之中生金，人多窃采金。采金之禁，得而辄辜磔于市，甚众，壅离其水也，而人窃金不止。"这段记载说的是春秋战国时期楚国对丽水产金的严格控制，从中也透露出金沙江流域黄金产量的丰富，很可能在商周时期甚至更早就有先民于此采金了。推测金沙江流域很有可能也是古代蜀人采集黄金的地点之一，川北地区以及四川盆地周缘古蜀国境内的河谷地带可能也有古代蜀人的黄金采集处。推测当时黄金的采集方式还比较原始，因而获得的黄金数量也比较有限。尽管资源有限，仍为古代蜀人创造出灿烂的黄金制品提供了便利。

关于古代蜀人在黄金使用方面的独特之处，比如三星堆出土的金杖和金面罩等，有学者认为可能接受了来自西亚近东文化传播的影响[1]。我们知道，

---

① 屈小强、李殿元、段渝《三星堆文化》，四川人民出版社1993年12月第一版，第80页、87页，496～508页。

古蜀文明虽然地处长江上游内陆盆地，却并非是一个封闭的滞后的文明，同周边区域文明有着源远流长的文化交流和经济往来，接受来自外界的文化影响是一种很正常的现象。但其主体始终是具有鲜明自身特色的古蜀文化，来自外界的文化影响只起了一些间接的次要的作用。自古以来文化交流就是一种客观存在，商周时期古蜀文明在这方面就表现得比较活跃，充满活力，异彩纷呈。不过，聪明的古代蜀人对外来的文化影响主要是有选择地模仿和学习，并加以自己的创造发挥。从出土实物看，如果说三星堆文明接受了来自西亚近东文化的某些影响，那也是间接的和有限的。确切地说，三星堆和金沙遗址考古发现揭示的都是具有鲜明地域特色的文明形态，是古代蜀人勤劳与智慧的结晶。三星堆和金沙遗址出土的金面具与古埃及、古希腊黄金面具所表现出的不同文化内涵，对此也是一个很好的印证。

　　此外，商周时期古代蜀人的黄金工艺，有学者认为可能是从中原传入的。[①]从比较研究的角度来看，殷墟以及北方一些商墓出土的金饰数量很少，在制作工艺方面采取的主要是锤锻辗制加工等方法，器形也较为简单，很少有錾刻的图像纹饰。三星堆和金沙遗址出土的黄金面罩，以及金杖、金虎、金璋、金鱼、金叶、金冠带、太阳神鸟金箔饰、金箔蛙形饰、金喇叭形器等都是北方商周墓葬出土器物中所没有的。特别是金杖、金冠带、太阳神鸟金箔饰等金饰器物上面神奇绝妙的图案纹饰，充分表现了古蜀文明与中原文明之间的差异，无论是审美意识还是表现手法都有很大的不同。即使在黄金的制作工艺上也不一样，古代蜀人的手法更加灵活多样，不仅娴熟地使用锤揲加工技术，而且还辅之以模具、冲压、剪切、镂空、錾刻与刻画、打磨修整等方法，达到了非常高明的地步。可以说商周时期三星堆与金沙遗址不仅在开采使用黄金的数量上超过了中原王朝，而且在黄金制品的种类形制和制作工艺上也居于领先的地位。显而易见，古蜀早期黄金工艺并非来自中原，而

---

① 　孙华、谢涛《金沙村遗址出土金器》，《金沙淘珍》，文物出版社2002年4月第一版，第18页。

是自成体系发展起来的。同样的道理，以三星堆青铜雕像群为代表的古蜀青铜工艺同样也是自成体系的古蜀文明的产物。我们同时也应清醒地看到，殷商时期古蜀文明与中原文明已有了较多的文化交流，比如三星堆出土的青铜尊、青铜罍等器物就是接受了来自中原文明的影响，并加以模仿和想象发挥而制作出来的。随着历史的发展，古蜀与中原的交流逐渐增多，到西周时已较为密切，如彭县蒙阳镇竹瓦街商周窖藏出土的铜器对此便有充分的反映。但占据主导地位的依然是古蜀文明的自身特色[1]。金沙遗址出土的金饰器物以及其他大量遗存揭示的便正是这样一种情形。它们所展示出的鲜明的地域文化特色是如此地绚丽而又灿烂，充分体现了古蜀文明的精妙。尤其值得称赞的是它们丰富的文化内涵和独特的艺术魅力，可谓古代东方文明的骄傲，即使在三千多年后的今天仍堪称人类文明发展史上的千古绝唱。

扫码领取
- 历史文物拓展
- 博物馆随身听
- 文物品鉴笔记
- 中国历史之家

---

[1] 黄剑华《古蜀的辉煌》，巴蜀书社2002年4月第一版，第264~278页，第321页，第343~346页。

第四章

美玉的华章

一、来自良渚的玉琮

金沙遗址出土的玉器数量甚多，据初步统计已有535件，占出土器物总数的40％以上。这些出土玉器的种类也很丰富，考古工作者按形态分为斧形器、锛形器、凿形器、戈形器、剑形器、刀形器、梯形器、筒形器、璧形器、环形器、牌形器，以及神人形、动物形和植物形。此外，还出土有大量玉料和玉器半成品。这些玉器大都采用透闪石玉料制作而成，在加工工艺方面显示出了较高的水平，几乎都是专为古蜀祭祀活动制作的礼仪性用器。金沙遗址同时出土的还有200余件绿松石珠、石管、石片和数件玛瑙珠等，同样显示了较高的加工技艺，有的可能是器物上的装饰，有的则可能是古代蜀人使用的串饰。这些丰富多样的玉器不仅反映了金沙遗址与三星堆之间密切的衔接承袭关系，而且也透露出古蜀文明与周边其他区域文明之间的交流和相互影响，为我们了解三千多年前商周时期古蜀社会生活的真实情形提供了依据。

让我们先看一下金沙遗址出土的玉琮。我们知道，琮作为一种年代久远的重要玉制器物，在我国的许多经典古籍中都有记述。如《周礼·春官·大宗伯》中就有"以玉作六器，以礼天地四方，以苍璧礼天，以黄琮礼地"的说法，在《周礼·春官·典瑞》中又有将璧琮等用以丧葬礼仪，称为"疏璧琮以敛尸"[1]。问世于春秋战国时期的《考工记》卷下则记载了古代贵族使用璧琮的情况，"璧琮九寸，诸侯以享天子"；"璧琮八寸，以頫聘"；"驵琮五寸，宗后以为权；大琮十有二寸，射四寸，厚寸，是谓内镇，宗后守之；驵琮七寸，鼻寸有半寸，天子以为权"；"瑑琮八寸，诸侯以享夫人"。据闻人军先生研究解释，记载中的璧琮可能指璧与琮二物，頫聘是指

---

[1] 《十三经注疏》上册，中华书局1980年9月第一版，第762页、778页。

古代诸侯聘问相见之礼，驵琮是指系组之琮或指扁矮而刻有纹饰的琮，瑑琮是指雕饰有凸纹的琮，宗后意为王后①，由此可知玉琮的形制特点和使用状况，说明古代的玉琮有长短之分和纹饰区别，象征含义与用途也各有不同。清代吴大澂在《古玉图考》中记录了31件玉琮，形制各异，分别配以线图，名称有大琮、黄琮、组琮、琮等，皆为传世品。从线图表现的总体特征看，皆为外方内圆的长柱形或短柱形，好像是方柱套在了圆筒的外面。圆筒中空，上下穿通，两头都露在方柱外面。这些长短不一的玉琮有的外表为光面，有的有凸雕与纹饰，图案常为几何化的兽面形。值得注意的是其中大琮有"青玉满身墨文水银浸"者，有"玉色纯黑"者；黄琮有"黄玉璊斑古厚如漆"者，有"黄玉微带璊斑"者；组琮有"白质黑章"者，有"灰黄色带土斑"或"青玉带土斑"者，等等②。但这些传世玉琮皆未标出尺寸，来源不详，是什么时代的遗存也不清楚。尽管如此，《古玉图考》的问世，使20世纪初期的人们对玉琮这种年代久远的古玉器产生了较深的印象。

近现代考古发现提供了大量的出土实物资料，终于使学术界对玉琮有了广泛而深入的了解。现在我们已经知道，玉琮是良渚文化中的典型器物，它的出现可上溯到新石器时代，大约在五千年前主要流行于中国东南地区。例如在浙江北部和江苏南部的良渚文化遗址中都有大量玉琮出土，在长江中下游的一些新石器时代遗址和黄河中下游的龙山文化遗址中也有发现。学者们经常提到的山西龙山文化的陶寺遗址、安徽潜山薛家岗文化遗址等都出土有玉琮，远至广东的曲江石峡遗址也发现有玉琮和石琮。此后，在夏商周时期玉琮流行的范围更加广阔，但玉琮的形制与纹饰风格已发生了一些相应的变化。如河南偃师二里头遗址出土有1件残玉琮，河南安阳殷墟妇好墓出土有14件玉琮，江西新干大洋洲商墓出土有1件玉琮，广汉三星堆遗址也出土

① 闻人军《考工记导读》，巴蜀书社1996年9月第二版，第243～246页。
② 吴大澂《古玉图考》，见桑行之等编《说玉》，上海科技教育出版社1993年5月第一版，第643～652页。

有玉琮。20世纪初以来发现的有些玉琮还流散到了国外，美国的罗越（Max Loehr）在1975年出版的哈佛大学福格美术馆所藏中国玉器图录中著录了玉琮7件，其中2件断代为商，另外5件断代为西周、西周晚期或东周。上述这些出土玉琮实物，除了造型上的一致性，在器形与纹饰上则各具特色，从中可以追寻其传播演化的轨迹，对我们了解古代区域文明之间的交流影响显然有着非常重要的意义。

金沙遗址清理出土的玉琮，据公布目前已有10件之多，数量远远超过了三星堆出土的同类器物。除了殷墟妇好墓，与其他地区商周墓葬或遗址中出土的玉琮相比，数目也明显要多，这充分显示了金沙遗址统治者对玉琮这种特殊礼仪器物的重视和喜欢。其中既有典型的形制精美的良渚文化玉琮，也有模仿良渚文化特点而在风格上又有所变化的玉琮。从形制特点与纹饰风格分析，它们有的可能来自于长江中下游东南地区，有的可能是本地制作，有的年代久远可能是辗转流传下来的传世品，有的则可能是商周时期蜀地玉匠模仿制作的祭祀用品。这些形制多样内涵丰富的玉琮，对我们探讨古蜀文明

与长江中下游地区源远流长的文化交流，了解古蜀族祭祀活动或宗教仪式中对良渚文化典型礼器的吸纳和借用，都是非常重要的实物资料。

首先应该提到的就是金沙遗址出土的一件青玉琮，通高22.26厘米，上宽6.95～6.92厘米，下宽6.3厘米，其孔径上边为5.59～5.76厘米，下边为5.07～5.2厘米，上下两端的射高分别为1.16厘米与1.05厘米，重1358克，采用质地温润的青玉精心雕制而成。经专业鉴定其玉质属于透闪石软玉，器表有白化现象，并有少量条状浅黑色沁斑。其整体造型为外方内圆，上大下小，中间为贯通的穿孔，外

金沙遗址出土的青玉长琮

观呈长方柱形，上下两端凸出的圆筒称为射口，均突现于方柱之外。在方柱形的琮壁四面中间有竖槽，将琮体的每面分为左右两部分，使器身角部形成凸面，又有9条细小的横槽将器身分为10节，从而使这件玉琮整个器表形成80个凸面，并刻以纹饰，若以四角为中轴线来看，共组成了40个神面纹。这些都显示出了典型的良渚文化玉琮风格。这件玉琮的整个器表与孔壁都经过仔细打磨和内外抛光，显得十分平滑光润。如果仔细观察可以看出，一些刻画较浅的纹饰线条如表示神面纹羽冠的阴线已不很清晰，加之器表有不少无规则的轻微划痕，说明这件年代久远的玉琮曾被长期使用。据考古工作者介绍，这件玉琮出土时器表浸染有少量铜锈，可能是与铜器埋藏在一起的结果[①]。

这件青玉长琮上的简化神面纹分别以转角为中轴线，四角相同，以每节角部两侧左右对称的两个凸面纹饰配合组成。据考古工作者介绍，每个神面纹的

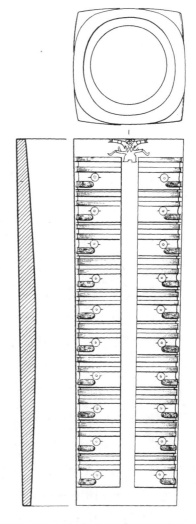

金沙遗址青玉长琮上的纹饰线描图

具体特征大致由上而下可分四层：第一层为一个凸起的长方形横棱；第二层微内凹；第三层又是一个凸起的长方形横棱，在第一层与第三层的两个横棱上都阴刻有细密的平行线纹，以表示神面的羽冠象征；第四层是神面纹的主

---

① 朱章义《玉十节长琮》，《金沙淘珍》，文物出版社2002年4月第一版，第82～85页。

体，由多种纹饰组成。在第四层的中上部有雕琢形成的一大一小两个圆圈，表现的应是神面的眼睛和眼珠；大圆圈的两侧还各阴刻有一个小三角形，表现的应是眼角，更增添了双眼圆睁做瞪视状的生动；在双眼的下方有一个短横状的长方形凸起，上面琢刻了众多的直横线与弧线，相互交错组成类似卷云纹的图案，表现的应是神面的嘴部。第四层的下面即为区分每节的横槽。这些雕刻纹饰相同的有40个之多的神面纹使这件玉琮显得格外精美，而且富含着神秘奇异的意蕴。

尤其值得注意的是这件青玉长琮的上端射部有一个采用阴刻手法雕刻的神人纹，造型舒展，形态硕壮，双脚粗短叉开站立，双臂甚长并向两边平举，头戴神奇的冠饰，双臂的两端刻画了飘逸的长袖，两臂还刻画了向上卷起的羽毛形装饰，犹如鸟儿飞翔的双翅。整个图像充满了写意与抽象相结合表现出来的妙趣，显得意味隽永，具有非常丰富的象征含义。特别是那舒展飘逸的形态和奇异的长袖冠羽纹饰，很容易使人产生丰富的联想，仿佛给人以自由往来于天地之间的神奇之感。这个神人纹确实是非常珍贵的图像资料，但由于这些纹饰线条刻画得非常细浅，又经历了古蜀先民的长期使用，所以需要在一定角度的光线下仔细观察才能看清。尽管如此，神人纹图像与神面纹图案仍为我们对这件玉琮的鉴赏研究、弄清它的由来和文化内涵提供了重要依据。

这件青玉长琮在金沙遗址清理出土后便引起了学术界的关注。许多学者在参观金沙遗址时都怀着浓厚的兴趣仔细观赏了这件玉琮，认为在同类出土器物中堪称是国宝级的珍品。学者们都特别注意到了玉琮上面的图案纹饰，认为属于典型的良渚文化图像符号。李学勤先生于2001年2月下旬应邀前往参观时，就非常细致地观察了位于玉琮上端射口外壁上的图像符号，并注意到该符号的下部延伸到了两侧饕餮面（即神面纹）的中间，认为良渚文化长琮如有符号，一般多出现在这样的位置。例如中国历史博物馆、首都博物馆、上海博物馆各自收藏的一件长琮，还有安微肥东征集的一件，符号都雕刻于射口的这个部位。此外，巴黎基美博物馆内的一件，符号刻于射口至两侧饕饕面（神面纹）中间；台北故宫博物院的一件，符号则刻在两侧饕餮面（神面纹）中间。李学勤先生还将金沙遗址出土长琮上的图像符号同美国弗利尔美术馆一件玉臂圈（弗利尔于1917年以后自上海购得，据称出于浙江省）上的符号做了对比研究，认为金沙遗址长琮射口外壁

良渚文化大型玉琮上的神人兽面纹

上的这个线条非常细浅的图像符号"是一种冠形符号，下部为半圆的冠，其底缘中间有一缺口；冠上有向两侧伸展的羽状物，中央系有两翼的饰物"。这种符号显著的特征"是像中有突起冠饰、两旁有羽的冠"。关于其表达的寓意，"符号所象是加羽毛的冠，可能就是古书所说'皇'的象形"[①]。这些确实是很有见地的看法。可知这些符号表达的是一种很高的权力的象征，进而可知刻有这种图像纹饰的玉琮应是统治阶层的使用品。这种图像符号同时也告诉我们，金沙遗址出土的青玉长琮可能并非本地的古代蜀人所作，加上其造型风格与形制特点也与良渚文化晚期的玉琮基本相同，其制作年代显然比同时出土的其他器物要早得多，由此推测这件青玉长琮应是古蜀时代的一件传世品，很可能来自长江中下游良渚文化地区，经过辗转流传而成了商周时期古蜀族统治阶层在祭祀活动中使用的特殊礼器。考古发现告诉我们，前代器物出土于后世的遗址与墓葬中，这种情况可以说是屡见不鲜的。特别是玉器，先民们自古就有珍爱传世玉器的传统，对前代重要礼仪器物加以使用也是比较常见的现象。这件典型的良渚文化青玉长琮出土于金沙遗址就是一

---

① 李学勤《论金沙长琮的符号》，《四川文物》2002年第5期，第15～16页。

个显著的例证。

　　青玉长琮上的图像纹饰确实告诉了我们很多东西，不仅有很高的鉴赏与研究价值，也为我们探讨古代蜀人与外界的文化交流提供了重要信息。值得提到的是，在考古发现的良渚文化玉琮上还有一些采用浅浮雕等方式雕刻的神人纹与兽面纹，图案更加精美复杂，含义也更为丰富。如浙江余杭反山良渚文化遗址墓葬中出土的大型玉琮上浮雕的"神人兽面纹"，就生动地表达了先民祭祀天地的丰富想象和人神交往的象征含义。这幅图像纹饰的上部是戴羽冠的神人，下部是巨目圆睁形态奇异的神兽，两侧为变形夸张的鸟纹，神人双臂平抬双手下屈做驾驭状，分明是乘骑神兽通天观念的形象化表述。类似的图像纹饰在浙江余杭反山良渚文化遗址墓葬中出土的玉钺上也可看到。玉钺在上古是类似权杖的一种礼器，通常是作为拥有军事统帅权的象征物，如《史记·殷本纪》有"汤自把钺以伐昆吾"、《尚书·牧誓》有武"王左杖黄钺，右秉白旄以麾"的记述。将玉琮上的典型纹饰刻于玉钺之上，也充分说明了这种纹饰具有非同寻常的象征含义。有的学者认为这种浮雕标志"似是一种部落徽号"[①]。有的学者推测这种完整的神人兽面图像可能"是良渚人崇拜的'神徽'"。关于类似的兽面纹还可参见浙江余杭瑶山祭坛墓地出土的一件良渚文化中期的三叉形玉冠饰上的兽面图像。这种采用象征夸张手法表现的威武庄严的兽面，很可能"是原始民族图腾崇拜的反映，一般认为良渚文化玉器上的纹饰，追其渊源是与图腾崇拜有关的"[②]。其实，在远古先民的心目中，崇拜天地与人神相通是一种很重要的主题观念，而神兽则是巫师上天入地的助手，由此可知良渚文化玉琮上的兽面纹显然都有这种寓意，而并非仅仅是一种图案装饰。对于这种图像纹饰的解释，说它是图腾崇拜也好，或者是部落徽号与崇拜的神徽标志也好，其深层的含义表达

---

①　田自秉、吴淑生编《中国工艺美术史图录》上册，上海人民美术出版社1994年12月第一版，第20页、23页。

②　汪遵国《玉钺》《玉琮》《三叉形玉冠饰》，梁白泉主编《国宝大观》，上海文化出版社1990年8月第一版，第12～18页。

的仍是崇拜天地与人神相通的观念。金沙遗址出土的青玉长琮上的良渚文化风格的兽面纹，显然也表现了类似的寓意。青玉长琮射口外壁上阴线浅刻的神人纹，既是想象中的神人形态，也可能是头戴羽冠的巫师象征，那飘逸的姿势使人产生自由往来于天地之间的联想，与神人兽面纹展示的象征含义也是一致的。

良渚文化玉钺上的"神徽"

　　学者们通常认为，玉琮是中国古代玉器中非常重要而带有神秘色彩的一种礼器，但关于玉琮的用途和功能，却一直是古器物学上最大的难题之一。随着考古发掘出土的玉琮数目的增多，学者们对玉琮的性质和作用已做了较多的讨论，提出了许多见仁见智的看法，其中有不少是很有见地的观点，也有一些则是值得商榷的意见。例如有的学者根据《周礼》中的记载，认为"玉琮在祭器的范畴中，是祭地的礼器，在瑞器的范畴中，是女性贵族的权标"[1]。张光直先生认为，《周礼》中的说法即使是正确的，也只适用于周汉之间，新石器时代的玉琮与商周时期的玉琮在用途上其实未必是相同的。而有些学者对玉琮的形状与用途则各有其说，比如安克斯认为琮乃象征地母的女阴；高本汉以为琮为宗庙里盛"且"（男性生殖器象征）的石函；吉斯拉以为琮是先民屋里的"中霤"，即烟筒的象征，为家庭中祭拜的对象；郭宝钧认为琮的前身原为织机上的木质部件；林已奈夫主张琮起源于手镯；邓淑

①　周南泉《试论太湖地区新石器时代玉器》，《考古与文物》1985年第5期。《中华五千年文物集刊·玉器篇》（一），台北士林1985年出版，第186页。

苹推测琮在典礼中套于圆形木柱的上端，用作神祇或祖先的象征①。对中国古代生殖崇拜文化做过深入研究的赵国华先生则对良渚文化玉琮提出了完全不同的看法，他认为良渚先民特别崇拜鸟和鸟卵，玉琮上的神人图像戴羽冠生鸟足，其实是鸟的神化，而玉琮上雕刻的"神徽"与兽面的眼睛，采用夸张手法着力表现的便是蛋形的鸟卵，"究其深层的含义，是反映了良渚先民对以鸟为象征的男根崇拜，尤其是对以鸟卵为象征的睾丸崇拜"。他还认为，不仅良渚文化玉琮上的纹样是男性生殖器神化的象征表现，玉琮本身原也是男根的象征物，此外雕刻有类似纹饰的玉钺也是良渚先民实行生殖崇拜的祭器，这种观念在其他形制的良渚文化玉器纹饰上也有充分表现，"令人感到生殖崇拜是良渚先民的主要精神文化"②。毋庸讳言，这些看法都是很有见地的一家之言，季羡林先生在该书的序中曾做了高度赞许，同时也提出了一个问题："真有这么多的动、植物和其他东西都象征男根、女阴和男女交媾吗？"以此对良渚文化玉琮做深入思考，可知其文化内涵其实是相当丰富复杂的，表达的并不是一种单纯或简单的含义。在古代先民的精神世界里，常常有多种信仰观念和崇尚意识交织在一起的情形，物质遗存形式体现的往往是绚丽多彩的精神内涵，这也可以说是古代东方文化中较为普遍的一种常见现象。

学者们对玉琮的多种看法，实际上也反映了玉琮这种年代久远的特殊礼器确实有着异常丰富的内涵和意蕴。后世的人们站在不同的角度进行各自的推测分析，产生不同的理解，仁者见仁，智者见智，这也是正常的现象。要深入了解玉琮，揭示远古先民赋予它的奥秘，首先还需从出土实物的研究着手。从考古发现的情况看，良渚文化玉琮大都出土于良渚先民的重要墓葬之中。例如1956年发现的江苏吴县草鞋山遗址，于1972—1973年发掘出墓葬两

---

① 张光直《谈"琮"及其在中国古史上的意义》，《文物与考古论集》（文物出版社成立三十周年纪念），文物出版社1986年12月第一版，第253页。见《中华五千年文物集刊·玉器篇》（一），台北土林1985年出版，第186页、163页。

② 赵国华《生殖崇拜文化论》，中国社会科学出版社1990年8月第一版，第309～319页。

百余座，在一个良渚文化男性墓葬中出土了玉琮3件，附葬的女性墓葬中出土玉琮1件。[①]这几件玉琮是在良渚文化遗址中最早发掘出土的一批，首先科学地证明了玉琮是良渚文化的典型器物。又如1982年发掘的上海青浦福泉山良渚文化墓葬，在墓内人骨周围随葬有5件玉琮，琮上都刻有凸起的兽面纹[②]。最为典型的是1979年在江苏常州武进寺墩发现的两个良渚文化墓葬，于1982年正式发掘，出土有各种玉制礼器璧琮等共一百多件，其中玉璧24件，玉琮33件，玉璧大都有经火烧过的痕迹，玉琮皆围绕人骨架四周放置，这些现象说明在葬地曾举行某种敛葬的宗教仪式[③]。在浙江境内也发现许多良渚文化墓葬，最为突出的是余杭县反山、瑶山的大型墓地，发掘出土大量的各种随葬玉器，其中琮是良渚文化玉器中体积最大、制作及雕刻最精美的玉件，这些玉琮上都雕琢有神人兽面像[④]。上面列举的这些考古材料，充分揭示了良渚文化先民在丧葬中大量使用玉琮和玉璧等玉器作为随葬品的情形，说明玉琮等玉制品与良渚文化的丧葬习俗确实有着相当密切的关系。可知《周礼·春官·典瑞》中所说"璧琮以敛尸"，与良渚文化大量随葬璧琮等玉器的情形也是符合的。有学者将良渚文化反映的这种葬制称之为"玉敛葬"[⑤]。值得注意的是，考古发掘揭示良渚文化社会已有明显的贫富之分，并非所有的死者都能随葬玉器，只有那些生前掌握神权、财权和军权的显贵阶层才享有将玉琮、玉璧、玉钺、玉冠饰等各种玉器作为随葬品的权利。也就是说，玉琮等器物都是显贵阶层生前的使用物，在他们死后才作为财富与身份的象征随同尸骨一起埋入了墓葬。正如有的学者所说，"从良渚、红山古玉多出自大中型墓葬分析，新石器时代玉器除祭天祀地、陪葬殓尸等几种用途外，还有辟

---

①　《江苏吴县草鞋山遗址》，《文物资料丛刊》第3辑。

②　《上海福泉山良渚文化墓葬》，《文物》1984年第2期。

③　《1982年江苏常州武进寺墩遗址的发掘》，《考古》1984年第2期。

④　《浙江余杭反山良渚文化墓地发掘简报》《余杭瑶山良渚文化祭坛遗址发掘简报》，《文物》1988年第1期。

⑤　汪遵国《良渚文化"玉敛葬"述略》，《文物》1984年第2期。

邪，象征着权力、财富、贵贱等。中国玉器一开始，就带有神秘的色彩"[①]。换一种说法，作为随葬品其实只是玉琮的一种用途，它的更重要的功能还在于祭祀仪式中的作用。

这里还要提到良渚文化玉琮上的图像纹饰，考古工作者根据出土实物提供的资料认为，可以初步确定玉琮的纹饰早期为兽面纹，中期为兽面和人面的组合纹，晚期为人面纹，这些兽面和人面都是沟通天地的图腾神和巫师[②]。并认为良渚文化玉琮兽面纹形象演变到组合纹时已规范化，并且逐渐为同一的人的形象所代替，这是人们共同体的扩大和凝聚以及社会最高统治者出现在宗教意识上的反映，也可以说是反映了统治者凌驾于社会之上的现象，说明此时在这一地区已经出现了方国，因此将玉琮上的立体纹饰称作良渚方国的徽号也是可以的[③]。也有认为良渚文化遗址出土的任何一件玉琮上都雕琢有神人兽面像，只是繁简程度不同而已，它应是一种与兽面神崇拜有关的神柱或法器，似可视为神权的代表器。这说明神人兽面像显然是古良渚人多神崇拜中的主要崇拜神，神人和兽面的各种组合方式则反映了随着兽面神的人格化而其形象逐步人形化的演化过程。依据《说文》"以玉事神者谓巫"的说法，可见良渚文化雕刻有神人兽面像的各种玉器的主体功能都是为了对神的崇拜。此外玉冠状饰与玉钺上出现神人兽面像也说明了神权或神的意志在当时确实具有最崇高的作用，从而为认识玉器在良渚文化时期的总体社会功能提供了重要佐证[④]。上面援引的这些看法，都是很独到的见解，将有助于我们对良渚文化中玉琮丰富内涵的深入了解，联系到我们对金沙遗址出土青玉长琮的探讨，它们也是很有启发的参考。

---

① 殷志强《玉器概述》，梁白泉主编《国宝大观》，上海文化出版社1990年8月第一版，第6页。

② 车广锦《良渚文化玉琮纹饰探析》，《东南文化》，1987年第3期。

③ 南京博物院《近十年来江苏考古的新成果》，《文物考古工作十年》（1979—1989），文物出版社1991年1月第一版，第103～104页。

④ 浙江省文物考古研究所《浙江省新近十年的考古工作》，《文物考古工作十年》（1979～1989），文物出版社1991年1月第一版，第118页、119页。

从良渚文化玉琮外方内圆的形制特征看，认为含有"天圆地方"的观念也是一种由来已久的解释。如滨田耕作就认为"琮在初始，或是一种有圆孔方柱形的实用品，以后偶然生出以内圆象天、外方象地的解释，终则确定它作为地的表号"[①]。张光直先生认为，将玉琮作为古人祭地的礼器，显然是受了《周礼》中"以苍璧礼天，以黄琮礼地"之说的束缚。可是琮的实物形状却是兼含圆方的，而且最显著也是最重要的特征即是把方和圆相贯穿在一起，也就是把地和天相贯通起来，因此"我们可以说琮是天地贯通的象征，也便是贯通天地的一项手段或法器"[②]。在对玉琮初始含义的各种解释与分析看法中，这应该是比较有说服力的一种见解。在远古时代，古代先民对天地宇宙万物都已有了长久的观察并形成了初始的思维和想象，贯通天地便是古代先民精神世界里具有南方文化特色的一种观念。而在古蜀先民的意识中，人神相通也是非常重要的一个主题观念。譬如三星堆出土的青铜通天神树和祭祀的群巫便生动地展示了这一观念，其中也包含了贯通天地的想象。古蜀文明具有浓郁的南方文化特色，这早已是公认的事实。将早期蜀文化与良渚文化都置于南方文化系统中联系起来思考，会发现有许多明显的共同点，例如古蜀先民与良渚先民都有崇鸟的习俗，都大量将玉器用于祭祀活动，都有贯通天地与人神相通的意识观念，而且都特别崇尚神权在社会生活中的作用。所以古代蜀人对来自良渚文化的玉琮很容易产生思想意识方面的共鸣，不仅接纳了这种典型的良渚文化器物，而且加以模仿，将它们使用于古蜀族的祭祀活动之中。殷墟妇好墓与新干大洋洲商墓出土的玉琮都与丧葬有关，说明殷人吸收了良渚文化"玉敛葬"的做法，因而对玉琮的使用方式也主要是用于随葬。古代蜀人则不然，考古材料揭示，玉琮主要被他们用于祭祀仪式。三星堆与金沙遗址出土的玉琮都与随葬无关（并非出土于墓葬），便显

---

① 　《有竹斋藏古玉谱》（那志良、王循治译），台湾中华书局1971年出版，第51页。

② 　张光直《谈"琮"及其在中国古史上的意义》，《文物与考古论集》（文物出版社成立三十周年纪念），文物出版社1986年12月第一版，第254页。

示了不同于殷人的使用特点。大概正是由于这个缘故，来自于良渚文化的青玉长琮才成为了古蜀先民珍爱的传世品，而被金沙遗址统治者所长期使用。

良渚文化玉琮的另一个显著的特征是与巫的密切关系。不仅玉琮的图像纹饰中雕刻有神人或巫师的形象，而且玉琮本身也就是巫师使用的法器。巫的出现可以追溯到远古时期，是先民们祭祀活动中主持仪式的特殊人物，他们的职责主要是以舞降神和向神灵祭献，起沟通天地人神的作用。如《山海经》与《世本》等古籍中就有许多关于巫咸的记载。按照《说文解字》的解释，远古"凡巫之属皆从巫"，后来"在男曰觋、在女曰巫"那是后世的区分，楚人则有名巫为灵的称法。巫祭祀时最突出的做法，便是"以玉事神"[1]。巫作为古代掌握神权的特殊阶层，在先民的心目中常常被视作是神在人间的代表，巫师使用的玉器也常被视为神权的象征。玉琮兼具天地的特征，有着贯通天地的寓意，成为远古巫师在祭祀天地等仪式中使用的法器也就不难理解了。此外，在玉琮上雕刻的图像纹饰中，以鸟为天地之间来往的媒介，或以神奇的动物协助巫师上天入地，也与远古时代的巫术和贯通天地的观念密切相关。晋代葛洪《抱朴子·内篇》中曾提到："若能乘蹻者，可以周流天下，不拘山河。凡乘蹻道有三法，一曰龙蹻，二曰虎蹻，三曰鹿卢蹻"。有的将"乘蹻"解释为道教的轻身飞行术[2]。或者说蹻与健行、迅行有关。实际上反映的是古代原始道教利用驯使的动物作为脚力或助手，而实现上天入地与鬼神来往的愿望，或者也可以说是一种神奇的想象，反映的依然是远古人神相通观念。河南濮阳西水坡仰韶文化墓葬中出土的三组蚌塑动物纹样，张光直先生认为展现的便是协助墓主（巫师）上天下地的三蹻的象征。这种"人兽母题"或"巫蹻""母题"在良渚文化玉琮图像中有了更进一步的生动反映，并成为良渚文化玉器上面的一种基本纹饰。由此可知这些

---

[1]　［东汉］许慎撰、［清］段玉裁注《说文解字注》，上海古籍出版社1988年2月第2版，第19页、201页、202页。

[2]　顾久译注《抱朴子内篇全译》，贵州人民出版社1995年3月第一版，第390页、393页。

人兽纹样表现的主要"是巫蹻关系，人便是巫师的形象，兽便是蹻的形象"，在古代巫师的活动中，它们都是通达天地的重要象征①。联系到成都平原的考古发现，三星堆出土的青铜神树上有一条从天而降的神龙，显然也有"巫蹻"的含义。巫师与动物的关系更是三星堆与金沙遗址出土器物中着力表现的一个主题。这些同样说明了早期蜀文化与良渚文化有许多相通之处，可知来自良渚文化的玉琮被古蜀族巫师阶层所接受并大量仿制并不是一件偶然的事情，而应该是在崇尚习俗和观念意识上产生共鸣的结果。

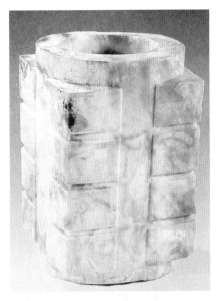

金沙遗址出土的黄玉琮

在已经分布的考古材料中，还介绍了金沙遗址出土的一件黄玉琮，通高16.57厘米，宽10.95～11.05厘米，孔径6.94～7厘米，重3918克，是采用透闪石软玉制作的一件四节短琮。这件表面呈黄色并有少量黑褐色沁斑的玉琮同样具有制作规整、打磨光洁的特点。特别是四隅的凸面与每节之间的槽显得平直有力，刻画的平行线条则纤细而流畅，显示了较高的雕琢工艺水平。从形制特征看，则给人以简洁明快、方正厚重之感。将这件玉琮与来自良渚文化的青玉长琮相比，可以看出在表现风格上的一些明显差异，比如通体素面没有雕刻图像纹饰，只有神面纹羽冠表现方式的遗痕（平行直线纹）；又比如玉质的不同，以及雕琢工艺方面的差别等。在形态上，它具有良渚文化晚

① 张光直《濮阳三蹻与中国古代美术上的人兽母题》，《文物》1988年第11期，第36～39页。又见张光直《中国青铜时代》，北京三联书店1999年9月第一版，第318～325页。

期玉琮体形高大、分节分槽的特色，同时又展示出明显的商代玉琮简洁朴实的特征。刻画的平行直线纹也是夏商时期玉器上较为常见的一种纹饰。联系到三星堆遗址出土的同类器，在广汉月亮湾燕家住宅附近的玉石坑曾出土一件扁矮的玉琮，1986年三星堆一号坑也出土了一件矮体素面的玉琮，经测定为商代遗物。以此作为参照来看金沙遗址出土的这件黄玉琮，从形制风格与工艺特点推测分析，其制作时代可能为殷商时期，不会晚于商代晚期。从材质来看，采用这类质地制作的玉器在金沙遗址出土甚多，经考古工作者初步测定，其玉材原料应出自四川本地[1]。很显然，这是本地蜀族仿照良渚文化玉琮，加以创新发挥制作而成的一件具有古蜀地域特色的玉琮。

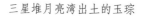

三星堆月亮湾出土的玉琮　　　　　三星堆一号坑出土的玉琮

　　金沙遗址出土的这件黄玉琮，无论是优良的选材还是精致的加工，都堪称金沙遗址出土的蜀地风格玉琮中的典范之作，也是目前所见商周时期玉琮中最重者。它充分表明了古代蜀人对玉琮这种典型的外来文化祭祀礼仪器物的认同和重视，而且在商周之际对这种具有多重象征含义的玉琮加以大量仿制和使用更有加强的趋势，金沙遗址出土的玉琮数量和精美程度远远超过三

---

① 王方《玉四节短琮》，《金沙淘珍》，文物出版社2002年4月第一版，第86～88页。

星堆便是一个很好的例证。而在殷商时代的中原地区以及受商文化强烈影响的一些地方，玉琮虽然流行，但它沟通天地与权力象征的特殊作用已被"九鼎"等青铜礼器所取代，因而退居次要的地位，不过仍保留了在"玉敛葬"遗俗方面的作用，所以在商墓的随葬品中较为常见。有着悠久的崇巫传统和"以玉事神"习俗的古代蜀人对待玉琮的态度显然与殷人有别。三星堆时期出土的玉琮较少，千姿百态的青铜雕像群在精神观念与物质形态方面都占据着绝对主导的地位。而商周之际的金沙遗址，不仅发现了来自良渚文化的青玉长琮，还出土了数量众多的当地仿制的精美玉琮，在同时出土的玉器群中显得非常突出，说明这些玉琮已成为古蜀族珍爱有加的重要祭祀礼器。在古代蜀人的心目中，这些玉琮显然并未失去初始的寓意，可能依然是执掌神权贯通天地的象征。这对我们认识古蜀文化既有鲜明的个性（如独具特色的青铜雕像），又有很强的兼容性（如接纳来自良渚的玉琮，仿制来自中原的青铜尊与青铜罍等）无疑是非常重要的例证。

金沙遗址出土的玉琮告诉我们的当然并不仅仅是这些。它们不仅透露了玉琮在良渚文化中的地位以及在后世的影响和传播，而且揭示了古代区域文明之间源远流长的文化交流，同时还从一个侧面展现了商周时期古蜀社会的崇尚观念和祭祀礼仪方面的一些真实情形。金沙遗址出土的玉琮还告诉我们，古代蜀人对外来文化的善于学习和兼容吸纳并未减弱自身的鲜明特色，而是更加增添了活力。也可以说正是由于这样，古蜀文化从而更为绚丽多彩。

扫码领取
· 历史文物拓展
· 博物馆随身听
· 文物品鉴笔记
· 中国历史之家

二、独特的玉人头像

　　金沙遗址出土的玉人头像是一件风格奇异、雕琢精致的小型玉器，高2.3厘米，宽3.44厘米，厚0.26厘米，重2克。据鉴定和初步研究结果，这件玉人头像的玉材为含水磷酸盐、碳酸盐的多金属混合矿物，通体呈绿色。采用这种质地的玉材制作的玉器在金沙遗址清理出土的大量玉器中仅有3件，均属于小巧精致的小型器物[①]。

金沙遗址出土的玉人头像

　　这件袖珍型的玉人头像采用扁平的薄玉板雕刻而成，其制作工艺是先将板状玉料切割成头部的轮廓，然后再琢磨雕刻细部，如我们仔细观察仍可看到在玉人头像转曲处留下的许多斜向磨痕。出土时，这件玉人头像的头饰与

_____

① 张擎、孙华《玉尖耳神人头像》，杨永富等《金沙遗址玉、石器材料鉴定及初步研究》，《金沙淘珍》，文物出版社2002年4月第一版，第80～81页，第197页。

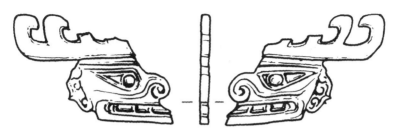

金沙遗址玉人头像线描图

下颌处已有部分残损，并于两面都浸染有铜锈。在造型上为两面对称的脸部侧视状，采用夸张的浮雕手法刻出了大眼阔嘴和诡异的冠饰，显示了巧妙的构思和娴熟的技艺，达到了洗练而又传神的效果。从五官形态看，最为奇特的首先是大眼，微凸的眼眶前圆后尖几乎占满了脸的上部，浑圆的瞳孔突起做瞪视状，炯炯有神，透着威猛。其次是张开的大嘴，露出了三颗尖利的牙齿，嘴角几乎裂到了耳畔，舌头微吐，下巴向前突出，使脸部因之而成了倾斜的四边形。再者是向外高凸的鹰钩鼻，占据了脸的前部，粗犷阴鸷，十分触目。皱起的鼻翼线条向后飘延，与颧骨线条相连，更增添了神态的诡谲。还有硕大的耳朵，上尖下圆，耳垂有孔。头上的冠饰更是极度夸张，后边的两条做弯钩卷曲状，前边部分出土时已经残断。此外，玉人头像的下颌以下也有明显的残断痕迹。考古工作者推测，玉人头像原先可能有较长的颈部，因其小巧，或许是固定在某种特殊祭祀器物上的附件。

　　我们观赏这件玉人头像时，会油然地体会到其整个造型给人以龇牙咧嘴、凶狠狰狞之感，仿佛充满了一种神秘恐怖的力量。显而易见，这件奇异的玉人头像刻画的虽是人的面容，表现的却是神灵的象征。制作者对这种狰狞的形态赋予了超凡的想象，以达到震撼心灵的目的。面对这件玉人头像，我们很容易联想到三星堆出土的类似造型。譬如三星堆二号坑出土的青铜神坛，在神坛第二层站立的四人帽顶上有扁平的侧面人头像，其形态同样是大眼阔口、隆鼻长颈、下颌前突、头戴残断的弯钩状饰物，与金沙遗址出土的这件玉人头像在造型风格上非常相似。三星堆青铜神坛是古蜀王国举行大型

三星堆二号坑出土的青铜兽面像

祭祀仪式时的神圣之物，金沙遗址这件玉人头像显然也是与古蜀族祭祀活动有着密切关系的重要遗物。类似形态风格的还有三星堆出土的人首鸟身像、青铜纵目人面像等，与这件玉人头像也有许多明显的共同之处，它们都是古代蜀人崇奉的神灵偶像，由此可知玉人头像表现的也绝非普通人面而是一种神人形象。这种形态风格与象征含义方面的相似性，再一次说明了金沙遗址与三星堆遗址之间在族属与文化上的密切关系。而它们在艺术风格方面的差异，则为研究金沙遗址与三星堆遗址在时间上的衔接和早晚关系提供了例证。

三星堆二号坑出土的青铜兽面像

　　从美术考古的角度对这件玉人头像进行形态风格方面的比较，我们很容易联想到三星堆出土的青铜兽面像[1]，以及山东益都出土的商代铜钺上的透雕人面纹等[2]。它们都做龇牙咧嘴的狰狞状，既有人的形态，又有兽的某些特征，说明这是商周时期比较流行的一种审美观念和崇尚意识。在头部的冠饰方面，三星堆青铜兽面像也做弯钩卷曲状，与金沙遗址玉人头像同样具有诡异的特征，说明这是古代蜀人常用的表现手法，在同时期其他区域文明的出土器物中则较为少见，显示出浓郁的古蜀特色。在商周时期流行的图像纹饰中，最有特色的首先是动物纹样，其次是几何纹样，再者是人面纹样。在动物纹样中最具代表性的就是兽面纹，"这是一些被夸张了的或幻想中的动物头部的正面形象，其特征为巨睛凝视，大咧口，口中有獠牙或锯齿形牙，额

---

[1]　四川省文物考古研究所编《三星堆祭祀坑》，文物出版社1999年4月第一版，第195页、198页，第200~205页，彩版图59、图60。

[2]　田自秉、吴淑生编《中国工艺美术史图录》上册，上海人民美术出版社1994年12月第一版，第206页、207页。

山东益都出土的商代透雕人面纹铜钺

上有一对立耳或大犄角"，"这些动物纹饰巨睛凝视，阔口怒张，在静止状态中积聚着紧张的力，好像在一瞬间就会迸发出凶野的咆哮。在祭祀的烟火缭绕之中，这些青铜图像当然有助于造成一种严肃、静穆和神秘的气氛"①。很多学者也注意到了人面纹，它在青铜器纹饰中较为多见，"人面纹是一种半人半兽的怪神，有的仅有面部，有的还有兽的身躯，面部虽做人形，但还包含兽类的特点，如头上长角，口中有獠牙"②。此外"还有人面龙身、人面蛇身和人面鸟身等等。这些物象的确切意义也很难了解，但根据文献记载，大都是指传说中的天地山川百神"③。兽面纹突出狰狞，人面纹讲究怪诞，这是商周时期的流行风尚，也是那个时代的政治、宗教和艺术结合在一起的曲折反映，其直接的目的主要是为了体现和加强神权的统治。对那些狰狞的兽面纹与怪诞的人面纹，虽然无法准确推测它们究竟反映了古代先民哪些崇拜内容，但它们的流行则揭示了中国古代历史文化中富有特色的审美意识与精神面貌。

① 马承源《中国古代青铜器》，上海人民出版社1982年2月第一版，第30～35页。
② 马承源主编《中国青铜》，上海古籍出版社1988年7月第一版，第343页。
③ 马承源《中国古代青铜器》，上海人民出版社1982年2月第一版，第33页。

　　审美是人类从愚昧走向文明的发展过程中最为复杂的精神活动之一，它在不同的族群与区域文明之间往往呈现出一种多元的绚丽情景。过去通常认为古希腊文明是崇尚立体雕塑和致力于形体之美的代表，古老的中华文明则以变形的线条艺术和抽象的韵味取胜。三星堆和金沙遗址的考古发现修正了这一看法，说明商周时期古代蜀人在人物立体雕塑方面也有着非同凡响的创造，同时在抽象变形的图像纹饰方面亦展示了非常杰出的造诣。金沙遗址出土的玉人头像，既可看作是浅浮雕作品，又类似于图像纹饰，似乎融合了两者之长，应是古代蜀人在审美意识方面别具特色的产物。有学者认为，中国古代先民创造的图像纹饰，"无论是动物纹，还是人面纹，都是神话意象的物化，它们是神话思维的象形文字。它们的蕴义，人们现已无法读解了。然而，那威猛、凝重、神秘、狞厉的美学风貌，却在向我们约略地透示着一个荒远的神话意象世界。它们不同于希腊人形化诸神之温馨和实在，由于其所表达的意义不明晰，反倒具有了一种深远的情韵"①。也就是说，这些图像纹饰与远古时代的神话传说往往有着千丝万缕的联系。从一定意义上来说，那些流传久远的神话传说对后世确实有着非常重要的影响，比如太阳神话传说在三星堆和金沙遗址的大量出土器物中就有极为生动的反映。值得注意的是，这些雕塑作品与图像纹饰在反映神话传说流风余韵的同时，更表达了一种强烈的崇拜观念和崇尚习俗。金沙遗址玉人头像在形态造型上也可能与某种邈远的神话传说有一定的关联，但制作者的初衷显然是为了在某种祭祀仪式中来充分展示他们的虔诚与敬畏，以达到和神灵沟通的目的。

　　这里还要提到金沙遗址玉人头像与三星堆青铜兽面在形态风格方面的狰狞与怪诞，它们有着极其丰富的内涵，这应该是没有什么疑问的。但它们最本质的作用又是什么呢？朱狄先生在探讨原始部族的审美观念和宗教信仰时曾指出："原始人装束之所以显得怪诞，从本质上说并不是由所谓的'审美趣味'决定的，而是由他们希望与神灵交往决定的。"作为世界上许多古老

---

① 王钟陵《中国前期文化心理研究》，重庆出版社1991年12月第一版，第426页。

江西新干大洋洲商墓出土的青铜面具

部族都广泛使用的面具，其目的主要是为了可以使巫师或萨满自己"进入灵魂世界"，所以"面具所代表的不是人们通常所熟悉的面孔，它是一种常人没有的面孔，它要引起的是陌生感而不是亲切感，因为面具所代表的不是人的表情，而是神秘世界中某种神灵所可能有的表情。正因为它要引起陌生感甚至恐惧感，因此它是不受人脸五官比例的支配的。它可以按照它的创造者的意图任意夸大某一部分或缩小某一部分。只有这样它才像是另一个世界中的神灵"①。

换一种说法，面具"更多的是被用来代表神灵"，制作者往往"给面具赋予超自然的魔力，或者让面具作为神灵的栖身之所"，以求使"观者无不觉得它们有一种攫人心魂的力量"，在气氛森严而狂热的祭祀仪式中，"呈现出一种震撼心灵的狰狞之美"②。金沙遗址玉人头像不属于面具之列，但它所展示出的强烈的狰狞之美，与三星堆青铜兽面怪诞的风格则是一致的，在创意构思与表现手法上都有许多明显的相似之处。就面具而论，从质地上来说，除了我们熟知的青铜面具和黄金面罩，在其他区域文明的考古发现中还有玉石等面具，例如特奥蒂瓦坎的王侯们用精美的彩石装饰的镶嵌面具，贝宁王国的国王们用象牙雕刻的欧巴面具，以及中美洲墨西哥古代圣城陶蒂华康出土的古印第安人文化中的玉石葬礼面具，玛雅文化古典时期帕伦克的统治者巴长尔的翡翠面具等③。采用玉石制作面罩的情形，在我国也有许多考古发

① 朱狄《原始文化研究》，北京三联书店1988年2月第一版，第498页、500页。

② 沈福馨、周林生编《世界面具艺术》，人民美术出版社1994年6月第一版，第3页、6页、7页。

③ 李锦、李光雨《中国古代面具研究》，山东大学出版社1994年12月第一版，第127页。

现，譬如河南三门峡西周虢国墓地一号墓出土的玉面罩[①]，河南洛阳中州路东周墓葬也发现有这类玉面罩，还有山西曲沃、翼城境内的天马——曲村遗址晋侯墓出土的玉石覆面等。到两汉时期的王室成员和诸侯等显贵人物墓葬中，玉面罩更是重要的殓葬之物。这些说明，采用玉石制作面具是古代文明中较为常见的一种现象。三星堆和金沙遗址出土有黄金面罩和青铜人面像与青铜兽面，未见有玉石面具。但金沙遗址出土的这件玉人头像很显然采用了青铜兽面和青铜人面像的一些典型表现手法，同时又因材制宜加以发挥，如使用浮雕手法做两面同样的人头像雕刻等。尤其是造型风格的类似性，以及着力表现的狰狞之美，对我们的鉴赏和探讨无疑都提供了有益的启示。我们由此推想，这件玉人头像是否也具有与面具十分类似的某些特殊象征含义呢？

我们知道，面具在远古时期最重要的功能首先是供巫师在祭祀活动中使用，其次才是和丧葬的关系。面具是巫师的使用之物，进而成为巫师的象征，这在东方许多古老的部族中都有丰富多样的表现，在有些地方迄今还保留着这方面的古老遗俗。大量的考古资料告诉我们，无论是长江流域或黄河流域都有源远流长的崇巫习俗，青铜时代"艺术家的活动基本上

陕西城固出土的青铜面具

都与巫术有关，制作的物件皆做祭祀之用"，包括那些"青铜器纹饰的目的也是为了给予祭祀器皿以巫术的力量"[②]。面具也同样是祭祀的产物，具有

---

① 《虢国墓地再次出土大量珍贵文物》，《中国文物报》1991年1月6日。
② ［法］热尔曼·巴赞《艺术史》（刘明毅译），上海人民美术出版社1989年4月第一版，第549页、553页。

展示巫术神秘力量的含义。面具除了客观上的装饰意味之外，更重要的是为了表达巫师与神灵世界的特殊联系，在造型风格上于人的形态中掺入兽面的特征也是巫术神秘力量的反映，因为在先民们的心目中，动物可以作为崇拜的图腾，兽的力量也往往可以作为神的力量之标志。正如朱狄先生所说，面具"在特定的祭礼仪式中被作为必不可少的道具来穿戴，在原始人的眼里，这并不是一种化装术，而是一种把人的灵魂输送到另一个世界中去的运载工具"。它们不仅形象地表现了原始思维中"神灵世界"的丰富性，更令人惊异的是"原始人竟有那么多的形式去表现同一个主题。那种被各种各样原始宗教意识所激发出来的想象力以及这种想象力的最恰到好处的表现，是在文明社会中难以看到的"①。这种丰富多样的内涵和表现形式，可能与远古社会祭祀仪式的日趋复杂化有关，同时也反映了先民情感与心理结构的日趋复杂化。此外，表现丰富想象力的工艺技巧也在制作方面有了更为广泛生动的展示。联系到三星堆与金沙遗址的考古发现，大量的出土器物便揭示了古蜀社会在祭祀活动方面的丰富多样性，对古代蜀人强烈的崇巫习俗更是在各种形式的造型中都有精妙的体现。金沙遗址出土的这件玉人头像也向我们透露了古蜀族崇巫习俗方面的大量信息，它那两面都采用浮雕手法雕刻，糅合了人面与兽面特征的有点类似于面具形态的特殊造型，说明它表现的并不仅仅是一种神灵的象征，同时也展示了浓郁的人神交往的寓意。所以，我们如果说这件玉人头像是古蜀族崇巫精神的结晶，应该是没有什么疑义的。

我们对金沙遗址出土的这件玉人头像也还有不少疑问，尚须做进一步的深入探讨。比如它的使用方式？它与古蜀族的丧葬有没有什么关系？它真的是某种祭祀器物上的附件吗？那究竟是一种什么器物？它主要用于什么性质的祭祀仪式？或者说制作者赋予它的用途究竟和什么祭祀内容有关？诸如此类的问题都是我们不清楚的。由于地层关系，在施工挖掘中遭到破坏，清理出土时这件器物的前边冠饰与颈部已经残断损坏，也未发现有可与之相配的

---

① 朱狄《原始文化研究》，北京三联书店1988年2月第一版，第501页、502页。

器物，所以要解开这些疑问并不是一件容易的事情。但我们毕竟可以利用大量的考古资料作为参照，这又为我们的探析提供了一定的便利。现在就让我们来对这件玉人头像的用途和相关的祭祀内容继续做一些深入的分析。

玉质器物在三星堆和金沙遗址均有大量出土，其性质大都与祭祀礼仪活动有关，但其中雕刻有人物图像或兽面纹饰的玉制品则不多。三星堆出土玉器中最为典型的便是二号坑所出一件两面雕刻有图像纹饰的玉璋。金沙遗址出土玉器中除了这件玉人头像之外，还有一件玉兽面纹斧形器，在两面雕刻有奇特的兽面纹和边栏纹饰。值得注意的是，这几件玉制品都是两面雕刻同样的图像纹饰，在技巧上均采用了浅浮雕与阴线刻画相结合的手法，可知这是具有鲜明古蜀特色的一种艺术表现方式。古代蜀人在这些玉制品两面雕刻同样图像纹饰的做法，很可能具有特殊的用意：一是为了强化其象征含义，二是以此表明它们都是最为特殊的祭祀用品。三星堆二号坑出土的雕刻有人物图案的玉璋，显然不是一般的祭祀之物，而是古蜀王国的巫师在祭祀与祈祷活动中使用的法器。玉璋图案中着力表现的内容，一是人物，二是山川。人物分为立式与跪式两种姿势，从穿戴与神态手势来看，似乎是巫祝和神灵的象征；山川则做重叠之状，并有云气缭绕。显而易见，玉璋图案描绘的是祭祀神山的情景，而且用多幅画面来加以表现，更具有渲染和强调的作用，充分说明这是古蜀国一项非常重要的祭典。《周礼·春官·典瑞》中有"璋邸射，以祀山川"①的记述，即透露了古代使用玉璋与祭祀山川的关系。关于古代祭祀山川的礼仪习俗，《通典》卷四十六也有记述，"黄帝祭于山川，与为多焉。虞氏秩于山川，偏于群神。周制，四坎坛祭四方，以血祭祭五岳，以埋沉祭山林山泽，一岁凡四祭"。还特别提到了要用"礼神之玉"，举行奏乐歌舞等祭礼"以祀山川"②。玉璋图案中在神山两侧刻画有插放的玉

---

① 《十三经注疏》上册，中华书局1980年9月第一版，第777页。
② ［唐］杜佑《通典》第二册，中华书局校点本，1988年12月第一版，第1279～1280页。

璋和悬置的象牙，表现的便是插璋祭山的情景。这是玉璋图案下边画面表现的主要内容，上边画面展示的则是通过灵山通往天界的含义，并在神山之间刻画了天门的象征符号，生动地反映了古代蜀人魂归天门这一主题观念[①]。根据玉璋图案中表达的丰富内涵，可知这件玉璋的用途主要是供古蜀国巫师作为法器，使用于祭祀神山或祭祀祖先之类的大型祭典，或是用于隆重的葬礼以超度亡魂。金沙遗址出土的玉兽面纹斧形器上面雕刻的图像纹饰也含有类似的象征寓意，可能也具有同样的用途。以此来看金沙遗址出土的这件玉人头像，是否也与古蜀族祭祀祖先或超度亡魂之类的礼仪活动有关呢？这件玉人头像作为古蜀族一件特殊的"礼神之玉"，那两面雕刻的似神似人似兽的奇异形态，说明它很可能也是此类祭祀活动中的使用之物。但在象征含义和具体使用方式上可能有某些区别，它可能并非巫师的法器，而是一种特殊的类似于魌头的象征。

关于魌头，按照《说文》的解释"類，丑也，今逐疫有類头"。《集韵·之韵》的解释是"類头，方相也，或作魌"。《风俗通》则曰"俗说亡人魂气游扬，故作魌头以存之"[②]。宋人高承《事物纪原》卷九又有"丧葬令有方相魌头之别"，"世以四目为方相，两目为魌头"之说。关于方相，《周礼·夏官》中是这样记述的："方相氏掌蒙熊皮，黄金四目，玄衣朱裳，执戈扬盾，帅百隶而时难，以索室殴疫。大丧，先枢。及墓，入圹，以戈击四隅，殴方良。"[③]其中的"难"同"傩"，"殴"同"驱"。意思是说，方相氏是周代的巫官，专门负责施行巫术，驱邪逐疫，其职责或作用主要体现在两个方面：一是穿上特别的服装戴上面具举行大型的傩仪，驱逐日

---

① 关于玉璋图案中天门符号的象征含义与古蜀魂归天门观念的论述，请参见黄剑华《古蜀的辉煌》，巴蜀书社2002年4月第一版，第178～185页。并参见黄剑华《天门》，四川人民出版社2001年8月第一版，第231～247页。

② ［东汉］许慎撰、［清］段玉裁注《说文解字注》，上海古籍出版社1988年2月第2版，第422页。

③ 《十三经注疏》上册，中华书局1980年9月第一版，第850页。

常住处的邪祟疫气；二是在丧葬仪式中驱赶厉鬼。为了达到"索室驱疫"和驱逐厉鬼的目的，方相氏借助熊皮、面具等道具，总是打扮成一副狰狞恐怖的形态。由此可知，方相氏是傩仪祭祀活动中的巫师，魌头则是打鬼驱疫时扮神者所戴的面具①，二者是有区别的，但由于方相氏是狰狞的象征，古人便将魌头混淆成了方相氏的别称。仔细推敲，魌头也不能完全等同于面具，可能是类似于面具的一种形态丑恶狰狞的道具，其用途主要是用来驱赶吓走恶鬼瘟疫。相比较而言，面具的内涵与形式以及用途都要广泛得多。正如巫师是远古时代半神半人的特殊阶层，"能通神，可以同鬼神说话，上达民意，下传神旨，能预知吉凶祸福，能为人除灾去病，从事预言、占卜、祭祀和招魂、驱鬼等巫术活动"②，而方相氏只是巫师中的一类，行使的驱鬼逐疫也只是巫术中的一种，其道理都是一样的。

从文献记载和考古资料来看，傩仪活动在商周时期非常盛行，而傩仪活动的主题内容便是驱鬼逐疫。这与当时人们的鬼神观念和崇巫习俗显然具有密切的关系。这种傩仪活动到秦汉时期依然盛行，流传甚广，史书中对此记载甚多，东汉张衡《东京赋》中也曾对"卒岁大傩，驱除群厉，方相秉钺，

西南地区的傩戏面具

---

① 据《汉语大词典》"魌头"词条的解释，见罗竹风主编《汉语大词典》第十二卷，汉语大词典出版社1993年11月第一版，第470页。

② 宋兆麟《巫与巫术》，四川民族出版社1989年5月第一版，第33页。

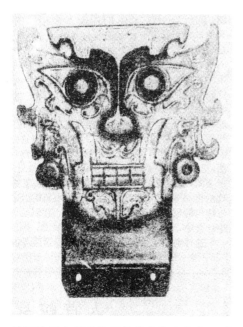

陕西沣西丰镐遗址西周墓葬出土的兽面形玉饰

巫觋操茢"的傩祭情形做过生动的描述①。有学者认为，这种傩祭情形早在屈原的《楚辞·九歌》中已有精彩的记录，古傩的流风余韵至今仍在我国南方某些地区很有活力地延续着②。商周时期古蜀国内很可能也同样盛行傩仪活动，有的学者就认为"在三星堆多元化宗教祭仪中，傩仪是最重要的仪式之一"，"三星堆祭祀坑内出土的这些面具，除了用于其他相关宗教场合外，主要应用于傩仪场合。祭神仪式主要采用媚神娱神方式进行，而傩仪则是采取了驱赶恫吓方式进行"③。从出土实物分析，这些看法似有一定的道理。三星堆出土的青铜雕像群以千姿百态的造型揭示了古蜀社会丰富多样的祭祀内容，说明有着强烈崇巫传统的古代蜀人可能经常举行各种祭祀仪式，其中的青铜兽面以及青铜纵目人面像很可能就与傩仪活动有关。它们狰狞可怖的形态与诡谲神奇的造型可能就包含了驱鬼逐疫的寓意。青铜兽面糅和了人兽特征，着力突出其威猛恫吓之状，以及采用浮雕方式并未镂空双眼的特殊造型，说明它们并非是通常意义上的面具，而是具有古蜀特色的使用于傩仪之中的类似于颛头的象征。金沙遗址考古发现告诉我们，这种情形在栖居于金沙遗址的古蜀族中同样存在，有以小型青铜立人像和太阳神鸟金箔饰为代表的昌盛的祭日活

---

① 参见《文选》卷三，中华书局1977年11月第一版，第63页。
② 过常宝《楚辞与原始宗教》，东方出版社1997年6月第一版，第78～79页。
③ 李锦山、李光雨《中国古代面具研究》，山东大学出版社1994年12月第一版，第152页、156页。

动，有以石跪人像为"暴巫尪"象征的求雨祭祀仪式，还有大量的"礼神之玉"。其中形态狰狞的玉人头像在用途上显然与傩仪有关，很可能是别出心裁的一种类似于魌头的象征。形态的多样化与古代蜀人丰富的想象力是密不可分的，这也是三星堆与金沙遗址在人物造型和图像纹饰方面的共同特色。三星堆出土的九件青铜兽面在形态上就绝不雷同，金沙遗址玉人头像显然也在追求一种与众不同的效果，这些都可谓是古代蜀人充满活力的注重独创性的表现。

　　值得注意的是，在其他地区的商周时期遗址或墓葬中也发现有一些小型玉雕兽面饰，它们皆通体呈薄片状，形态多样，都具有狰狞可怖的特点。如河南安阳殷墟出土有一件面孔呈饕餮状的兽面形玉雕饰[1]，江西新干大洋洲商墓出土有一件"玉鬼面"[2]，山东滕州前掌大商墓出土有三件形态各异的兽面形玉雕饰[3]，陕西沣西西周墓也出土有一件兽面玉雕饰[4]。见于馆藏的有天津博物馆收藏的一件兽面形玉雕饰[5]。此外还有早年由我国出土而流失国外，被美英等国的博物馆、美术馆、研究机构所收藏的多件此类兽面玉雕饰[6]。这些玉雕饰，尺寸大都只有数厘米，形态特征皆为龇牙咧嘴，獠牙外露，头长双角或戴冕冠状头饰，双耳上部异化成怪异的肉翅状，耳垂有穿孔，双眼瞪视，眼球圆凸，整体造型无一例外均以狰狞可怖的、人兽糅和的奇异形象来展现神秘的意蕴。关于这些玉雕饰的用途，有的认为可能是化装后的巫师

①　中国社会科学院考古研究所安阳发掘队《1975年安阳殷墟的新发现》，《考古》1976年第4期。

②　江西省文物考古研究所等《江西新干大洋洲商墓发掘简报》，《文物》1991年第10期。

③　中国社会科学院考古研究所山东工作队《滕州前掌大商代墓葬》，《考古学报》1992年第3期。

④　中国社会科学院考古研究所丰镐工作队《1984—1985年沣西西周遗址、墓葬发掘报告》，《考古》1987年第1期。汪海宁《兽面形玉饰》，梁白泉主编《国宝大观》，上海文化出版社1990年8月第一版，第27～28页。

⑤　范汝森《商周时代的几件玉雕》，《文物》1959年第7期。

⑥　张长寿《记沣西新发现的兽面玉饰》，《考古》1987年第5期。

殷墟晚期出土的青铜人面龙身盉

形象，有的认为是鬼神的象征。尽管看法不一，但有一点则是肯定的，那就是它们都与当时的巫术崇尚有着密切的关系。它们既是墓主人借以通灵的物品，同时也起驱厉避邪的作用。据此推测，它们很可能是当时举行葬礼与傩仪祭祀后的遗存。

这些兽面玉雕饰的发现，说明商周时期制作使用这类特殊玉制品是较为常见的现象。它们都是巫风昌盛、傩仪盛行的产物。它们与面具不同，也并非方相氏"黄金四目"的象征，很可能就是玉制的"颛头"。金沙遗址出土的玉人头像与之相比，在造型风格上略有不同，显示出了不同的地域文明特色；但在五官上也有不少相似之处，比如前宽后窄的大眼眶、凸起的圆眼珠、穿孔的耳垂、龇牙咧嘴的狰狞之态等。此外尺寸大小也比较相近。由此看来，金沙遗址出土的这件玉人头像很可能也是一种小型玉雕饰，而不是器物的附件，其完整的造型应有颈部，现已残断。总而言之，它应是古蜀族傩仪祭祀活动中的使用之物，推测它为一种独特的类似于魌头的象征应该是成立的。这件小巧精致的珍贵遗存，不仅有很高的鉴赏价值，也是我们探析商周时期古蜀社会生活情形的一件重要实物资料。对研究古蜀族的崇巫习俗、祭祀活动、审美观念、艺术特色等都有非常重要的意义。

三、异彩纷呈的玉器

　　金沙遗址出土的玉器数量众多，类型也非常丰富，可谓异彩纷呈，其中有些精美别致的器物更是令人惊叹。现在就让我们选择一些已经公布的玉器中富有特色的精美之作，对它们的风格特点和内涵用途，做一番鉴赏和探讨。

金沙遗址出土的玉兽面纹斧形器

　　我们在前面曾提到金沙遗址出土的玉兽面纹斧形器，这确实是一件很有特色的器物。其尺寸为长22.49厘米，宽9.61～11.49厘米，厚1.71厘米，重872克。经鉴定，这件形器的质地为透闪石软石，其色泽以灰白色为主，夹杂有其他多种颜色（如酱黄、灰黑、深褐、暗褐等）沁斑。出土时这件器物基本完好，仅刃部一侧有少许残断，顶端与身部两侧略有损伤痕迹。该器的形制为左右对称的梯形，顶端部近似钝三角形，身部呈上窄下宽状，刃部做弧形，具有风格别致、制作精细、打磨光洁的特点。从质地看，考古工作者认为这件斧形器的玉材属于四川西部汶川一带的龙溪玉，应为商周时期本地蜀人制作，推测其年代可能为西周早期[1]。特别值得注意的是这件玉斧形器的两面均雕刻有对称的纹饰，这也是金沙遗址出土的五百多件玉器中

---

[1]　张擎《玉兽面纹斧形器》，《金沙淘珍》，文物出版社2002年4月第一版，第121～125页。

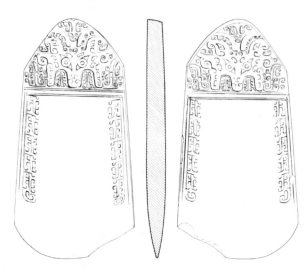

金沙遗址出土的玉兽面纹斧形器线描图

除了青玉长琮和玉人头像之外唯一雕刻有兽面纹饰的一件玉器。在工艺技巧上，制作者采用了浅浮雕和阴线刻画等手法，运用得十分娴熟，取得了生动的效果。其两面的图案均由多种纹饰组合构成。顶部为奇特的兽面纹，双目圆睁做瞠视状，头角峥嵘，张牙露齿，头上有夸张的弯角与外卷的尖耳，两侧为变形手法表现的夔龙纹，空白处有简洁的卷云纹和云雷纹。在兽面纹之下有两条平行横线，通常称之为弦纹，将顶部与身部的图案纹饰分成了两个单元。其下边的图案主要由身部两侧的纹饰来表现，采用两条平行阴线形成"冂"字形的边栏，紧贴两条边栏内侧分别刻有五组对称的卷云纹。"冂"字形之内至下边刃部为光洁的素面，犹如画面中的留白。顶部兽面纹的复杂与身部"冂"字形边栏纹饰的简洁相互映衬，将粗犷与细腻的特点糅于一体，构思极为巧妙。从观赏的角度来看，整个纹饰画面充满了丰富的想象力，夸张的兽面给人以狰狞威严之感，奇异的边栏与广阔的留白则使人顿生丰富的联想，画面中对称流畅的线条纹饰更是洋溢着刚柔之美，展示出一种邈远的意蕴。

商代后期大理石雕上的双兽纹（河南安阳侯家庄西北岗出土，今在台湾）

　　古代蜀人在玉器上雕刻图像纹饰并不多见，只有三星堆玉璋图案、金沙遗址玉人头像等，通常都有特殊的寓意，是祭祀仪式中极为重要的法器或"礼神之玉"。这件玉兽面纹斧形器可能也是古蜀族巫师在祭祀活动中使用之物，并非日常生活中的用具。通过鉴赏我们不难发现，古代蜀人在制作这件玉器时可谓独具匠心，从奇特的器形到神奇的图案，显然都赋予了特殊的象征含义。从图像纹饰来看，画面中最引人注目的首先是兽面纹。对这类纹

三星堆遗址出土的残断的玉柄形饰

饰我们在前面的章节中已经做过一些探析，它们大都是一些夸张的或幻想中的动物头部形态，皆以突出狰狞之美为主要特征，往往蕴含着远古的神话意象，并与当时人们的崇巫习俗和通灵观念有着密切的关系。兽面纹通常还作为巫术神秘力量的反映，或作为崇尚的象征，或借以表达与神灵世界的某种特殊联系。在用途上，兽面纹除了装饰器物，更多的则是为了表达神秘的意蕴，因而被着重使用于祭祀仪式、傩仪活动以及丧葬中的驱厉逐疫等。总之，兽面纹有着非常丰富的含义，并常常和一些特殊的使用方式联系在一起。学者们根据考古资料通常认为兽面纹是二里岗文化时期至殷墟和西周早期比较盛行的一种主要纹饰。商代早期一些青铜容器上已较多地出现了兽面纹，到商周之际已演化为一种流行时尚。商周时期在玉器上雕刻兽面纹也是一种较为多见的现象，其中尤以小型兽面形玉雕饰居多，大都出土于商代或西周墓葬，可能是墓主人借以通灵的物品，或是起驱厉避邪作用的玉"魌头"。金沙遗址出土的这件玉兽面纹斧形器与那些小型兽面玉雕饰相比较，尺寸要大得多，形制也有较大的差异，在图像纹饰方面也显示出一些不同的含义。而与三星堆玉璋图案在内涵和用途方面却有较多的相似之处。三星堆遗址出土的一件残断的玉柄形饰，上面也刻有兽面纹，与金沙遗址玉兽面纹斧形器的画面构图也很相似，在寓意上也有较为明显的一致性。

这件玉兽面纹斧形器图像画面中最与众不同的便是"冂"字形边栏纹

饰，它以最简洁的方式来表达复杂的用意，确实是非常绝妙的一种创举。整个图像画面显得极其神奇，同时又给人以一目了然之感，表现的不就是天门敞开的象征意味吗？我们很容易联想到汉代扬雄《蜀王本纪》中的记述："李冰以秦时为蜀守，谓汶山为天彭阙，号曰天彭门，云亡者悉过其中，鬼神精灵数见。"[①]《华阳国志·蜀志》对此也有记载，并记述了专门的祭祀："李冰为蜀守，冰能知天文地理，谓汶山为天彭门，乃至湔氐县，见两山对如阙，因号天彭阙。仿佛若见神，遂从水上立祀三所，祭用三牲，珪璧沈濆。汉兴，数使使者祭之。"这种天门或天阙的传说，其实早在李冰之前就有了。《山海经·大荒西经》中即有"天门，日月所入"之说，《楚辞·九歌》则有"广开兮天门"的奇异想象。《淮南子·原道训》亦有"经纪山川，蹈腾昆仑，排阊阖，沦天门"的说法。通过这些记载可知，在古人的想象与观念中，天门即为群神之阙，是进入天国的入口。从出土资料看，三星堆玉璋图案就对殷商时期古代蜀人的神山祭祀和天门观念做了生动精彩的描绘。我们在前面的章节中已经介经过，三星堆玉璋图案中着力表现的人物山川以及插璋祭山的情景。我们知道，古蜀族是兴起于岷江上游的一个古老氏族，在蚕丛、柏灌、鱼凫之后才走出岷山栖居于成都平原。在古代蜀人的心目中，蜀山（即岷山）是祖先起源的圣地，也就成了崇拜和祭祀的神山，同时也是人死亡后灵魂的归宿，是通往天界的灵山。玉璋图案上边画面中两座神山之间刻画了悬空的 ᗗᗡ 形符号，曾有学者认为是"一船形物悬于空中，似作升腾状"，"似可释为船和船上站立的人"，"民族学的资料中，亦有将舟船作为运载死者灵魂的交通工具"，"反映了蜀人把蜀山看成是自己祖先图腾起源的圣地，死后灵魂又必须回到祖先图腾起源的圣地去的宗教观念"[②]。结论很有道理，但将 ᗗᗡ 形符号解释为船上有人则未免牵强。结合

---

① 《全汉文》卷五十三，《全上古三代秦汉三国六朝文》第一册，中华书局1958年12月第一版，第415页。

② 陈德安《浅释三星堆二号祭祀坑出十的"边璋"图案》，《南方民族考古》第三辑，四川科学技术出版社1991年12月第一版，第87～88页。

四川简阳鬼头山东汉崖墓出土石棺画像上的"天门"双阙

文献所述与图案内涵做深入探讨，可知刻画的其实是天门的象征，反映的是一种比较原始和质朴的古蜀早期魂归天门的观念。在古代蜀人绚丽多彩的精神世界里，魂归天门是一项非常重要的主题观念，曾对后世和整个南方文化系统都产生过深远的影响。1988年1月在简阳鬼头山东汉崖墓出土的3号石棺画像，画面中双阙上方镌刻有醒目的"天门"二字，20世纪80年代在巫山东汉墓出土的7件鎏金铜牌饰件双阙图案上，也有双钩笔法刻出的隶书"天门"二字，都说明了古代蜀人魂归天门观念在巴蜀地区的长期流传与演化发展。此外，长沙马王堆西汉墓葬出土的彩绘帛画同样表达了"引魂升天"迎送墓

巫山汉墓出土的鎏金铜牌饰

主人升入天门的主题观念，揭示了古蜀文化对楚文化的影响，说明古蜀魂归天门观念由岷江流域往长江中游地区的传播可能早在春秋战国之前就开始了，到汉代已成为具有南方文化系统特色的一种共同的信仰。

　　将这些作为参照来看金沙遗址玉兽面纹斧形器上神奇的图案，显而易见它表现的正是古蜀族的天门观念，而且表现得如此简洁明快。如果说三星堆玉璋图案是对神山祭祀与魂归天门观念的生动描绘，那么金沙遗址玉兽面纹斧形器图案则对天门观念做了更为精妙的刻画。那"门"字形边栏纹饰与画面中的大片留白，作为天门敞开的象征，暗喻着灵魂进入天门回归祖地的畅通，真可谓巧妙到了极点。天门上面洋溢着狰狞

金沙遗址出土的蝉纹玉璋

之美的兽面纹显然有驱厉避邪的寓意，同时也为古蜀族心目中的天门增添了神秘邈远的意蕴。整个图案不仅贯注了制作者丰富的想象力，而且体现了一种强烈的精神观念与崇尚习俗，为我们研究商周时期古代蜀人天门观念的流行情形又提供了一个绝好的例证。

　　关于这件玉兽面纹斧形器的用途，也是非常值得探讨的一个问题。我们知道，古代一些形制特殊的玉器，既是地位与品德的象征，又是避邪厌胜、驱厉逐疫的灵物，更是重要的"礼神之玉"。从器形看，这件质地华美的兽面纹玉器介于斧形与钺形之间，加上特殊的图像纹饰，表明它可能具有某种权力（比如部族中执掌某种祭祀仪式的权力等）的象征含义，显而易见应是金沙遗址统治阶层在祭祀活动中使用的一件重要礼仪性器物。而从图案内容

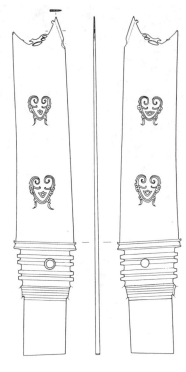

金沙遗址蝉纹玉璋线描图

推测，这件玉兽面纹斧形器很可能同三星堆那件雕刻有图案的玉璋一样，也是古蜀族巫师在祭祀祖先或举行葬礼超度亡魂等仪式中使用的法器。尤其值得重视的是，这件玉兽面纹斧形器上面的图案纹饰对我们了解商周时期古蜀族的精神观念与祭祀活动、研究金沙遗址与中原文化以及同周边区域的关系都具有十分重要的意义。

现在让我们来看一下金沙遗址出土的玉璋。其中一件刻有蝉纹，也是非常有特色的器物。此器为灰白色玉质并有杂色沁斑，经鉴定也为透闪石软玉，器形呈扁薄长条状，通长39.2厘米，宽4.98～7.32厘米，厚0.17～0.66厘米，重301克。出土时断为五段，后经拼接复原，刃部与阑部均有残损。此器制作规整，打磨光滑，形态上与三星堆出土的一些玉璋非常相似，有着鲜明的古蜀特色。考古工作者称此器为"玉双阑鸟锋戈形器"[1]，其实称为玉璋更为恰当。射的顶端为凹弧形刃，镂刻有动物或飞鸟，可惜已残损。三星堆一号坑出土有一件玉璋，顶端也为凹弧形刃并镂刻有立鸟，器形与尺寸都与之相近。值得注意的是，在此器射身中部两面均采用阴线双勾手法，分别刻有对称的两个具有抽象变形意味的蝉纹。这种变形蝉纹与写实的蝉形有较大差异，突出表现了蝉的后半部分，并于蝉纹的两侧与尾端分别勾画了云纹和歧羽纹。这种变形蝉纹看

① 张擎《玉双阑鸟锋戈形器》，《金沙淘珍》，文物出版社2002年4月第一版，第148～151页。

起来颇似人面，两侧的纹饰也有点像挂戴的耳饰，使人很容易产生丰富的联想。在构图布局上也可谓别具匠心，更加突出了图像线条流畅、形态生动、寓意丰富的特点。

　　将蝉纹镂刻于玉器之上可能是古代蜀人比较喜欢的一种装饰手法。例如三星堆一号坑出土的玉璋残断的射身上就镂刻有蝉形图案，与金沙遗址这件玉璋上的蝉纹有异曲同工之妙，在文化内涵上显示出了惊人的一致性。三星堆一号坑出土的一件琥珀坠饰也采用阴线双勾手法，刻有蝉纹，一面为蝉背纹，另一面为蝉腹纹，器呈心状，给人以小巧精美之感[1]。蝉纹在中原地区商周时期的出土器物上也常有发现，大都是青铜容器上的装饰纹样，具有较强的写实性。例如河南安阳殷墟妇好墓出土的一件铜觯颈部就有形态逼真的蝉纹[2]。还有商代的一件夔鼎，三足为鸟形，口缘也饰有逼真的蝉纹，做环绕排列[3]。此外河南安阳殷墟还出土一件商代后期象牙雕制的虺龙蝉纹容器，其腹部也饰有连绵排列的写实蝉纹，该容器后流落海外，现为日本大阪私人收藏[4]。这种变形与写实的风格差异，显示了古蜀文明与殷商文明的不同特点。此外，受到来自商周文化和古蜀文化双重影响的宝鸡弓鱼国墓地出土的铜方鼎足部也饰有抽象变形意味的蝉纹[5]，与三星堆和金沙遗址出土玉器上的蝉纹颇为相似，其器形显然来自中原的传播，而变形蝉纹则明显是接受了蜀人的影响。考古工作者认为，通过这些出土器物上蝉纹的对比，其时代亦可作为重

① 四川省文物考古研究所编《三星堆祭祀坑》，文物出版社1999年4月第一版，第80页、81页、83页、117页、118页、124页文字与图。
② 中国社会科学院考古研究所《殷墟的发现与研究》，科学出版社1994年9月第一版，第87页。
③ 田自秉、吴淑生编《中国工艺美术史图录》上册，上海人民美术出版社1994年12月第一版，第120页图。
④ 史岩编《中国雕塑史图录》第一卷，上海人民美术出版社1983年5月第一版，第49页图五七以及文字说明。
⑤ 卢连成、胡智生《宝鸡弓鱼国墓地》上册，文物出版社1988年10月第一版，第52页，图三九。

三星堆一号坑出土的琥珀坠饰　　　　殷墟出土象牙容器上的蝉纹

要参照，由此推测金沙遗址这件蝉纹玉璋也应为西周早期之物。其实更值得注意的是，这些纹饰资料还向我们透露了商周时期蜀地与中原地区文化交流的一些重要信息，具有很高的研究价值。

　　由于一些特殊的属性，蝉自古以来就十分受人关注，古人曾将其视之为吉祥之物。《淮南子·精神训》中就有"蝉蜕蛇解，游于太清"之说。《金石索》中称古代铜器上雕镂的蝉形纹饰有取"居高饮清"之义。后世还将蝉冠作为显贵的通称，如史书中就有"蝉冕交映，台衮相袭，勒名帝籍，庆流子孙，斯为盛族矣"的说法[1]。由此也可见古人对蝉的尊崇。正如有的学者所说："蝉以其居高食露，有清洁淡雅之态，故自古即为人们所格外喜爱，殷代即有玉石及宝石所雕成的蝉（如殷墟妇好墓所出）作为饰品。周代与汉代皆有蝉形玉，以放在死者口内做随葬品，即所谓玉琀。青铜器纹饰中的蝉纹，皆具共同特征……流行于殷代，至西周早、中期。"[2]从出土资料来看，

① ［唐］姚思廉撰《梁书》卷二十一，第二册，中华书局1973年5月第一版，第335页。

② 朱凤瀚《古代中国青铜器》，南开大学出版社1995年6月第一版，第396页。

"蝉纹盛行于商末周初，以后没有出现过"[1]，这也是大多数学者的共识。可见金沙遗址蝉纹玉璋应为商末周初之物，这对判断金沙遗址的年代也是一个重要依据。从鉴赏和研究的角度推测，古代蜀人采用流畅优美的双勾线条将蝉纹镂刻在玉石器上，一方面生动地表明了对蝉的喜爱崇尚之情，另一方面可能赋予了某种特殊的象征含义，其用意可能是为了充分表达这件玉璋的神奇性与重要性。从用途分析，金沙遗址出土的这件蝉纹玉璋同三星堆出土的同类玉璋一样，应是古蜀族祭祀活动中使用的一种重要的礼仪性玉器。在商周以后的出土器物上，蝉形仍然是古代蜀人喜欢采用的装饰，但已融合了中原的影响，更趋向于写实。

金沙遗址出土的玉璋数量较多，形制特点也较为丰富。其中有不少别具一格的精美之作都值得我们关注。如其中有一件（编号2001CQJC：955）为纯净的墨色玉质，通长42.25厘米，宽4.32～9.18厘米，厚0.36～0.55厘米，重332克，阑部有兽首等较为复杂的装饰，器表打磨得非常光滑，显示了很高的制作工艺水平。根据鉴定，金沙遗址出土玉器中，多色玉的产地可能来源于四川西部汶川一带，纯净墨玉的产地目前还不清楚。考古工作者故而推测这件墨色玉璋有"可能是通过交换、馈赠等方式从其他区域获得的"[2]。但其造型风格与三星堆出土的同类玉璋

金沙遗址出土的墨色玉璋

---

[1]　马承源主编《中国青铜器》，上海古籍出版社1988年7月第一版，第336页。

[2]　张擎、周志清《玉双阑斧形器一》，《金沙淘珍》，文物出版社2002年4月第一版，第108～110页。

金沙遗址出土的多色玉璋

极为相似，均属于古蜀的特有风格，说明虽然玉材的来源可能会有多种途径或来自于不同产地，而器物的制作则仍出于本地蜀人之手。另一件（编号2001CQJC：136）为多色玉质，长67.8厘米，宽6.49～10.44厘米，厚0.49～0.71厘米，重945克，阑部也同样有兽首装饰，但制作工艺不很精细，器表未作打磨，属于体形较大的玉璋，其造型风格与阑部装饰与三星堆一号坑出土玉璋中的一些样式相同，据此推测其制作使用年代可能比同时出土的其他同类玉器略早[①]，也不排除这件玉璋是从三星堆流传过来的可能。此外，金沙遗址清理出土的还有小型玉璋，数量颇多。如其中一件（编号2001CQJC：479）通长仅有5.3厘米，宽1～1.56厘米，厚0.19～0.22厘米，重5克，亦为墨色玉质，制作工艺较为简单，器表满布斜向的磨痕，未做打磨抛光。这类袖珍型的玉璋在三星堆遗址内也有出土，而在其他区域考古学文化中则很少发现，显示出浓郁的古蜀特色，考古工作者认为它们很可能是川西地区青铜文化所特有的一种玉器类型。从用途方面推测，金沙遗址出土的大型玉璋很显然应是礼仪用器，而小型的袖珍玉璋有可能是古代蜀人所崇尚的装饰品，也有

① 张擎《玉双阑斧形器二》，《金沙淘珍》，文物出版社2002年4月第一版，第111～112页。

三星堆一号坑出土的玉璋　　　　　金沙遗址出土的小型玉璋

学者认为可能是明器①。若从金沙遗址出土器物在器型上都偏小的情况来分析，这类小型玉璋的性质仍可能是"礼神之玉"，与古蜀族昌盛的祭祀活动有着密切的关系。

金沙遗址清理出土的玉器中有一批玉璧，也是很有特色的一种器物类型。它们大都为平面圆形，中间为圆孔，而圆孔边缘有凸起的周郭高出璧身，考古工作者因而称之为有领璧形器。根据已经整理公布的材料，其中一件（编号2001CQJC：24）直径11.09厘米，孔径5.7～5.86厘米，璧身厚0.27～0.35厘米，领高出璧身1.36～1.46厘米，重75克。玉质为灰白色与土黄色相融的透闪石软玉，璧身打磨平整，两面均有阴线刻画的三周圆弦纹，并有使用过程中形成的一些不规则磨痕，出土时略有残损，浸染有少量颗粒状

----

① 王永波《耒形端刃器的分类与分期》，《考古学报》1996年第1期。张擎《玉小型斧形器》，《金沙淘珍》，文物出版社2002年4月第一版，第106～107页。

金沙遗址出土的有领玉璧形器之一　　金沙遗址出土的有领玉璧形
器之二（残）

铜锈[1]。另一件（编号2001CQJC：2）出土时已严重残损，直径16.96厘米，孔径6.2～6.42厘米，璧身厚0.35厘米，领高3.57厘米，重169克，因其内孔周廓凸起形成圆筒形高领，所以称之为高领璧形器。在金沙遗址出土的有领璧形器中，以这一件领部最高，其他地区发现的同类器物领高也难以与之相比，显得非常特别。此器质地亦为透闪石软玉，器表受到浸染呈现出深浅不等的红褐色，制作比较考究，内侧与外缘厚薄一致，表面打磨得相当平整，刻有七组清晰的同心圆状弦纹[2]。这几件璧形器都选用优良玉材制作而成，具有器表光洁、形制规整、细致精美的特点，从剖割、钻孔到研磨抛光均显示出了很高的工艺水平。

　　我们知道，古代先民很早就有制作各种玉石器物用于祭祀活动的传统，玉璧和玉琮之类便是最重要的祭祀礼仪用器。《周礼》中就有"以苍璧礼天，以黄琮礼地"的说法，又有将璧琮用以丧葬"疏璧琮以敛尸"的记述。在我国东南地区的良渚文化遗址中就出土了数量可观的玉璧，同时出土的还有大量玉琮，便是这种古老习俗的反映。学者们习惯将玉琮称为良渚文化的

① 朱章义《玉有领璧形器》，《金沙淘珍》，文物出版社2002年4月第一版，第92～93页。
② 孙华《玉高领璧形器》，《金沙淘珍》，文物出版社2002年4月第一版，第94～96页。

典型器物，其实玉璧与良渚先民的关系
也极为密切，而且流行的地域更为广
泛。值得注意的是有领璧形器在黄河中
下游龙山文化遗址曾有发现，到殷商时
期墓葬中出土的这类器物数量大为增
多。如河南安阳殷墟妇好墓、江西新干
大洋洲商墓等都出土了这类有领璧形
器。四川广汉三星堆遗址范围内也出土
了数量较多的这类器物，既有玉质亦有
石质，如1987年在马牧河与鸭子河之间

三星堆二号坑出土的玉璧

台地上一个名叫"仓包包"的地方发现了一个器物坑，出土21件石璧和8件玉
璧形器①。而早在1931年春，当地居民燕道诚淘浚溪底时曾"发现璧形石环数
十，大小不一，叠置如笋"；1934年春，葛维汉与林名均进行考古发掘又获
得破缺小石璧数件。当时有学者认为"广汉土坑出土石璧之数量及堆积均为
其他古代遗址所未闻，形制之大又为古今所罕见"②。1986年发现的三星堆一
号坑出土3件玉璧形器，二号坑出土10件玉璧形器③。需要指出的是，"仓包
包"出土的玉石类璧形器属于无领类，三星堆一号坑、二号坑出土的则全为
有领璧形器，与金沙遗址出土的有领璧形器风格一致。有学者认为这种形制
上的差异可能与年代早晚有关，因为"仓包包"器物坑的年代根据地层关系
与遗存类型推测要早于三星堆一号坑与二号坑。也有可能是使用者身份地位
的高低所致，"仓包包"器物坑的等级可能较低，而三星堆一号坑与二号坑

① 四川省文物考古研究所三星堆工作站《三星堆遗址真武仓包包祭祀坑调查简报》，
《四川考古报告集》，文物出版社1998年5月第一版，第78～90页。

② 郑德坤《四川古代文化史》，华西大学博物馆印行，1946年（民国三十五年七月）出
版，第31～34页。

③ 四川省文物考古研究所编《三星堆祭祀坑》，文物出版社1999年4月第一版，第82～86
页，第367～377页。

出土的显然是古蜀王国最高统治阶层使用的器物①。这种推测有一定的道理。

这类器物在其他地区也多有出土，流传甚广。例如在时间较晚的云南晋宁石寨山墓地和江川李家山墓葬中就出土有这类有领璧形器②，在湖南长沙西汉墓葬以及在广东与越南等地也有发现。有学者认为，玉璧在我国先秦时期曾有祭玉和瑞玉之分，至汉代用玉璧随葬已成为比较普通的现象，云南滇国的玉璧很可能来自我国内地。他们还认为玉璧在古代为佩饰，《盐铁论·散不足篇》曰"长裾交袆，璧瑞簪珥"，说的就是用玉璧做装饰品③。关于这类有领璧形器的用途，曾发现在云南石寨山文化墓葬和东南亚一些青铜文化墓葬中有将其戴在死者手上的现象④，有学者因而推断这种器物是一种臂钏，是古代上层社会常用的装饰品⑤。考古工作者借鉴这一观点，认为金沙遗址出土的这种有领璧形器亦有可能是一种特殊的手镯⑥。也有学者并不完全赞同这一见解，认为作为臂钏或手镯只是部分此类器物的用途之一，比如大孔窄边者就可以戴用，而有的轮边甚宽穿孔较小就不适宜也不可能戴在手臂上，可知臂钏之说并不能适用于全部的有领璧形器⑦。从三星堆出土的大量青铜雕像造型看，也没发现手臂上戴用这类有领璧形器的迹象。金沙遗址出土的小型铜立像手腕部略有凸起，好似挽起的袖口，又像戴有筒形饰物，但也绝非有领

① 孙华《玉高领璧形器》，《金沙淘珍》，文物出版社2002年4月第一版，第96页。

② 云南省博物馆《云南晋宁石寨山古墓群发掘报告》，文物出版社1959年出版，第120~123页，图版壹壹贰。云南省博物馆《云南江川李家山古墓群发掘报告》，《考古学报》1975年第2期。

③ 张增祺《滇国与滇文化》，云南美术出版社1997年10月第一版，第123页、143页。

④ ［日］吉开将人《论"T字玉环"》，载《南中国及邻近地区古文化研究》，香港中文大学1994年出版，第255~268页。

⑤ 冯汉骥、童恩正《记广汉出土的玉石器》，载《文物》1979年第2期，又载于《四川大学学报》1979年第1期；收入《广汉三星堆遗址资料选编》（一），广汉市文化局编印1988年5月出版，第87页。又收入《童恩正文集·古代的巴蜀》，重庆出版社1998年12月第一版。

⑥ 朱章义《玉有领璧形器》，《金沙淘珍》，文物出版社2002年4月第一版，第93页。

⑦ 孙华《玉高领璧形器》，《金沙淘珍》，文物出版社2002年4月第一版，第96页。

璧形器的形状。在金沙遗址发掘揭示的墓葬中也未见死者手臂戴用此类器物的情况。由此可知，三星堆与金沙遗址出土的大量玉石类璧形器，其用途仍属于典型的"礼神之玉"，应与古代蜀人昌盛的祭祀活动有关。

金沙遗址出土的四出有领玉璧形器

值得特别提到的是，金沙遗址还出土了一件形制独特的四出有领玉璧形器（编号2001CQJC：11），直径26.4厘米，孔径5.3～5.5厘米，环面厚0.7～0.82厘米，领高2.37厘米，重1144克。此器质地亦为透闪石软玉，由于浸染，器表在灰白色中杂有大量的褐斑、黄斑和黑斑，在制作工艺上十分细致，经过打磨抛光，通体给人以光滑平整之感。出土时遭到机械施工破坏，断为数块，后经拼接复原[1]。此器与常见的有领璧形器相比，最大的独特之处在于其外缘有四组凸齿向外凸起，做等距排列。每组凸齿皆由五个齿组成，在其中一组凸齿下面的边轮上有一个直径0.9厘米的小圆孔。有领璧形器在先秦时期各地的出土器物中较为多见，但外缘有凸齿的有领璧形器则较为罕见。根据夏鼐先生的分类定名[2]，学者们通常将这类玉器称为牙璧。从考古资料看，此类牙璧在大汶口文化与龙山文化遗址中即有发现，在商周时期的一些遗址和墓葬中也有出土。例如陕西神木石峁出土有周缘作椭圆形的四牙璧[3]，河南安阳小屯墓

① 王方《玉四出有领璧形器》，《金沙淘珍》，文物出版社2002年4月第一版，第97～99页。
② 夏鼐《商代玉器的分类、定名和用途》，《考古》1983年第5期。
③ 《中国玉器全集》（一），河北美术出版社1993年出版，第230页，图版四二。

地与殷墟妇好墓以及山东滕县等处出土有三牙璧[①]等。总的来说，各地出土的牙璧数量较少，而且这些牙璧实物与外缘有凸齿的有领璧形器在形制上也有明显的差别。金沙遗址出土的这件别具一格的四出有领璧形器，既不同于其他地区出土的牙璧，在三星堆考古发掘中也未见有同类器物，可谓是首次发现。从造型风格方面推测，这种较为罕见的器型很显然应是金沙遗址古蜀族玉器制作者的一种独创，具有浓郁的地域文化特色。分析其用途，这件体形硕大、制作精美、样式独特的四出有领璧形器很可能是供金沙遗址统治阶层使用的别具匠心的一种礼仪用器。其边轮上的小圆孔可做系挂、携带之用，这也透露了使用者对此器的珍爱与重视。此外，其四组凸齿的等距排列方式，每组凸齿的五齿数目，可能也是有意为之，含有一定的寓意，应与古代蜀人的审美习惯（喜欢构图上的均衡对称）和某些崇尚意识（如尚五观念[②]）有关。

金沙遗址出土的玉剑鞘

金沙遗址出土的玉剑鞘也是非常独特的一件器物。此器长30厘米，宽10.78～19厘米，厚0.3～0.65厘米，重506克。质地亦为透闪石软玉，表面为灰白色，有大量黄褐色沁斑，内外通体磨光，在制作工艺上显示出了相当高的水平。其形制为上大下小，两端切割齐整，两侧有凸边，向内卷曲，形成卡槽。器壁较薄，背面平整，刻有阴线边栏纹饰。正面有四道竖直凸棱，形成五道上宽下窄的浅凹槽。两侧边上与壁身钻有多处小孔，可能是作为穿系之用。因此器整体上

---

① 安志敏《牙璧试析》，载邓聪主编《东亚玉器》第一册，香港御印堂1998年出版，第37～44页。

② 段渝《政治结构与文化模式——巴蜀古代文明研究》第五章第四节《尚五观念的起源和传承》，学林出版社1999年12月第一版，第195～203页。

呈梯形，所以考古工作者称其为梯形器。但从形制看，此器很像是盛装五柄玉石短剑的玉剑鞘，每道凹槽的宽度也恰好与出土的柳叶形玉剑相吻合[①]。推测其使用方式可能是在它外面缝上皮革，然后供悬挂盛装玉剑。根据其形态与功能，称这件玉器为玉剑鞘可能更恰当一些。将多柄短剑放在一个剑鞘内可能是古代蜀人的一种习惯，也可能与使用者的特殊身份有关。1980年发现的四川新都马家乡战国木椁墓中出土铜剑十件，分为巴蜀式剑五件一套、中原式剑五件一套，还出土铜刀五件一套[②]，便揭示了古蜀国贵族阶层有将五剑组成一套使用的情形。此外，峨眉符溪、成都罗家碾等地的战国时期墓葬中，曾出土青铜制成（上面可能蒙有皮革）的

成都战国墓葬出土的铜双鞘剑

双剑鞘[③]，其墓主人的身份大都是一般的权贵者。说明金沙遗址出土的这件可放五柄柳叶形玉石短剑的玉剑鞘等级很高，可能是商周时期金沙遗址统治者使用的器物。其显然不是用于征战，而具有显著的礼器性质，仍与古蜀族的祭祀活动有关。

　　金沙遗址出土的玉器中还有数量较多的玉戈及玉矛之类，大都制作精

---

① 张擎、朱章义、王方《金沙村遗址出土玉器》，《金沙淘珍》第76页；孙华《玉梯形器》，《金沙淘珍》第154～157页，文物出版社2002年4月第一版。

② 四川省博物馆、新都县文物管理所《四川新都战国木椁墓》，《文物》1981年第6期，第8页。

③ 童恩正《我国西南地区青铜剑的研究》，《考古学报》1977年第2期。《童恩正文集·南方文明》，重庆出版社1998年12月第一版，第357～358页。

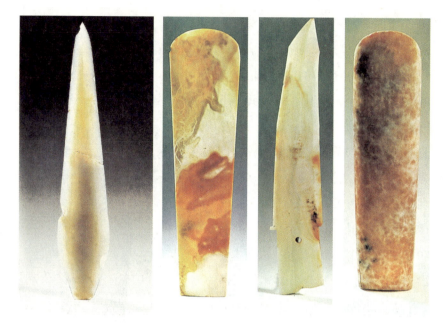

金沙遗址出土的玉矛　　　　　　金沙遗址出土的玉锛、玉戈、玉凿

美，样式考究，保存完好，在形制与纹饰上具有鲜明的古蜀特色。有学者认为三星堆出土的戈矛都不是实战武器，而是祭祀仪式舞蹈时用的器械，既有青铜舞戈，又有玉石舞戈。在宝鸡强国墓地出土的舞戈（亦称"明戈"）数量也大大超过战戈①，说明这在商周时期不是一种孤立的现象。金沙遗址出土的玉戈玉矛之类均体薄易折，显然也不是实用武器，而是古蜀族的仪仗用具②，专用于各种礼仪活动，也可能是在祭祀仪式舞蹈中使用的舞戈。此外，在金沙遗址出土的玉器中还有较多的锛形器和凿形器，它们造型各异，工艺精细。考古工作者认为它们同样具有礼器的功用性质，其用途应与当时的祭

① 林向《蜀盾考》，《四川文物》1992年"三星堆古蜀文化研究专辑"，第23页。林向《巴蜀文化新论》，成都出版社1995年10月第一版，第160页。
② 参见王方《玉弧刃戈形器》，《金沙淘珍》，文物出版社2002年4月第一版，第142页。

祀、礼仪活动相关联，可能是古代蜀人的一种特殊礼器①。这类器物在三星堆也出土较多，说明曾被古蜀族广泛使用。若从这些器物特殊的质地形制和数量众多这一现象分析，似乎并不能排除它们的实用性，除了祭祀与礼仪活动，它们也可能被用于日常生活之中。

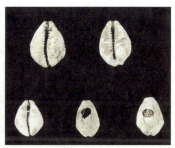

三星堆出土的海贝

值得注意的是金沙遗址还出土了一些装饰性质的玉器，比如玉贝形饰便是一件精美的玉饰器。玉贝长3.24厘米，宽2.7厘米，厚0.2～0.63厘米，重8克，是依照天然海贝制作的一件玉雕佩饰，在顶端有穿系用的小孔。制作者选用质地细腻的青白玉，经过仿真雕琢，打磨抛光，达到了生动逼真的效果，显示了相当精湛的工艺水平②。三星堆一号坑出土海贝62枚，二号坑出土海贝约4600枚，经鉴定有环纹贝、虎斑纹贝、货贝等③，说明商周时期古代蜀人通过文化交流与经济往来已经获得了大量来自沿海地区和中原地区的海贝，是研究古蜀王国与外界密切往来的珍贵资料。三星堆二号坑还出土了数枚依照海贝雕铸的铜贝，上端有并联的环纽与链扣串接在一起，透露了古

① 朱章义《玉短体锛形器二》、王方《玉长体锛形器一》、王方《玉短体凿形器》、张擎《玉长体凿形器一》，《金沙淘珍》，文物出版社2002年4月第一版，第129页、132页、136页、138页。

② 王方《玉贝形饰》，《金沙淘珍》，文物出版社2002年4月第一版，第158～159页。

③ 四川省文物考古研究所编《三星堆祭祀坑》，文物出版社2002年4月第一版，第150页、153页图版五四，第419页、423页图版一七〇，第310页、315页、318页图版一一九。

金沙遗址出土的精美玉贝

代蜀人对海贝这种来自异域之物的重视和喜爱。从出土资料来看，三星堆二号坑的铜贝体形较大，数量很少，数千枚海贝皆放置于祭祀用的铜尊铜罍之中，一号坑的海贝则放在铜头像内与龙虎尊内，可知它们是作为献祭的物品，主要用于祭祀活动。金沙遗址出土的这件玉贝，其生动逼真的形态充分说明了制作者对海贝的熟悉，同时也体现了对这种异域之物的喜爱之情。玉贝顶端穿系用的小孔，显然是为了便于携带，说明这件精美的玉雕很可能是金沙遗址统治阶层使用的珍贵佩饰。这也是金沙遗址玉贝与三星堆铜贝在用途上较为明显的不同之处。类似的出土实例在其他地区也偶有发现，如河南新郑亦出土有一件西周时期的玉贝形饰，同样为佩饰，但制作较为简陋[1]。相比而言，金沙遗址这件玉贝确实堪称商周时期同类玉雕饰品中的典范之作，具有很高的鉴赏研究价值。

三星堆出土的铜贝

---

① 《中国玉器全集》（二），河北美术出版社1994年出版，第318页，图版二九七。

还有金沙遗址出土的玉牌形饰也是很有特色的一件饰物。此器长14.84厘米，宽6.29厘米，厚0.76~0.98厘米，重213克，平面为椭圆形，两端有尖突，两面均雕刻有对称规整的轮廓线，制作比较精致，给人以光滑润泽之感。但器表受沁现象较为明显，可见多种杂色沁斑，并有风化现象，出土时局部粘连有铜器锈蚀残片。考古工作者认为这种玉牌形器较为少见，在成都平原考古出土资料中是新发现的一种玉器种类。根据出土时这件玉牌形饰与铜器粘连在一起的现象，初步推测其用途为佩饰或某大型器物的装饰性部件。[1]由于没有同类出土实物可做比较，加之遗存的真实情形遭到施工机械破坏，我们认识这件玉牌形饰有一定的困难。有学者将这件椭圆形玉牌形器两端的尖突同三星堆二号坑出土兽面A型、B型眼睛形态相比较，认为这件玉牌形器最可能是"眼睛"，并将其称之为"玉眼形器"[2]。这个看法或许有一定的道理，但也有一些明显的疑问。比如形态方面的疑问，三星堆出土的大量铜眼泡以

金沙遗址出土的玉牌形饰（正面与背面）

---

① 李明斌《玉牌形器》，《金沙淘珍》，文物出版社2002年4月第一版，第160页、161页。
② 高大伦《成都金沙商周遗址出土"玉眼形器"的初步研究》，《四川文物》2002年第2期，第22~24页。

及人物鸟兽的眼部造型大都为圆凸状，青铜兽面A型与B型的双眼为方形略带弧形，与这件椭圆形玉牌形器在形态上的差异是很明显的，而且这件玉牌形器两面均雕刻有规整的轮廓线，说明它不分正反可以单独使用，可见在用途和含义上与所谓的"眼睛"也有明显的不同。又比如尺寸与材质方面的疑问，这件玉牌形器长约15厘米，以此作为眼睛未免太大了一点。金沙遗址出土的青铜人像与金面具以及玉神人头像均属袖珍型，也反衬了眼睛之说在尺寸上的疑问。而且古人采用玉石雕制人物鸟兽或器物都展示出比较完整的造型，或利用纹饰构成相对完整的图像，绝少有只表现单纯局部形态的。三星堆和金沙遗址出土的玉石类器物基本都是如此，玉神人头像便是最显著的例子。其高仅2.3厘米，宽3.44厘米，五官形态与整个头部造型都雕刻得惟妙惟肖。由此可见，这件玉牌形器是否象征眼睛，疑问很多，值得商榷，还需做更深入的探讨。此外，这件玉牌形器作为某种大型器物装饰性部件的可能性也不大，且不说在同时出土的资料中未见有这种大型器物，其两面都雕刻有相同轮廓线且研磨精美的特点也说明它不是镶贴的附件，而是一件单独使用的玉器。那么它究竟是一种什么性质的玉器呢？仔细观察其尺寸形态，很容易联想到三星堆"仓包包"器物坑出土的三件铜牌饰，它们均长约14厘米，宽近6厘米，呈长方形，转角与下边微弧，在图案中镶嵌有绿松石。考古工作者认为这几件铜牌饰在造型上与二里头遗址出土者相似，可能接受了来自二里头文化的影响，应为古蜀早期青铜文化之物，其性质属于饰品或礼器之类，是祭祀活动后的遗存[1]。金沙遗址玉牌形器与这些铜牌饰尺寸相近，形态相似，是否为古代蜀人仿照这些铜牌饰而加以创意发挥，特地制作的一种玉饰品呢？虽然此亦是一种推测，但这种新的玉器种类是古代蜀人富有独创性的一种体现则是显而易见的。其用途除了作为饰品，与古蜀族的祭祀活动可

---

[1]　四川省文物考古研究所三星堆工作站、广汉市文物管理所《三星堆遗址真武仓包包祭祀坑调查简报》，《四川考古报告集》，文物出版社1998年5月第一版，第80～81页，第87～89页。

三星堆仓包包出土的铜牌饰

能也有一定的关系。在定名上，称其为玉牌形饰还是比较恰当的。

　　此外，金沙遗址还出土了数量较多的玉环形器，大都选用优质玉料经过精致加工制作而成，具有玉质温润、轻巧精美的特点，可能是古蜀族日常生活中戴用的珍贵玉饰，犹如后来所谓的玉镯。有的尺寸较大，推测可戴在手腕上；有的尺寸较小，可能作为佩玉使用[①]。这类玉环形器在红山文化遗址与良渚文化墓葬中已有发现，是较为多见的一种玉饰。金沙遗址出土的这些玉环形器很显然也反映了古蜀社会对这类玉饰的喜好。值得注意的是，三星堆一号坑、二号坑中并未出土这类器物。这似乎也反映了玉环形器并非礼仪性

①　张擎《玉环形器一》、李明斌《玉环形器二》、王方《玉环形器三》，《金沙淘珍》，文物出版社2002年4月第一版，第100～105页。

河南二里头遗址出土的铜牌饰

金沙遗址出土的玉环

用器，而是一种装饰品，同时也透露了金沙遗址与三星堆遗址在当时社会生活习俗方面的一些不同特色。

总而言之，金沙遗址出土的玉器可谓种类繁多，形制精美，琳琅满目。从质地看，制作这些玉器的玉材可能主要是从成都平原西北部的山区开采得来，比如汶川一带就曾是透闪石玉料产地，但也有一些玉料可能来自其他地区。从制作工艺看，制作者已经娴熟地掌握了多种加工技巧，并达到了相当精湛的程度。这些玉器的用途大都为礼神之玉，是与古蜀族祭祀活动有关的礼仪性用器，其中也有一些玉雕佩饰或玉饰件，但数量较少。它们不仅反映了当时金沙遗址玉器加工业的兴旺情形，也是我们研究商周时期古蜀族社会生活、祭祀礼仪、崇尚习俗和精神观念等方面的珍贵资料。特别是器型纹饰展现出极其丰富的内涵，既有浓郁的地域文化特色，又有对外来文化影响的吸纳和包容。由此可见，这些丰富多样的玉器对探析古蜀文明与周边区域的关系也具有非常重要的意义。

古代蜀人
与动物的
关系

第五章

一、象牙的由来

在金沙遗址范围内，经考古发掘和清理出土的大量遗物中，发现了大量的象牙。它们层层堆积，深埋于地下，迄今保存完好，仍呈现出细腻滑润的光泽。最为典型的是"梅苑"东北部发现的象牙堆积坑（在机械施工中遭到严重破坏），从断面观察象牙共分8层平行堆放，最大的象牙长达150厘米，经初步鉴定这些象牙属于亚洲象种。在这个象牙堆积坑内放置在一起的还有大量的玉器和铜器。在附近发掘区内还发现有大片的野猪獠牙、鹿角等。野猪

考古发掘揭示的金沙遗址象牙堆积坑

獠牙经初步鉴定全系野猪的下犬齿，可能并非随意所为，而是经过专门挑选的[①]。这些都是非常耐人寻味的现象。

据参加清理和发掘的考古工作者初步统计，目前在金沙遗址范围内出土的象牙有1000多根，可以用"数以吨计"来形容，数量之多，确实令人惊叹。从四川盆地和周边区域的考古发掘出土资料来看，1986年夏秋之际，在成都平原的腹心地带广汉三星堆也曾出土相当数量的象牙，其中一号坑出土

---

① 朱章义、张擎、王方《成都金沙遗址的发现、发掘与意义》，《四川文物》2002年第2期，第6～7页。《金沙淘珍》，文物出版社2002年4月第一版，第10～11页。

三星堆二号坑出土象牙情景

象牙13根，二号坑出土象牙67根，一般长80～120厘米左右，经鉴定这些象牙
均属于亚洲象种。二号坑同时出土的还有象牙珠120件和一些雕刻有纹饰的象
牙器残片[①]。之前在巫山大溪文化遗址墓葬中也出土有象牙（有的人骨架头
部枕着一支大象牙），并发现有象牙手镯与象牙质的种类相当丰富的装饰品

---

①　四川省文物考古研究所编《三星堆祭祀坑》，文物出版社1999年4月第一版，第150页、
153页图版五四，第413页、417页、421页图版一六八。

等①。在其他地区类似的考古发现也很多，譬如在距今约7000年的河姆渡文化遗址就出土有十分精致的双鸟朝阳象牙雕刻，以及鸟形象牙圆雕等②。距今5500年左右的上海青浦福泉山遗址崧泽文化遗存中发现有戴在人骨手臂上的四件象牙镯③。山东大汶口文化遗址墓葬出土有雕镂精致的多件象牙雕筒、象牙琮、象牙梳等④。河南安阳殷墟也出土有较多的象牙制品，特别是妇好墓出土的三件象牙杯，雕刻有瑰丽复杂的纹饰，是少见的精美之作⑤。这些出土文物说明，从新石器时代到殷商时期的遗址和墓葬中出土象牙或象牙制品是一种较为常见的现象，分布范围也很广，从黄河流域中原地区到四川盆地和长江中下游东南地区都有发现。总的来说，出土实物数量还是比较少的。像金沙遗址这样一下出土数量如此庞大的象牙，在中国考古史上可谓从未有过的惊人发现，在世界考古史上也堪称罕见的奇观。商周时期栖居于金沙遗址的古蜀族为什么会拥有如此多的象牙？它们来自何方？古代蜀人是如何获得这些象牙的？当时这些象牙究竟有什么用途？为什么又要将它们集中堆积埋藏于深坑之内？诸如此类的种种疑问，都是有待破译的未解之谜。金沙遗址实在有太多令人耳目一新的考古发现，如同那些与众不同、在文化内涵和器形风格上都给人以标新立异之感的诸多出土文物一样，这些数量惊人疑云笼罩的象牙也引起了学者们的极大兴趣，并由此产生了种种猜测和分析。

探讨一下这些象牙的由来，弄清它们的用途，并进而揭示古蜀族的崇尚习俗与当时的社会生活情形，无疑是一件很有意义的事情。让我们还是从三星堆遗址出土的象牙说起吧。先说其用途，关于三星堆一号坑、二号坑出土

① 《四川巫山大溪新石器时代遗址发掘纪略》，《文物》1961年第11期。中国社会科学院考古研究所编《新中国的考古发现和研究》，文物出版社1984年5月第一版，第130页。

② 《河姆渡遗址第一期发掘报告》《河姆渡遗址动植物遗存的鉴定研究》，《考古学报》1978年第1期。

③ 上海市文物管理委员会《青浦福泉山遗址崧泽文化遗存》，《考古学报》1990年第3期。

④ 《大汶口》，文物出版社1974年出版。《新中国的考古发现和研究》，文物出版社1984年5月第一版，第91～94页。

⑤ 《安阳殷墟五号墓的发掘》，《考古学报》1977年第2期。

的象牙，学者们曾做过较多的研究，大都认为应是古蜀王国的祭祀用品。例如大型青铜立人像那握成环形高度夸张的双手，有些学者就认为执掌的很可能便是象牙，是古蜀王国大型祭祀活动中使用的祭献之物。澳大利亚学者巴纳德先生[①]、美国学者贝格勒先生[②]、四川学者段渝先生曾提出过这种看法。关于象牙的使用方式，三星堆出土的玉璋图案中也透露了非常重要的信息。其画面中有悬置于左边神山内侧的粗大的弯尖状物，从形状看同出土象牙实物几乎完全一样，可知刻画的应是象牙，非常形象地说明了古代蜀人有将象牙用于盛大祭祀活动的习俗。依照古文献中的有关记载，古人有很多祭祀形式，《周礼》中有"璋邸射以祀山川"的记述，此外祭山林山泽还要采用埋沉的方式。如《通典》卷四十六就有西周"以血祭祭五岳，以埋沉祭山林山泽，一岁凡四祭"之说，注文说"祭山林曰埋，川泽曰沉。各顺其性之含藏"[③]。可知在西周时期这种祭祀山川的方式已成为一种盛行的礼仪习俗。以此参照三星堆玉璋图案中刻画的古代蜀人祭祀神山的情景，也是大致相符的。但古蜀时代祭祀神山不仅使用玉璋，还悬置象牙，则显示出了礼仪习俗方面的一些差异，具有不同于中原的鲜明的古蜀特色。

由此联系到金沙遗址发现的象牙堆积坑，仔细观察可以注意到它们很有规律地平行放置在一起，层层堆积约有8层，深埋于地下，显然是有意为之。同坑埋藏的还有大量礼仪性玉器和铜器，说明象牙同这些器物很可能都属于祭祀用品。这与三星堆在祭祀活动中使用象牙的性质也是一致的。但挖坑堆积埋藏这种做法，是否属于金沙遗址统治者的一种大型祭祀活动方式？或是由于某种变故或其他原因（比如发生了什么突发事件之类）而特意为之？目前尚难断定。虽然有许多疑问，尚需做深入探析，不过有一点是肯定的，那

① 　［澳］诺埃尔·巴纳德《对广汉埋葬坑青铜器及其他器物之意义的初步认识》（雷雨、罗亚平译），《南方民族考古》第5辑，第30页，四川科学技术出版社1993年12月第一版。
② 　［美］罗伯特·W.贝格勒《四川商城》（雷雨、罗亚平译），《三星堆与巴蜀文化》，巴蜀书社1993年11月第一版，第72页。
③ 　［唐］杜佑《通典》第二册，中华书局，1988年12月第一版，第1279页。

就是商周时期的古蜀王国有着昌盛的祭祀活动，古蜀族将获取的大量象牙用于祭祀活动应是不争的事实。

古代蜀人喜欢将象牙与玉璋之类一起用于大型祭祀活动，特别是作为祭祀神山的祭献之物，可能是一种特有的习俗。三星堆玉璋图案中刻画的正是这种现象。但古代蜀人为什么要将象牙比同于"礼神之玉"？其中奥妙何在？有学者认为这是由于"象牙的色泽、质感与玉相同，在祭祀礼仪场合，将两者配合使用，作为祭祀山川神祇之用品，亦有可能"①。换个角度来看，这与古代蜀人喜欢大象、对获取的象牙怀有特殊的崇敬亲切之情可能也有较大的关系。象是自然界中体型庞大、猛悍聪明、很有灵性的陆生哺乳动物，它自古以来就与人类有比较亲和的关系，加之象牙具有类似于美玉一般的质感和洁白细腻的色泽，因而便成了古人心目中的灵物。在各种祭祀活动大为盛行的古蜀时代，获得大量象牙的古代蜀人将之同玉璋之类的"礼神之玉"一起作为祭献之物，使用于祭祀山川神灵等仪式之中，应该是顺理成章的事情。金沙遗址出土的象牙多达1000根以上，出土的玉器数量也非常惊人，充分反映了当时祭祀活动的昌盛，同时也透露了古蜀族对象牙和玉器强烈的崇尚喜爱之情。显而易见，这些出土的象牙和玉器都与金沙遗址统治阶层频繁举行的祭祀活动有关，这应该是没有多大疑义的。

另一个非常值得注意的情况是中原等地区对象牙的使用现象。从河姆渡文化遗址、大汶口文化遗址，到殷商时期的墓葬之中，都出土了数量不等的象牙制品，说明古代先民很早就有将象牙进行雕刻加工成各种实用之物的习俗。特别是殷墟出土的象牙制品，不仅雕刻精致，而且器形丰富多样。正如有的学者所述："象牙制品在殷代雕刻艺术中占有重要地位，有些作品，精美绝伦，堪称艺术的瑰宝。在殷墟，象牙制品大多数出土于大墓和中型墓中，多为实用之器，应是墓主人生前使用之物。""殷墟的象牙器，不仅造

---

① 陈德安《浅释三星堆二号祭祀坑出土的"边璋"图案》，《南方民族考古》第3辑，第87页，四川科学技术出版社1991年12月第一版。

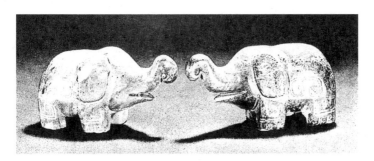

河南安阳殷墟5号墓出土的玉象

型优雅、镂刻精细，且选料精良，用'无与伦比'四字来赞誉它，也不为过。在当时，可能有专门从事象牙雕刻的'工匠'。"[1]商朝的象牙雕刻制品，大都为贵族阶层的实用之器，后来成了死者的随葬品，这是很有道理的看法。但其中有些制品，比如仿青铜礼器的一些器形，以及立雕兽头之类，也可能是殷人在祭祀礼仪中的使用之物。《礼记·玉藻》有"笏，天子以球玉，诸侯以象"的记述，也反映了早在殷商就有将象牙同美玉一样制作成礼仪用器的做法。此外，殷墟出土卜辞中有"宾贞以象侑祖乙"（合集8983）的记载，说明"象"也曾是殷人的祭祀用物。但卜辞所述究竟是以象牙作为祭品，还是以象作为祭祀祖乙的牺牲，尚难判明。徐中舒先生主编的《甲骨文字典》中将"象"解释为兽名，称该字为"大象之形，甲骨文以长鼻巨齿为其特征"，无疑是一种正确的解释。这与《说文》中对"象"的解释也是一致的。江玉祥先生根据古文献中使用象牙制作礼仪用器的记述，认为"合集8983那条卜辞中的'象'很可能是象牙"[2]，这也是很有见地的一种看法。综合文献记载和考古资料来看，将象牙器作为祭品，或将象作为牺牲，这两

---

[1]　中国社会科学院考古研究所编著《殷墟的发现与研究》，科学出版社1994年9月第一版，第395页、398页。

[2]　江玉祥《广汉三星堆遗址出土的象牙》，《三星堆与巴蜀文化》，巴蜀书社1993年11月第一版，第201页。

种情形在殷商王朝显然都存在。根据公布的考古资料，殷墟曾先后发现过两座象坑，一座坑内埋有一头象和一个象奴[1]，另一座坑内埋有一头幼象和一只猪[2]。坑内所埋之象，即是殷人将象作为牺牲的一种印证。殷墟妇好墓中出土有两件玉象，形态生动，颇似幼象，可能是墓主人生前的赏玩之物，死后成了陪葬品，也可能是牺牲的象征。这些出土的实物资料，对我们探讨金沙遗址象牙的由来和用途无疑是非常重要的参照。

从三星堆和金沙遗址的出土实物来看，三星堆二号坑除了出土67根象牙，还发现象牙珠120颗和象牙器残片4件，象牙器残片上雕刻有兽面纹和云雷纹等纹饰，象牙珠为中有穿孔的长鼓形和算珠形。金沙遗址也发现有切成饼形的象牙片，显然也是为了加工雕刻象牙制品用的。这些发现说明古代蜀人同样有使用象牙制作礼仪用器或佩饰用品的习俗。但相比之下，象牙制品的数量很少，更多的则是未经加工的大量象牙，这说明古代蜀人可能更喜欢和习惯于直接将象牙用在祭祀活动之中。此外，成都平原和四川盆地境内迄今尚未发现有像殷墟那样将象作为牺牲埋入坑中的现象。这些都揭示了古代蜀人与中原地区在使用象牙方面既有相似之处，又有许多不同的特点，反映了两地在祭祀礼仪和传统习俗方面的一些明显差异。至于古代蜀人在祭祀活动中如何使用象牙，推测其祭祀形式，可能有供奉、献祭、插埋等多种方式，也不排除古蜀族有将象牙作为陪葬品的可能，此外还可能有厌胜的作用。关于古代蜀人祭祀的对象，则是相当广泛的。从文献记载和考古发现的信息来看，至少有祭祀天地、祭祀太阳、祭祀祖先、祭祀山川河流、祭祀神灵鬼怪、祭祀部族图腾、祭祀死者亡灵，以及暴巫尪求雨、驱厉逐疫等，可知古代蜀人的祭祀活动有着多种多样的形式和异常丰富的内涵。古代蜀人在举行各种不同的祭祀活动时，可能会使用一些不同的法器与祭献之物。三星

---

① 胡厚宣《殷墟发掘》，学习生活出版社1955年出版，第89页。
② 王宇信、杨宝成《殷墟象坑和"殷人服象"的再探讨》，《甲骨探史录》，三联书店1982年出版，第467页。《安阳武官村北地商代祭祀坑的发掘》，《考古》1987年第12期。

堆玉璋图案告诉我们，象牙主要是被用于祭祀神山之类的活动中。值得提到的是，金沙遗址也出土一件刻画有图像纹饰的玉璋残件，画面为上下两图，可以清楚地看到一人侧跪，肩扛弯曲的象牙[①]。该图像描绘的可能是古蜀族在祭祀活动中祭献象牙的真实情景，虽然祭祀的具体内容尚不清楚，却生动地展示了对象牙的特殊崇奉。这件玉璋残件上的画面，与三星堆玉璋图案也起了相互印证的作用，无论是从鉴赏还是研究的角度来说，都是极为珍贵的图像资料。

现在让我们来探讨一下这些象牙的由来。金沙遗址出土的大量象牙究竟来自何处，确实是个费人猜思的问题。过去不少学者认为三星堆出土的象牙与海贝很可能都来自异域，是通过远程贸易和文化交流而获得的[②]。我以前在有些著述中也认为，三星堆遗址出土的大量象牙并非本地所产，同海贝一样属于珍贵的舶来品，可能来自滇缅和南亚印度等地[③]。最近，金沙遗址出土了数量更为庞大的象牙，因而这些象牙的来源问题不能不引起我们新的审视和思考。经过初步鉴定，金沙遗址出土的象牙与三星堆出土的象牙一样，都属于亚洲象种。我们知道，亚洲象仅雄象有门齿（象牙），每头雄象两根门齿（象牙），1000多根象牙应取自500多头雄象。从象牙的长度来看很多是成年大象，那将是数量非常惊人的一个庞大象群。重达数吨的1000多根象牙，若来自遥远的异域，获取和运输似乎都是比较大的问题。那么，商周时期四川盆地是否有过象群的出没？那时林木茂盛水草丰茂的成都平原会不会是大批象群的重要活动栖息之地呢？金沙遗址这些数量惊人的象牙是否就是古代蜀人在当地出没的象群中获取的呢？由于没有发现象坑，也没有出土象的遗

---

①　成都文物考古所编著《再现辉煌的古蜀王都》，四川人民出版社2005年5月第一版，第66页。

②　霍巍《广汉三星堆青铜文化与古代西亚文明》，《四川文物》1989年"广汉三星堆遗址研究专辑"，第43页。周群华《从考古和文献资料看巴蜀文化的内聚和外衍》，《四川文物》1993年第1期，第9页。

③　黄剑华《天门》，四川人民出版社2001年8月第一版，第168页。

骸，目前这只能是一种猜测。但从各种文献记载和考古资料透露的信息来看，当地存在过象群有很大的可能性。

在《吕氏春秋·古乐篇》中有"商人服象，为虐于东夷，周公遂以师逐之，至于江南"的记述，这是一条大家都熟悉的史料。学者们通常认为"服象"是说驾御大象用以作战之意。关于"商人"却有较多的争论，有的认为商人即为殷人，有的则认为商人应为南人，或为南蛮之人，所以才有周公派兵逐之远去的说法[①]。但殷人服象很可能是确实有过的一种历史状况。从考古资料看，殷墟出土的甲骨文中屡见象字，并有"获象""来象"之文。甲骨文中的"象"字，以长鼻巨齿为其特征，说明殷人只有经常与象接触，对象非常熟悉，才会有这种形态逼真的象形字。安阳殷墟曾发现象坑，分别埋有大象与幼象，并出土各种象牙制品。妇好墓还出土有惟妙惟肖的玉雕象。这些都应该是殷商时期黄河流域中原一带有过大象的见证。有些学者因

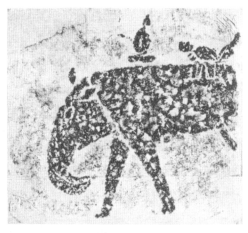

汉代画像石上的骑象图（河南唐河出土）

而认为："可见，当时在中原地区已驯养象，并有较多的野象。"[②]正因为中原地区有象，从而为殷人获取象牙提供了便利。由此来看，殷墟出土丰富多样的象牙制品也就不难理解了。徐中舒先生主编的《甲骨文字典》中曾指出："据考古发掘知殷商时代河南地区气候尚暖，颇适于兕象之生存，其后气候转寒，兕象遂渐南迁

---

① 《吕氏春秋校释》（陈奇猷校释）第一册，学林出版社1984年4月初版，第286页、308页注［六七］。

② 中国社会科学院考古研究所编著《殷墟的发现与研究》，科学出版社1994年9月第一版，第398页。

矣。"①早在20世纪初，王国维先生也对此做过论述，认为："古者中国产象，殷墟所出象骨颇多，昔颇疑其来自南方。然卜辞中有获象之文，田狩所获，决非豢养物矣。《孟子》谓周公驱虎豹犀象而远之。《吕氏春秋》云，殷人服象，为虐于东夷。则象中国固有之，春秋以后乃不复见。"②罗振玉先生在《殷墟书契考释》中也认为："象为南越大兽，此后世事。古代则黄河南北亦有之。爲字从手牵象，则象为寻常服御之物。今殷墟遗物，有镂象牙礼器，又有象齿，甚多，卜用之骨，有绝大者，殆亦象骨，又卜辞卜田猎有'获象'之语，知古者中原象，至殷世尚盛矣。"③与象有关的古地名、古文字其实不少，例如《禹贡》中的豫州，学者们认为"豫"即为象、邑二字之合文，反映了殷商时期河南曾是产象之区。此外《论衡·书虚篇》有"舜葬于苍梧，象为之耕"的记述，并认为这是因为"苍梧"乃"多象之地"的缘故，其他古籍中对此亦多有记述。《诗经·鲁颂·泮水》有"憬彼淮夷，来献其琛，元龟象齿，大赂南金"之咏，淮夷将象牙作为进献之物，说明江淮流域也曾是产象之地。由此可知，在古代中国，大象活动繁衍的地域是相当广阔的。正如徐中舒先生所述："凡地名之以象、鼻等为名者，疑皆象曾经栖息之地。""旧石器时代，中国北部，曾为犀、象长养之地。此种生长中国北部之犀、象，如环境无激烈之变迁，决不能骤然绝迹。如是，则由旧石器时代绵延至于殷商以前（或虞、夏时），仍生息于黄河流域，实为意中之事。"到周代，象群才逐渐南迁④。这些看法确实是很有见地的。

在文献记载中有几条特别值得注意的史料。《左传》记载说，定公四年，楚昭王在长江中游与吴王阖闾的人马作战失利，逃避吴国军队追击时，

---

① 徐中舒主编《甲骨文字典》，四川辞书出版社1989年5月第一版，第1065页。

② 王国维《观堂别集·敤卣跋》，《观堂集林》第四册，中华书局1959年6月第一版，第1204页。

③ 罗振玉《殷墟书考释》，石印本一册，1914年12月。《徐中舒历史论文选辑》上册，中华书局1998年9月第一版，第53页。

④ 徐中舒《殷人服象及象之南迁》，《徐中舒历史论文选辑》上册，中华书局1998年9月第一版，第60页、61页。

汉代画像石上的驯象图（河南南阳出土）

曾将火炬系于象尾，使部下"执燧象以奔吴师"，才得脱险①。这说明楚国驯养有大象，危急时候才能驱象作战，利用象的猛悍冲击吴军，取得奇效。在《国语·楚语》中有"巴浦之犀、犛、兕、象，其可尽乎"的记述，也透露了长江中游曾是多象之地。通常解释巴浦是指巴水之浦②。徐中舒先生认为，巴浦当即汉益州地。联系到与之相关的一些记述，如《山海经·中山经》说"岷山，江水出焉……其兽多犀、象"，《山海经·海内南经》有"巴蛇食象"之说，《楚辞·天问》曰"有蛇吞象，厥大何如"？《路史·后记》罗苹注云"所谓巴蛇，在江岳间"③。徐中舒先生则认为"此皆益州产象之证"④。尽管解释有所不同，但在大范围的地理环境上则是一致的，可知古代的江淮流域和四川盆地都曾是产象之地。《华阳国志·蜀志》也提到"蜀之为国，肇于人皇……其宝则有璧玉……犀、象"，反映的可能正是这种真实情况。周代以后，可能由于气候环境变化，加之大量的开发活动造成生态植被的恶化，以及对兕象等猛兽采取驱逐做法等一些人为因素，象群才离开黄

---

① 王守谦等译注《左传全译》，贵州人民出版社1990年11月第一版，第1429～1431页。

② 黄永堂译注《国语全译》，贵州人民出版社1995年2月第一版，第628～631页。

③ 《楚辞·天问》今本作"一蛇吞象"。郭璞注《山海经》引文作"有蛇吞象"，王逸注引作"灵蛇吞象"。袁珂《山海经校注》（增补修订本），巴蜀书社1993年4月第一版，第331～332页。

④ 徐中舒《殷人服象及象之南迁》，《徐中舒历史论文选辑》上册，中华书局1998年9月第一版，第63页。

河流域和长江流域而逐渐南迁。河南南阳等地出土的画像石，有不少刻画大象或驯象的画面，说明汉代在河南南部和长江流域仍有大象存在，甚至继续被人所驯服驭用。此后在很长时间内，两广和云南等地依然栖息着众多的象群，古人笔记史料中对此不乏记载。明末清初永历皇帝及吴三桂曾用象军，也是当时象群还比较多的例证。后来，除了西双版纳，我国其他地区已不再有象。这便是三千多年以来曾经栖息于华夏地区的大量象群由北而南辗转迁徙的情况。中原民族和古代蜀人由于象群的远去，产生了怀念，因而有了"想象"[1]，这个词的初意就是表达对象的想念。

汉代画像石上的大象、凤鸟、天鹿（河南南阳出土）

　　根据文献记载和环境考古材料，商周时期长江流域和四川盆地境内，气候比黄河流域和中原地区湿润温暖，土壤肥沃，林木茂盛，河流纵横，湖泊众多，而且有大量的湿地，更适宜鸟兽和大型动物生存，很可能曾是亚洲象群的重要栖息出没之地。那个时候，大象曾是这些地区的人们非常熟悉的一种动物，而且人与象之间有着非常亲和的关系。考古出土资料在这方面便有较多的揭示。如湖南醴陵出土的商代青铜象尊，四肢粗壮，长鼻高卷，纹饰华丽，工艺精美，形态极为逼真，应是当地制作者对大象形态的真实摹写。在陕西宝鸡斗鸡台也出土的商代后期象尊，生动逼真的形态与湖南醴陵所出象尊有异曲同工之妙，尊盖上还雕铸了一头栩栩如生的小象，这件珍贵文物

---

① 　曾与谭继和先生闲谈，他也认为"想象"一词与古人怀念远去的象群有关。

湖南醴陵出土的商代青铜象尊　　　　陕西宝鸡出土的商代青铜象尊

现收藏于美国华盛顿弗利尔美术馆①。三星堆考古发现在这方面也同样有精彩的展示。譬如三星堆二号坑出土的兽首冠青铜人像，那夸张而奇异的冠顶装饰物，就活脱是卷曲象鼻的写照。二号坑出土的青铜纵目人面像，鼻梁上方高竖的卷云纹装饰也使人油然联想到卷曲的象鼻，是一种充满了想象力的象征表现手法②。还有彭县濛阳镇竹瓦街出土的商周窖藏青铜器中，双耳为长鼻形立体象头的铜罍，其象头和长鼻以及突出的象牙，是对真实大象栩栩如生的摹拟③。这些都说明了古代蜀人对大象形态的熟悉，只有经常和大象接触才会达到如此熟悉的程度，应是蜀地产象的见证。尤其值得注意的是，在三星堆一号坑出土的大量烧骨碎渣中，经初步鉴定，有猪、羊、牛的肢骨和头

①　史岩编《中国雕塑史图录》（一），上海人民美术出版社1983年5月第一版，第29页图三二，第34页图三九。

②　四川省文物考古研究所编《三星堆祭祀坑》，文物出版社1999年4月第一版，第164页、167页图八四，190页、197页图一〇八。

③　四川省博物馆编《巴蜀青铜器》，成都出版社、澳门紫云斋出版有限公司出版，第1页。范桂杰、胡昌钰《彭县竹瓦街再次发现西周窖藏铜器》，《考古》1981年第6期。

骨，还有被火烧过的象的门齿、臼齿等[①]。这些烧骨渣中的象的门齿与臼齿，显然也透露了蜀地产象的信息。

　　将这些文献记载和考古发现联系起来看，可知金沙遗址出土的大量象牙并非来自遥远的异域，很可能就是古蜀本地所产，也可能是从栖息于长江流域的象群中获取的。还有金沙遗址出土的大量野猪獠牙和鹿角，很显然也是古代蜀人在本地或附近地区猎获的。从地理环境的角度来看，商周时期的四川盆地和长江中上游很可能生长着大片茂密的森林，成都平原上可能还有很多沼泽湿地，这种得天独厚的生态条件，自然也就成了各类鸟禽栖息的乐园，也为古代蜀人的渔猎活动提供了极大的便利。商周

四川彭县濛阳镇竹瓦街出土的铜罍

时期的古蜀国，农业已较为发达，社会生活已经相当繁荣，青铜文化已经发展到了极其灿烂的阶段，这个时期各类手工业也很兴旺，而渔猎活动则仍然是重要的副业。三星堆金杖图案和金沙遗址金冠带图案，都突出表现了长杆羽箭横贯鸟颈射入鱼身的主题，透露出古代蜀人善于使用羽箭射鱼和猎获鸟兽的信息。由于各种祭祀活动的昌盛，古代蜀人猎获的鹿角和野猪獠牙之类很可能也成了某种祭祀仪式中的使用物。在《山海经·海内经》中有一段很重要的记述："西南黑水之间，有都广之野，后稷葬焉。爰有膏菽、膏稻、

---

① 四川省文物考古研究所编《三星堆祭祀坑》，文物出版社1999年4月第一版，第22页、150页。

陕西宝鸡弓鱼国墓地出土的青铜象尊

膏黍、膏稷，百谷自生，冬夏播琴。鸾鸟自歌，凤鸟自儛，灵寿实华，草木所聚。爰有百兽，相群爰处。"文中的"都广"，《艺文类聚》与《太平御览》等引用古本则作"广都"，杨慎《山海经补注》解释为"黑水广都，今之成都也"。袁珂先生认为"衡以地望，庶几近之"①。蒙文通先生也认为"都广即是广都，今四川双流县，在四川西部"，并认为《山海经》中的"《海内经》这部分可能是出于古蜀国的作品"，《海内经》四篇所说的"天下之中"都是指的是今四川西部地区②。由这段记述可知，古代蜀人所处的自然环境和生活状况可以用良好和优越来形容。而且可知古时蜀地的动物在种类和数量上都是很多的，结合考古材料来看不仅有众多的鸟类，有虎、野猪、鹿群，有蛇、鱼类、蛙类，而且很可能还有数量庞大的象群出没。古代蜀人在狩猎活动中，将野猪与鹿群作为猎取对象应该是很正常的事情。但古蜀族是否也将大象作为狩猎的对象呢? 仔细探讨我们会发现，事情似乎并非如想象的那么简单。

考古发现告诉我们，古代蜀人对大象具有某种特殊的崇敬之情，而且有将象牙作为祭献之物的传统。例如三星堆玉璋图案就刻画了将象牙作为祭祀神山之灵物的画面，金沙遗址出土的玉璋残件上的图像则刻画了古代蜀人肩扛象牙跪地祭献的情景。三星堆出土的青铜雕像和彭县濛阳镇竹瓦街出土的器物说明，古代蜀人还特意将大象的形态铸在青铜器上，或巧妙地作为人物

---

① 袁珂《山海经校注》（增补修订本），巴蜀书社1993年4月第一版，第505页～506页。

② 蒙文通《巴蜀古史论述》，四川人民出版社1981年8月第一版，第162页、168页。

造型的冠顶或额际装饰，赋予了特殊的象征寓意。这些都充分表现了古代蜀人对象的尊崇。我们还可以看到和古蜀文化关系十分密切的宝鸡西周强国墓地，在茹家庄一号墓内不仅出土有形态造型酷似三星堆青铜立人像的铜人，还出土有青铜象尊，将生动逼真的大象造型铸成青铜礼器便很可能是受到了古代蜀人崇奉大象的影响[①]。有学者认为，强国墓地出土器物中显示出强烈的古蜀文化因素，应是商周时期蜀人势力直接抵达渭滨的一种反映。古代蜀人带去的不仅有祭祀传统，而且有崇尚观念，其中当然也包括对象的敬崇。怀有这种特殊情感和尊崇观念的古代蜀人恐怕是不会将象群作为猎杀目标的。而且，大象是很有灵性的聪明猛悍的大型动物，在缺少先进武器的商周时期，要猎杀数百头栖息于山林之中的野性未驯的强壮的成年雄象也绝不是一件容易的事情。何况目前在成都平原和四川境内的考古发掘中尚未发现猎杀大象必然会留下的遗骸。那么，金沙遗址出土的多达千余根的象牙，当时的古蜀族又是怎么获得的呢？这确实是一个费人猜思的谜。

有学者认为，古代先民由于"对象的崇拜，还产生了利用象的神通来驱邪杀怪的巫术"。长江中游荆楚地区的一些部族便有信奉和使用象牙厌胜术的习俗[②]。这些来自荆楚的部族很可能有长期猎获象牙的办法和习惯。《周礼·秋官·壶涿氏》中说"若欲杀其神，则以牡橭午贯象齿而沉之，则其神死，渊为陵"，便是对这种巫术的一种记述。文中说的"神"是指水神或水中精怪，也可能泛指邪祟或水患。"橭"读为枯，是榆木之名，可能是古人心目中一种神木的象征。午贯是十字穿孔之意，将象牙贯穿之后沉入水中[③]。在其他古文献中有"水生罔象"之说[④]。可知采用厌胜巫术等办法殴杀水中精

① 卢连成、胡智生《宝鸡强国墓地》，文物出版社1988年10月第一版，第315页、293页、294页图二〇三，图版一六三。

② 江玉祥《广汉三星堆遗址出土的象牙》，《三星堆与巴蜀文化》，巴蜀书社1993年11月第一版，第202页、203页。

③ 《十三经注疏》上册，中华书局影印本1980年9月第一版，第889页。

④ 见《淮南子·汜论训》《国语·鲁语》《广雅·释天》《法苑珠林·六道篇》等记载。

怪或驱逐邪祟可能是古代一种真实情形的反映。这种习俗在有些滨水而居的古老部族中可能表现得尤为突出。

从古蜀时代的情形看，长江上游西南地区自远古以来就是一个多民族杂居的地方，古蜀国就是由许多氏族与部族联盟构成的王国。这些氏族与部族联盟以栖息于成都平原的古代蜀人为主，也包括西南地区很多大大小小的部落，还有从周边其他地域迁入的一些氏族或部族。他们都属于一个大的文化系统，有着许多共同的信仰观念和精神崇尚，但在传统习俗等方面又有一些各自的不同特色。包容性很强的古蜀文化因此而充满活力，展现出绚丽多彩的情景。也正是这些部族与氏族之间强弱关系的变化，直接引起或导致了古蜀历史上历代王朝的兴衰更替。例如古蜀历史上教民务农的望帝杜宇相传来自江源，娶朱提（今云南昭通）梁氏女利为妻，强大起来后取代鱼凫族而称王于蜀。开明族的鳖灵则来自荆楚，《蜀王本纪》记述其经历颇具传奇色彩，入蜀后被杜宇任以为相，因成功地治理了蜀地的洪灾水患，从而掌握了蜀国大权，迫使杜宇将王位禅让于他，建立了开明王朝。这些都是我们熟知的例子。特别是鳖灵这支来自荆楚的开明氏族迁入蜀地后，起初可能只是古蜀王国的一个普通部族，由于治水的机遇被望帝委以重任，经过多年经营逐渐强大并得到众多部族的拥戴，于是鳖灵取代杜宇而成为蜀国的统治者。在这个长达数年或数十年的过程中，开明氏族与古蜀王国的其他部族有了很好的融合，在文化特色方面日渐趋于一致，但也可能仍保留了本氏族原先的一些传统习俗。我们在前面提到荆楚地区有信奉和使用象牙厌胜术的习俗，来自荆楚迁入蜀地的开明氏族很可能也有猎获象牙的办法和习惯，并很可能有将获取的象牙用于祭祀活动或厌胜巫术的做法。那么，金沙遗址出土的大量象牙会不会与开明氏族有关呢？进一步推测，金沙遗址是否为开明氏族在取代杜宇王朝之前的早期栖息地呢？目前要对此下断语还需更多的证据和更深入的探讨，但据我们的推测这种可能性是存在的。当然我们也不能排除其他部族或氏族也有猎取象牙的可能性。在以古代蜀人为主体的族群中，很可能既有敬畏大象、尊崇大象的部族，也有将象作为猎获目标或善于猎取象牙的氏族。金沙遗址的大量象牙便可能是古蜀族群中善于猎取象牙的氏族的遗存。

　　换个角度分析，金沙遗址大量象牙的来源，除了被人猎取这种人为因素的可能性，还有其他可能，比如由于某些突发性的自然原因导致了四川盆地境内象群的大量死亡，使古蜀族因此而获取了数量庞大的象牙。这种自然原因有可能是严重的洪灾或其他不可抗衡的自然灾害。从古代文献记载看，杜宇时代曾发生过非常严峻的大洪灾，如《蜀王本纪》所说"时玉山出水，若尧之洪水，望帝不能治"①，可知当时洪水的危害是极其严重的。蜀国境内许多地方都被洪水淹没，成为一片泽国，直至鳖灵决玉山泄洪，治水成功后，蜀国百姓才恢复了正常的陆居生活。《华阳国志·蜀志》对此亦有记述。自然灾害不仅对古蜀先民造成了危害，而且也严重影响了古代四川盆地境内动物的栖息生存。当灾难突然降临时，纵使聪明猛悍的象群也难逃厄运。最近在成都城南基建工地施工时，出土了一根长达2.1米的巨大象牙，据考古人员推测，可能是商周时期的一场突发洪水将这根象牙从金沙遗址冲到了这里②。这也是当时洪灾危害的一个例证，也可能是大象在洪灾中留下的一个重要遗存。总之，这根硕大的出土象牙带给了我们许多有益的思考。由于当时没有留下什么文字记载，秦汉以后古文献中的追述又极为简略，语焉不详，所以对发生在遥远的古蜀时代的那些事情我们都知之甚少，只能通过分析推测去寻找真实的谜底。

　　总而言之，尽管有许多尚未解开的疑问，但我们通过古代文献透露的信息以及考古发现提供的启示，还是可以比较清楚地知道，金沙遗址出土的大量象牙很可能是古蜀国本地所产，或取之于附近地区。商周时期的长江流域和四川盆地境内很可能确实有大量的象群活动栖息。由于久远的传统习俗或

---

① 　《全汉文》卷五十三，《全上古三代秦汉三国六朝文》第一册，中华书局1985年第12月第一版，第414页。

② 　媒体报道《成都象牙王一睡3000年》，《成都商报》2003年4月22日第四版。

三星堆青铜纵目人面像鼻梁上方高竖的卷云纹装饰，使
人油然想到卷曲的象鼻

某些原因，古蜀族获取了大量的象牙，而象群从此也就南迁远去了。南迁的
象群给先民们留下了难忘的回忆和想象，也给后人留下了丰富的联想和众多
的奥秘。

二、石虎的含义

　　根据已经公布的考古资料介绍，在金沙遗址出土的石雕动物造型中有5件生动逼真的石虎，形神兼备，工艺精湛，堪称商周时期石质圆雕艺术作品中的杰作。

　　金沙遗址出土的这些石虎均为卧姿，在造型风格上别具一格，展现出与众不同的鲜明特色。这些石虎皆由整块石头打制成初形后加以精心磨制而成。雕造这些石虎的古蜀族巧匠，采用娴熟的圆雕技艺，将虎伏卧于地的姿势和张口怒吼的威猛之态刻画得栩栩如生，达到了生动传神的效果。在石材的选用上，制作者也别具匠心，有的为灰黑色的蛇纹岩，有的为灰黄色的橄榄岩，巧妙地利用了这些石材的天然色泽与条状斑纹，增添了这些圆雕石虎的表现力。制作者还在这些石虎的眼睛、耳朵和虎口等处特地涂抹了朱砂，其中透露了涉及古代蜀人精神崇尚和审美情趣方面的丰富信息，同时也说明制作者雕造这些石虎显然有其特殊的用意，很可能与古蜀族的祭祀活动有着密切的关系。古蜀族巧匠雕造的这些石虎还表现了他们对自然界中的百兽之王细致入微的观察，在形态与神态的逼真模仿上达到了很高的水平。这些众多的石虎圆雕作品还告诉我们古代蜀人对虎有着特别的敬畏和崇尚。当时四川盆地境内的山林中可能经常有虎出没，西南地区许多古

生动传神的金沙遗址石虎

老的部族都有将虎奉为图腾的习俗，这些形态威猛、栩栩如生的石虎很可能也被赋予了类似的象征含义。

现在让我们来观赏一下出土的几件石虎。其中一件（编号2001CQJC：211）选用灰黑色的蛇纹岩雕造而成。其尺寸为：长28.44厘米，宽8.94厘米，通高19.88厘米，重5457克[①]。由于石材上大量的灰白色条状斑纹与虎纹非常相似，石虎在造型上更加生动，给人以意想不到的逼真奇妙之感。石虎整体呈昂首伏卧之姿，虎口大张做怒吼状。从形态比例来看，虎颈与虎首粗壮硕大，大张的虎口中露出四颗尖利的牙齿，采用适度夸张的手法突出了虎的雄壮有力和威猛神态。虎的前爪与后爪皆向前弯曲卧于地上，臀部微耸，两侧向上倾斜，生动地表现了虎强壮有力做蓄势待发之状的后腿。虎的臀部有一圆形小孔，应为安装虎尾之用。虎尾可能用石料另外雕刻，可惜未见出土遗物，不知虎尾的形状如何。从制作的工艺步骤看，石虎先由石材制成粗形，再加以雕刻和打磨，虎口还采用了管钻的方法，臀部也钻了安装虎尾的圆孔，头部的虎目、虎耳、虎额两侧的虎须则精雕细刻，将粗犷的风格与细腻的特征很好地结合在了一起。最后在虎口、虎眼和虎耳等处涂以朱砂，似有画龙点睛的作用，强化了石虎的象征含义，增添了神秘传神的色彩。

金沙遗址出土的石虎之二

另一件石虎（编号2001CQJC：684）采用灰黄色蛇纹石化橄榄岩雕刻而成。尺寸为：长28.8厘米，

---

① 朱章义、刘骏《石卧虎一》，《金沙淘珍》，文物出版社2002年4月第一版，第182~184页。

宽8.42厘米，高21.5厘米，重5644克。出土时右前肢残断，左前肢略有残损，后拼接复原[①]。这件石虎的造型同样为昂首伏卧之姿，那有力的后肢、壮硕的虎颈、大张的虎口和尖利的虎牙，充分展示了虎的威猛。其外形雕刻得非常生动，并做了仔细打磨，大张的虎口同样采用了钻孔技术，臀部亦钻有安装虎尾用的圆孔。并用细腻的手法刻出了嘴上的线纹、菱形立眼、鼻翼两侧的虎须、脑后杏仁状的双耳。综观其造型，糅合了写实与夸张的手法，线条简练，粗犷凝重，显得十分传神。在虎口、虎眼和虎耳等部位也同样涂有朱砂，虽经历了数千年的湮没，仍清晰可见其鲜艳的涂抹痕迹。

　　采用各种质地的材料来表现虎的形态，寄托对虎的敬畏之情，是古代先民比较喜欢做的一件事情，在商周时期的出土器物中也是较为常见的一种现象。三星堆一号坑出土有金虎和青铜虎形器等，也显示了对虎的崇尚，与金沙遗址出土的石虎在造型风格上都构思巧妙，富有创意，展现了古代蜀人丰富的想象力和独特的审美追求，具有鲜明的地域文化特色。三星堆金虎亦做虎口大张之态，虎眼镂空，虎耳竖起，虎尾向上卷曲，虎身弯曲如蚕

三星堆一号坑出土的金虎

① 张擎《石卧虎二》，《金沙淘珍》，文物出版社2002年4月第一版，第185～187页。

形，虎肢做蹲伏蓄势跳跃状，可谓生动之极。三星堆青铜虎形器也是虎首昂起，虎尾上翘，虎目圆睁，虎牙毕现，强壮的四肢做蹲伏状，通过独特的造型着力表现了虎的威猛可畏①。它们与金沙遗址出土的石虎在表现手法上都注重写实与夸张的结合，讲究形神兼备，在材质的使用和造型的创意方面都极为巧妙，给人以妙趣天成、耳目一新之感。

商周时期其他地区出土的石虎和玉虎，从造型特点看，虎身与头尾大都做平伸状，着重形似，神态祥和者居多。如河南安阳殷墟出土的玉虎和石虎②，河南洛阳北窑西周墓出土的玉虎等③，虎头均向前平伸，虎尾拖于身后，虎身刻有纹饰，这可能是中原地区较为流行的一种造型风格。金沙遗址出土的石虎则昂首张口长啸，立体造型更为生动，威猛之态也更加传神，虎身主要是巧妙利用自然石纹，并未雕琢纹饰，可谓别具一格。值得注意的是河南安阳殷墟武官村大墓出土的一件商代后期虎纹大石磬④，也刻画了虎的张口露齿啸吼之状，显得相当生动传神，但虎头仍是向前平伸，虎口向下大张，整个造型做匍匐状，虎身刻有华丽的纹饰。研究者认为，这件出土于一座殷王陵大墓中的虎纹石磬原是一件殷王室使用的典礼重器，是专用于上层贵族宗庙祭祀、朝聘、宴享等礼仪活动的高贵乐器⑤，将

---

① 四川省文物考古研究所编《三星堆祭祀坑》，文物出版社1999年4月第一版，第60～62页、33页、35页图二二、38页图版七。《三星堆传奇》，台湾太平洋文化基金会1999年3月出版，第131页图、107页图。

② 中国社会科学院考古研究所《殷墟的发现与研究》，科学出版社1994年9月第一版，第340页图、370页图。田自秉、吴淑生编《中国工艺美术史图录》上卷，上海人民美术出版社1994年12月第一版，第226页图、227页图。史岩编《中国雕塑史图录》第一卷，上海人民美术出版社1983年5月第一版，第46页图五三。

③ 洛阳市文物工作队《洛阳北窑西周墓》，文物出版社1999年4月第一版，第155页。《洛阳出土文物集粹》，朝华出版社1990年第一版，第45页图20。

④ 史岩编《中国雕塑史图录》第一卷，上海人民美术出版社1983年5月第一版，第39页图四四。

⑤ 贺云翔《虎纹石磬》，梁白泉主编《国宝大观》，上海文化出版社1990年8月第一版，第694～696页。

河南安阳殷墟出土的玉虎

河南洛阳北窑西周墓出土的玉虎

虎纹刻画于上很显然应与当时的崇虎习俗有关。金沙遗址出土的多件石虎同样体现了古蜀族对虎的尊崇，而这种崇尚情感似乎比殷人更为隆重和强烈。三星堆一号坑出土的金虎与青铜虎形器也同样展示了这种浓厚的崇尚之情。金沙遗址统治者更是大量雕造石虎，可知这种通过造型作品来表达崇尚情感的做法应是一种由来已久的传统。进一步分析，如果说精湛的雕造工艺是为了充分表达对虎的敬畏和尊崇，那么涂抹的朱砂痕迹则表示了特殊的使用方式，这也可能是古代蜀人特有的一种习俗，或者说是具有神秘巫术色彩的一种做法。三星堆出土的一些特殊的青铜雕像，如青铜纵目人面像、青铜人头像、青铜人面具等，大都有口缝涂抹朱砂的现象，有的眉部与眼眶等处还涂

河南安阳殷墟武官村大墓出土的虎纹大石磬

饰有黑彩，一些青铜跪坐人像和青铜兽面的五官也有黑色彩绘痕迹①。这些青铜雕像都是古蜀王国崇拜的神灵偶像与特殊身份者的象征，是古代蜀人崇尚精神的体现。三星堆出土的器物中还有许多奇特的鸟兽造型，学者们大都认为它们在古蜀王国规模宏大的祭祀活动中表现的是神物大合唱的情景②。联系到金沙遗址出土的石虎，精美而独特的形态以及涂抹的朱砂无疑是探讨其内涵和用途的重要线索，从而可知这些石虎很可能是金沙遗址统治者宗庙或神庙中的重要供奉或举行重大祭祀活动时的使用之物。

以金沙遗址为栖居活动中心的古蜀族，称其为崇虎的部族应该是比较恰切的。金沙遗址出土的这些石虎便是崇虎的象征。这种对虎的崇尚在其他器物上也有较多的表现，比如金沙遗址出土的一件玉璋（编号2001CQJC：136）刃部雕刻的动物装饰，考古工作者认为很可能是虎形③。另一件玉璋（编号2001CQJC：955）阑部雕刻的兽形装饰也很像是虎的造型。还有前面

① 四川省文物考古研究所编《三星堆祭祀坑》，文物出版社1999年4月第一版，第169页、174页、178页、188页、190页、201页。
② 杜正胜《人间神国——三星堆古蜀文明巡礼》，台湾太平洋文化基金会1999年3月出版，第29～30页。
③ 张擎《石卧虎二》，《金沙淘珍》，文物出版社2002年4月第一版，第187页。经观察核对，所述玉璋2001CQJC：141，应为2001CQJC：136才对。

篇章已经介绍过的那
件玉兽面纹斧形器，
顶部图像纹饰中刻画
的张牙露齿、双目圆
睁的兽面也完全是虎
首威猛形态的传神写
照。此外，金沙遗址
还出土了一件铜虎，
据考古工作者介绍，
其形态造型和三星堆

金沙遗址出土的青铜兽面

出土的铜虎基本相同[①]。这里特别值得提到的是，金沙遗址还出土了4件青铜
兽面，公布的资料介绍了其中保存最好的一件，长9.76厘米，宽5.4～6.43厘
米，厚0.15～0.2厘米，重43克，为双面一次铸成。其形态为兽口大张，露出
上颚三齿，前边两颗尖牙与虎牙极为相似，镂空的圆形大眼做瞪视状，脑后
有略向外卷的尖耳，嘴外有表示胡须的扉形饰，颈部给人粗壮之感，颈部以
下已经残断。考古工作者认为其整体形态好似一个龙首（或狗首）的侧视，
并认为与三星堆出土的龙形饰有几分相似[②]。仔细观察对比，这件青铜兽面
与三星堆出土龙形饰在形态上的差异是非常明显的。三星堆二号坑出土的28
件龙形饰头上均有夔龙状角，角前有夸张飞扬的刀形羽翅，有的为细长的龙
角。还有二号坑出土的青铜神树上的龙头，在鼻、额部则有两只很长的弯
角。三星堆一号坑出土的爬龙柱形器龙头上有夸张的镰形大耳一对与犄角一
对[③]。这些形态上的显著特征是金沙遗址出土的青铜兽面所不具备的，可知这
件青铜兽面绝非龙首。相反，这件青铜兽面与三星堆一号坑出土金虎的头部

① 朱章义、刘骏《石卧虎一》，《金沙淘珍》，文物出版社2002年4月第一版，第183页。
② 王方、孙华《铜兽面》，《金沙淘珍》，文物出版社2002年4月第一版，第52～53页。
③ 四川省文物考古研究所编《三星堆祭祀坑》，文物出版社1999年4月第一版，第
325～328页、219页、33页。

三星堆一号坑出土
的青铜虎形器

三星堆遗址出土的青铜虎，遍体嵌饰有绿松石

形态（虎口大张、虎眼镂空）却很相似。在三星堆遗址内出土有遍体嵌饰绿
松石的青铜虎[1]，虎首前伸，虎尾拖于身后做行走状，其头部张口露齿、昂首
怒目的形态以及扁平浮雕状造型，与金沙遗址出土的这件青铜兽面更是极其

_____

[1]　刘家胜、吴维羲《青铜之光耀三星》，四川美术出版社2001年7月第一版，第40～41
页。参见日本《三星堆》巡展图册第174页图，朝日新闻社1998年出版。参见《三星堆传
奇——华夏古文明的探索》第106～107页，台湾太平洋文化基金会1999年3月出版。陈德安
《三星堆——古蜀王国的圣地》第67页称"青铜虎形饰，商代，长43.4厘米，宽13.2厘米，
1995年于四川广汉三星堆遗址鸭子河出土"；第70页称另一件为"青铜龙形饰，商代，长
38厘米，1984年于四川广汉三星堆遗址仁胜村出土"；四川人民出版社2000年7月第一版。
在有的图册中（如《三星堆传奇——华夏古文明的探索》）则将仁胜村出土的这一件也称
为青铜虎形饰。从这两件的造型风格看，无论是身躯、四肢、长尾、头部，都一样，区别
仅在于耳朵与鼻部略有变化，表现的显然都是虎的形态。

相像。显而易见，这件青铜兽面表现的正是虎的头部造型。在艺术手法上同样展示了写实与夸张相结合的特点。这些出土实物充分反映了古代蜀人在塑造虎的形态方面的丰富多样，体现的都是一种崇虎观念。金沙遗址青铜兽面与三星堆青铜虎在造型风格上的相似之处，也生动地说明了两者之间在文化内涵上的密切关系。

从文献记载和各地的考古资料来看，中华民族很早就有了崇虎的观念习俗，流行的地域相当广阔，尤其在西南地区和长江中上游一些古老的部族中表现得尤为强烈。最早的出土实物可以追溯到距今六千多年前，在河南濮阳西水坡仰韶文化遗址墓葬中就有了蚌壳塑造的虎图案和龙图案，共发现三组遗迹：第一组中间为高大的壮年男性骨架，东侧摆龙，西侧摆虎；第二组为合体龙虎；第三组龙背骑有一人（或为鹿），龙头朝东，虎头向西做奔跑状。考古工作者认为这些蚌壳龙虎图形遗迹的发现，对于探索龙虎文化的形成、研究原始宗教史和美术史等都具有重大的意义[①]。有学者认为，崇龙的民族原在东，崇虎的民族原在西，这些蚌塑图案中龙头朝东和虎头朝西便体现了这种寓意，也象征着龙虎文化的融合[②]。张光直先生认为这些蚌塑图案表现的是龙、虎、鹿三蹻，它们都是巫师上天入地与鬼神往来的脚力，是"人兽母题"或"巫蹻"关系的生动体现[③]。石兴邦先生则认为："西水坡龙虎相结合的图案，生动地体现了死后灵魂升天，乘龙化虎以升天的思想，也再现了当时人们埋葬这位酋长举行巫术仪式的场景。"[④]这些见解都有一定的道理。换个角度，也可以说这些蚌塑图案是墓主人崇虎和崇龙观念习俗的体现，是

① 河南省文物研究所《近十年河南文物考古工作的新进展》，《文物考古工作十年》（1979～1989），文物出版社1991年1月第一版，第1777～1778页。

② 段邦宁《伏羲与龙虎文化考——论濮阳西水坡遗址的龙和虎》，《中华第一龙》，中州古籍出版社2000年3月第一版，第259页。

③ 张光直《濮阳三蹻与中国古代美术上的人兽母题》，《文物》1988年第11期，第36～39页。张光直《中国青铜时代》，北京三联书店1999年9月第一版，第318～325页。

④ 石兴邦《中国文化与文明形成和发展史的考古学探讨》，《亚洲文明》第三集，安徽教育出版社1995年9月第一版，第10页。

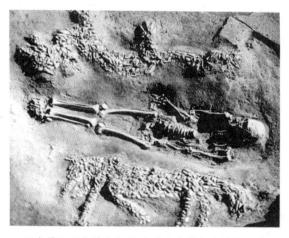

河南濮阳西水坡仰韶文化遗址墓葬中的蚌塑龙虎

新石器时期的先民们曾奉行多种图腾观念的形象展示。图腾崇拜是一种古老的文化现象，在我国许多古老的部族中都存在过。图腾意识常常在氏族成员之间起着精神支柱与心灵纽带的作用，也是巩固部落联盟、加强安定、避免冲突的一种黏合剂，是"群体自我崇拜"和氏族统一团结的象征①。这种图腾观念和崇尚习俗通常与先民们的狩猎活动和生存环境有着非常重要的关系。将图腾观念和崇尚习俗通过各种艺术形式生动地展示出来，也是古代先民们特别喜欢做的一件事情，在不同的地域和各部族之间常常呈现出绚丽多彩的情景。特别值得注意的是，在我国古代西部北起甘青、南抵滇黔的整个横断山区各部族中，虎崇拜曾是一种普遍现象。特别是出自古氏羌系的西南各部族，或宗白虎或祖黑虎的情形尤为盛行。这种虎崇拜的传统习俗对西南诸族文化乃至整个华夏文化都产生了极为重大的影响，在经历了数千年的漫长岁月之后，至今还保存在彝族、纳西族、白族、土家族等西南少数民族的文化中。

我们知道，和蜀人关系密切的巴人也是崇虎的部族。《后汉书》卷八十六记述说："巴郡南郡蛮，本有五姓：巴氏，樊氏，曋氏，相氏，郑氏……未有君长，俱事鬼神，乃共掷剑于石穴，约能中者，奉以为君。巴氏子务相乃独中之，众皆欢。又令各乘土船，约能浮者，当以为君。余姓悉沉，唯务相独浮。因共立之，是为廪君。"后来射杀了神女盐神，"廪君

① 何星亮《中国图腾文化》，中国社会科学出版社1992年11月第一版，第29～30页。

于是君乎夷城，四姓皆臣之，廪君死，魂
魄世为白虎。巴氏以虎饮人血，遂以人祠
焉"①。由此可知巴人崇虎习俗的由来。
唐代樊绰《蛮书》卷十对此也有记述，说
"廪君死，魂魄化为白虎"，"巴氏祭其
祖，击鼓而祭，白虎之后也"②。这些记述
虽有较多的传说色彩，但"廪君的传说可
信之处就在于它有考古学上的证据"③。20
世纪中叶以来考古发现的巴族器物中大都有
虎纹装饰，在巴人墓葬中出土有虎纽錞于，
还出土有巴式虎纹青铜戈，这些便是很好的
例证，它们都是古代巴人崇虎习俗的反映。

虎纽錞于（现藏于四川博物院）

　　和古代蜀人有着密切渊源的彝族也有
虎崇拜的传统，并以黑为尊，盛行黑虎图腾崇拜。《山海经·海外北经》中
记载说："有青兽焉，状如虎，名曰罗罗。"据袁珂先生等解释，《骈雅》
曰"青虎谓之罗罗"；《天中记》中说，今云南蛮人呼虎亦为罗罗④。而在
彝族地区则称虎为罗，自称为罗罗，男人自称罗罗颇或罗颇，女人自称罗罗
摩或罗摩。由此可知彝族自命是虎族，《山海经》中所说青虎罗罗即是彝族
的黑虎图腾。在云南的考古发现中，如晋宁石寨山和江川李家山等古遗址出
土的青铜器物就有不少涉及虎图腾崇拜习俗的实物例证。正如李昆声先生所
说："虎在这里，不仅是部族的图腾，而且作为奴隶主的权威而存在。"⑤这

---

① ［南朝·宋］范晔《后汉书》第10册，中华书局校点本，1965年5月第一版，第2840页。
② ［唐］樊绰《蛮书》卷十，《南诏大理历史文化丛书》第1辑，巴蜀书社影印本1998年
10月第一版，第50页、51页。
③ 宋治民《蜀文化与巴文化》，四川大学出版社1998年8月第一版，第176页。
④ 袁珂《山海经校注》（增补修订本），巴蜀书社1993年4月第一版，第294～295页。
⑤ 李昆声《云南考古学论集》，云南人民出版社1998年5月第一版，第314页。

对古代西南地区曾经盛行虎图腾崇拜的情形也是一个很好的说明。

无论是从人类学、民族学还是考古学的角度看，崇拜虎或以虎为图腾在古代西南地区确实是相当普遍的现象。但由于族系的不同和心理习俗等方面的差异，即使同样是崇拜虎和以虎为图腾，也显示出各自不同的特色，从而形成了或宗白虎或祖黑虎的情形。巴人崇拜白虎，彝族崇拜黑虎，便是对这种情形的有力印证。这里又联系到古蜀族的崇虎传统，有学者认为古蜀人是古彝人先民之一，推测古蜀族崇尚的很可能也是黑虎图腾。从文献记载看，《史记·三代世表》正义说古蜀历史上"先称王者蚕丛，国破，子孙居姚、嶲等处"①。姚，即今云南姚安；嶲，即今四川西昌一带，正好是中国西南的彝族地区。古籍中又有彝族是仲牟由之裔的说法，而据彝族从古至今的口碑流传，仲牟由是杜宇的彝语音译，是彝族传说中的六祖，从杜宇（仲牟由）开始才形成了真正的彝族②。尽管这些记述带有较多的传说成分，但古蜀族与古彝族有着密切的关系和相同的黑虎崇尚应是客观事实。古文献中又有"蚕丛衣青，而教民农事，人皆神之"的记述③，说"蜀王蚕丛氏祠也，今呼为青衣神"④，可知古蜀有尚青的习俗，据《华阳国志·蜀志》记述，到开明九世可能才改为尚赤，但蜀王去世后仍有五色（青、赤、黑、黄、白）作为神主和庙号。民国《邛崃县志》卷二说"蜀中古庙多有蓝面神像，面上魌礧如蚕，金色，头上额中有纵目，当即沿蚕丛之像"⑤，显然也是古蜀尚青遗俗的反映。这些都说明古蜀族对青色、蓝色或黑色怀有一种特殊的崇尚之心，这种现象在出土实物中也较为常见。如三星堆出土的青铜侧跪人像双眉和眼睛都描成黛黑色，青铜人头像、青铜人面具、青铜纵目人面像与青铜兽面的

① ［汉］司马迁《史记》（唐代张守节正义）第2册，中华书局校点本，1959年9月第一版，第507页。

② 黄剑华《天门》，四川人民出版社2001年8月第一版，第81~82页。

③ ［明］曹学佺《蜀中名胜记》卷十五，重庆出版社1984年10月第一版，第219页。

④ ［宋］祝穆《宋本方舆胜览》卷五十一，上海古籍出版社影印线装本1986年1月第一版。

⑤ 刘琳《华阳国志校注》，巴蜀书社1984年7月第一版，第181页注二。

眉部与眼眶等处大都用黑彩描绘，青铜鸟爪人像双腿的阴刻花纹中也填以黑彩，出土的青铜虎通体嵌饰绿松石，有的为墨绿色绿松石，还有出土的铜牌饰也以绿松石片作为嵌饰，这些都充分反映了古代蜀人对黛黑与墨绿色彩的崇尚心理。金沙遗址出土的石虎大都选用灰黑色的或有黛青色斑纹的石材雕制而成，可能同样与这种崇尚心理有关，应是古蜀族崇奉黑虎图腾的写照。

　　西南地区和长江中上游崇奉虎图腾的现象，可谓由来已久，而且在商周以后依然相当盛行。春秋战国时期的出土器物上对此便有较多的反映，不仅在虎纽錞于上雕铸有栩栩如生的虎的圆雕造型，而且在铜钲、铜戈等兵器上铸刻有形态生动的虎纹[①]。四川博物馆收藏的两件战国时期青铜錞于，一件为征集品，一件出土于涪陵小田溪二号墓，顶部所铸虎纽皆做昂首卷尾站立状，虎身有纹饰，有学者推测它们可能是古代巴族王侯的遗物。值得注意的是虎纹图像，四川博物馆收藏有一件相传为广汉出土的铜钲，在椭圆形钲腹上部刻有一虎，做昂首长啸行走状，其虎口大张的威猛之态与三星堆遗址出土的遍体嵌饰绿松石的青铜虎颇为相像。还有成都百花潭中学出土的虎纹铜戈、郫县独柏树出土的虎纹和巴蜀铭文铜戈等，虎纹图像的匍匐姿势与着重头部张口怒吼特征刻画的造型特色，与三星堆出土金虎和金沙遗址出土石虎等在形态风格上有非常明显的一致性。将这种具有浓郁巴蜀特色的虎纹雕刻于礼乐器物与兵器之上，足见制造者与使用者对虎纹的重视，应是崇虎传统习俗的体现。郫县出土的铜戈上除了虎纹还刻有巴蜀铭文，更是弥足珍贵的资料。对这种独特的图语式的巴蜀铭文，因类似的出土资料太少，目前尚不能完全准确释读。有学者经过研究认为其中个别字符表达的可能是"虎族"

①　四川博物馆编《四川省博物馆》，文物出版社1992年12月第一版，图41、图46。四川博物馆编《巴蜀青铜器》第9页图十一，第13页图十五，第18页图二二，第145页图一七一，第146页图一七二，图片文字说明见第217页、218页、226页，成都出版社、澳门紫云斋出版有限公司出版。

广汉出土的西周铜钲，刻有
虎纹与三星（现藏于四川博
物院）

成都百花潭中学出土的虎
纹铜戈

郫县独柏树出土的铜戈，上有
虎纹与巴蜀图语及铭文

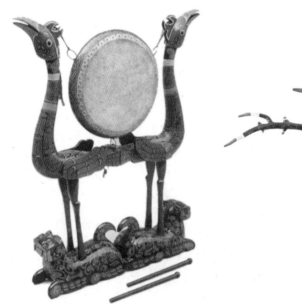

湖北江陵楚墓出土的虎座凤架鼓（复制品）　　湖北江陵楚墓出土的虎座立凤
（复制品）

的意思[①]。值得注意的是，虎纹图像在春秋战国时期可能已不仅仅是崇虎民族
的单纯标识，雕刻于兵器与乐器之上显然还有象征勇猛和力量的含义。如有
的学者就认为："虎是百兽之王，虎的声撼山川的气概是人们所景慕的。铸
造虎形于兵器或乐器的'巴蜀符号'之中，应当是取法于这一点。""其用
意大概是祐护使用者，使使用者免于伤害，给使用者以力量和勇气。"[②]尽
管在象征含义上随着历史的演进已有了一些显而易见的变化，但其中所表达
的崇尚初意仍是很清楚的，而这正是古代巴蜀虎纹图像或虎雕作品最本质的
内涵之所在。这里还应提到长江中游楚地的考古发现，在湖北江陵地区的楚

① 钱玉趾《巴族与蜀族文字考辨》，《三星堆与巴蜀文化》，巴蜀书社1993年11月第一
版，第205～209页。
② 孙华《巴蜀符号初论》，《巴蜀考古论文集》，文物出版社1987年8月第一版，第99页。

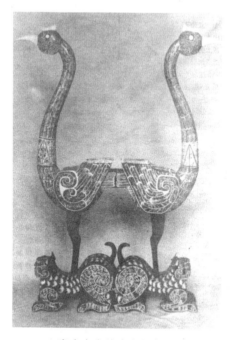

湖南出土的虎座凤架鼓

墓中出土有虎座凤架鼓、虎座立凤等木雕漆器，其造型为高大的凤立于伏卧
于地的虎背之上。我们知道，"凤是楚人先民的图腾，战国时代的楚人对此
仍有朦胧的印象"，而"生息在楚国西南的巴人以虎为图腾，与楚人时而交
恶，时而交好，由此加重了楚人贱虎的心理"，"这应与楚人的民族信仰和
民族意识有关"①。也就是说，在楚人心目中，凤与虎都是部族的图腾标志，
楚墓中出土的实物体现的便是楚人尊凤贬虎的崇尚心理。

　　其实，古蜀族是一个由多部族联盟形成的很大的族群，不仅崇奉虎，还
有着丰富多样的图腾观念，并呈现出兼容并存的状态。三星堆考古发现就揭
示了古代蜀人昌盛的泛灵崇拜情形，崇奉的图腾象征有蚕、鸟、鱼、虎、龙

---

① 　张正明《楚文化史》，上海人民出版社1987年8月第一版，第176～179页，第193～194
页，参见图版11、图版14。

等。三星堆时期古代蜀人还盛行神灵崇拜、神树崇拜、神山崇拜、太阳崇拜、祖先崇拜、英雄崇拜，还有神仙思想和魂归天门观念，并融入了想象力极其丰富的神话传说。这些由来已久的图腾文化和崇尚观念还带有比较浓郁的原始巫术色彩。应该指出的是，三星堆时期虽保留着大量的图腾崇拜遗俗，但这个时期古代蜀人的宇宙观和世界观已由初民的原始思维发展到比较成熟的阶段，古蜀国也已由原始图腾崇拜阶段进入了更加发达昌盛的青铜文明时代。

金沙遗址在时间上略晚于三星堆遗址，作为古蜀国的重要部族栖息地，这里出土的石虎造型生动、特色鲜明，而且数量众多，但迄今发现的青铜雕像则很少，应是一个耐人寻味的现象。它说明虎崇拜这一古老的传统习俗此时依然十分盛行，反映出在金沙遗址统治者的心目中，崇虎和崇石的观念显然占有非常重要的地位。同时它也为我们探析金沙遗址在古蜀王国中的地位关系提供了更多的启发思考。诚如我们前面所说的，古蜀族群是由许多部族组成的联盟，这些部族在文化上有着极其密切的关系，而在传统习俗等方面又保持着各自的一些不同特色。古蜀王国的统治集团就由这些部族联盟的首领们组成，而其中最强盛部族的首领则成为王权和神权的最高执掌者。在三星堆作为古蜀王国都城的兴旺繁荣时期，金沙遗址可能已成为古蜀族群中某个部族的聚居栖息之地，这是一个崇虎的部族，并以石虎作为宗庙中的供奉

画像石棺上坐于龙虎座上的西王母（四川彭山出土，现藏乐山市文管所）

和主要崇拜象征。这个部族曾归属和接受三星堆都城的统辖，随着历史的演进，当辉煌的三星堆都城由于某种变故而突然衰落乃至湮没之后，大量的蜀人可能由三星堆迁移而来，与金沙遗址日渐强盛的崇虎部族融合，使这里成为继三星堆之后一个新的兴旺繁荣之地。正是出于这种缘故，金沙遗址在文化上既保留了本部族崇奉石虎的传统习俗特色，同时也融入了许多新的文化内涵，比如昌盛的太阳崇拜和祭日求雨活动等。

刚才说到古蜀族的崇石观念，金沙遗址出土的石虎很可能与崇石观念也有较为密切的关系。我们知道，古代有"禹产于石"和其子启破石而生的传说[①]，说明夏族就有强烈的石崇拜信仰，至今北川禹穴附近仍有敬奉血石的习俗。夏族的石崇拜观念对西南地区许多羌语支民族和一些藏缅语民族曾产生过重要影响，羌族就有白石崇拜信仰习俗，且一直延续至今，代代相传影响深远[②]。古蜀族同样有着悠久的崇石习俗，《华阳国志·蜀志》说古蜀历史上最先称王的蜀侯蚕丛死后"作石棺石

画像砖上的西王母于龙虎座（四川新繁出土，现藏重庆市博物馆）

① 许匡一译注《淮南子全译》下册，贵州人民出版社1993年3月第一版，第1144页、1147页注［36］。又《艺文类聚》卷六引《隋巢子》，第一册，上海古籍出版社1982年1月新一版，第107页。

② 李绍明《从石崇拜看禹羌关系》，《四川文物》1998年第6期；《夏禹文化研究》，巴蜀书社2000年11月第一版，第31～41页。

椁，国人从之"，又说蜀王开明时期"每王薨，辄立大石，长三丈，重千钧，为墓志，今石笋是也"，便透露了古代蜀人崇石的原始宗教意识，以及古代蜀人走出岷山栖息于成都平原之后崇石习俗依然盛行的情形。此后，开明王朝晚期开辟的石牛道，李冰治水雕造的石人石犀，显然也与蜀人崇石传统习俗有关。金沙遗址出土的石雕作品很多，如石跪人像和石虎等，可知金沙遗址统治者很显然也是一个有着石崇拜传统，同时又崇奉虎图腾的部族。出土的这些精心雕造的石虎便是崇虎和崇石观念意识相互融合在一起的生动展示，也是古蜀时代这一悠久传统习俗的真实反映。

从美术考古的角度来看，这些造型生动的石虎与金沙遗址出土的石雕跪坐人像，同时展现了古代蜀人高超的圆雕技艺，堪称商周时期石质圆雕造型艺术的杰作。它们以鲜明的地域特色和丰富的文化内涵为中国美术史增添了新的内容。这些精妙的出土实物告诉我们，商周时期的古蜀族在石雕艺术方面已经积累了一套丰富的经验，在形象思维和造型艺术方面具有非同凡响的想象力和表现力，并能够巧妙而熟练地将他们的宗教信仰、精神观念和传统习俗贯注其中，通过这些精心雕造的石质人物和动物造像生动地展示出来。如果说三星堆青铜雕像群揭示了古蜀王国青铜文明的灿烂辉煌和大型铸造艺术的非凡成就，那么金沙遗址出土的这些石雕人物和动物造像则进一步显示了古蜀族在石质造型艺术方面的精妙造诣，而这正是金沙遗址令人惊叹的绚丽特色之一。

金沙遗址出土的石虎和石雕跪坐人像向我们透露了丰富的信息，是研究商周时期古蜀历史文化的珍贵资料。它们开启了蜀地石质造像艺术的先河，在艺术发展史上有着不可忽视的重要意义。它们所体现的崇尚习俗也影响深远，在后世仍有广泛流传。我们从四川境内出土的汉代画像石、画像砖上可以看到坐于龙虎座上的西王母画像，那昂首张口的虎的造型[①]，与金沙遗址出

① 《中国美术全集·画像石画像砖》，上海人民美术出版社1988年4月第一版，图九一、图九八、图二一六、图二四八。

画像石上为雷公驾车的飞虎（河南南阳出土）

画像石上的仙人乘虎图（河南南阳出土）

土的石虎形态就极为相似。在河南、江苏、山东等地出土的画像石、画像砖
上，西王母大都坐在平台、方座或豆形悬圃之上[①]。我们知道，三星堆青铜神
树上铸有神龙，金沙遗址出土的石虎是古蜀族的崇奉象征，将两者巧妙地演
化为西王母的龙虎座无疑是蜀人在信仰崇拜意识方面富有创意的发挥。汉代
蜀地西王母画像石、画像砖上的龙虎座并不仅仅是商周时期古蜀族神龙与石
虎崇尚的流风余韵，也可以说是一种传统习俗和精神观念的张扬。这里要附
带指出的是，在汉代画像上除了令人瞩目的西王母龙虎座，其实对虎的表现

① 周到、吕品、汤文兴编《河南汉代画像砖》，上海人民美术出版社1985年4月第一版，
图八七、图八八、图九三。

也是相当丰富的。不仅有为雷公驾车的飞虎，有戏璧的有翼神虎，有仙人乘
虎，有的画像上还特地刻画了"以虎驱魔逐疫""虎食旱鬼女魃"的画面①。
《后汉书·志礼仪中》注文说，古人认为"虎者阳物，百兽之长，能击鸷牲
食魑魅者也"，故而"画虎于门，当食鬼也"②。可知汉代画像中大量刻画的
虎已被赋予了吃鬼除凶、辟邪防疫的寓意。而这正是远古以来的崇虎观念在
后世发生了新的演化的结果。

画像石上的虎食旱鬼女魃图（河南唐河出土）

今天我们面对着金沙遗址出土的这些石虎，仍能强烈地感受到它们栩栩
如生的艺术魅力，深切地体会到它们邈远的意蕴和丰富的内涵。它们动静结
合的生动造型，昂首啸吼的威猛形态，在三千多年之后仿佛仍具有一种穿越
时空的力量，仍能引起我们心弦的共鸣。这些奇妙精美的石虎，不仅使我们

---

① 王建中、闪修山《南阳两汉画像石》，文物出版社1990年6月第一版，图156、图267、
图177、图184。高文《四川汉代画像石》第68页图22，巴蜀书社1987年2月第一版。《中国
美术全集·画像石画像砖》图九〇、图一四五、图一四六、图一四八，上海人民美术出版
社1988年4月第一版。
② ［晋］司马彪撰、［梁］刘昭注补《后汉书志》第十一册，中华书局校点本，1965年5
月第一版，第3129页。

对古代蜀人绚丽多彩的精神世界，以及古蜀时代别具特色的祭祀活动和社会生活有了更多的了解，也使我们由此而产生丰富的联想，对那些笼罩着神秘色彩的古蜀奥秘有了更多的揭示和探索。

扫码领取

● 历史文物拓展
● 博物馆随身听
● 文物品鉴笔记
● 中国历史之家

三、环境考古的启示

金沙遗址出土的器物，不论种类和数量都极其丰富，继三星堆考古发现之后，再次向世人展示了商周时期古蜀文明的灿烂和辉煌。金沙遗址也出土了很多与环境考古有关的资料，还有成都平原历年考古发掘出土的这类资料，对深入揭示三星堆和金沙遗址丰富的文化内涵具有不容忽视的重要意义。现在就让我们对此做一些探析。

从地理环境看，宝墩文化六座早期古城遗址已显示了古蜀先民从盆地西部边缘沿着岷江流域向成都平原腹心地带推进的趋势。如芒城遗址就位于青城山麓和文井江古河道（岷江支流之一）上游，面向着南面呈扇形展开的成都平原。崇州双河古城遗址和紫竹古城遗址则位于文井江中游的味江河与泊江河汇合处。新津宝墩遗址位于文井江（古代又称西河）即将汇入岷江处附近，仍处于成都平原的西部边缘。温江的鱼凫城遗址、郫县的三道堰古城遗址则已进入成都平原的腹心地带。根据参加实地调查和考古发掘人员的介绍和论述，这些早期古城址均属于同一考古学文化，而在年代关系上则有早晚先后之分。古蜀先民走出岷山沿着岷江进入成都平原后，最先修筑的可能是宝墩古城与芒城，后来由成都平原边缘地带往成都平原的腹心地区迁移，相继修筑了温江鱼凫古城和郫县三道堰古城等，再往以后才是三星堆古城的崛起和兴盛。这些古蜀早期的兴衰迁移可能有社会方面的原因，比如部族之间的强弱兴衰，以及古蜀王国的政权更替；也可能有自然方面的原因，比如洪涝灾害对居住环境乃至古城（包括大型聚落）造成的危害等。这两方面因素很可能是交错在一起发生作用的。三星堆古城在殷商时期的兴盛与湮没，很显然也与社会和自然两个方面的原因有关。以此来看商周时期的金沙遗址，它所处的地理位置也完全符合古代蜀人往成都平原腹心地区迁移发展的趋势，而它的兴衰也与前面所述两个方面原因有很大的关联。

此外还有一个不容忽视的客观情形，那就是在古蜀历史上一直存在着多部族联盟的状况。从远古时期起，直至秦汉之际，古蜀国境内始终是戎伯众多部落林立，有着数十个甚至数百个大大小小的部落或氏族。这些散居在成都平原上的氏族部落都有各自的聚邑，有的还择地筑城，便于抵御洪水发展农业，繁衍生息。20世纪中叶以来考古发现的这些早期古城或古遗址可能只是其中较少的具有代表性的一些例证，更多的则已湮没无闻了。从古代文献透露的信息来看，古蜀国虽然富庶却不够强大，这也与部族众多而相互间的联盟共主社会结构相对比较松散有很大的关系。如《史记·张仪列传》记载秦惠王召集诸臣讨论伐蜀之计，司马错说："夫蜀，西僻之国也，而戎翟之长也，有桀纣之乱。以秦攻之，譬如使豺狼逐群羊。得其地足以广国，取其财足以富民缮兵。"《史记·西南夷列传》又有"西南夷君长以什数"，或"此皆魋结，耕田，有邑聚"，或"皆编发，随畜迁徙，毋常处，毋君长，地方可数千里"的记述[1]。《华阳国志·蜀志》《汉书》等对此也有类似的记载。在秦灭蜀后，由于蜀地"戎伯尚强，乃移秦民万家实之"。这些"戎伯"就是指原古蜀国各氏族部落的首领[2]。据蒙文通先生将各种文献记载中的有关资料加以综合统计研究，古代巴蜀境内就有百数十个小部落，每个部落首领都是小诸侯，就是所谓"戎伯"，或为邑君邑长，而记载中的"群蛮"与"百濮"则是部落联盟。"蜀就是这些戎伯之雄长。古时的巴蜀，应该只是一种联盟，巴蜀不过是两个霸君，是这些诸侯中的雄长。巴蜀的疆域也只能说是所联盟的疆域。""巴、蜀发展到强大的时候，也不过是两个联盟的盟主。巴、蜀也一定伙并了一些诸侯来扩大自己的境土。到秦汉时还能考见的邑君邑长，大概只是些残余了。"[3]这些确实是非常有见地的看法。林向

① ［汉］司马迁《史记》第7册，中华书局校点本，1959年9月第一版，第2283页、第2991页。
② 刘琳《华阳国志校注》，巴蜀书社1984年7月第一版，第194页。
③ 蒙文通《巴蜀古史论述》，四川人民出版社1981年8月第一版，第30～31页。又《蒙文通文集》第二卷《古族甄微》，巴蜀书社1993年4月第一版，第199～200页。

先生也认为：四川盆地由于独特的地理环境造成大小不等的串珠状冲积平原——坝子，形成一串连绵不断又互相间隔的农业社区与人烟村镇，古蜀文化区就是这种"坝子文化""戎伯文化"的集合体。"正因为有了成都平原这个高度发达的古蜀文化的核心，带动这些小坝子上的发展不平衡的文化综合体的氏族部落，才形成了一个在华夏文化圈内独特的经济文化区域。"①

宝墩文化六座早期古城址，很可能就是一些早期氏族部落散居在成都平原上的大型聚邑。三星堆遗址起初可能也是一处古蜀某个氏族部落的大型聚邑。随着这个氏族强盛而成为统治者，三星堆也就成了殷商时期古蜀王国的重要都城。考古发掘揭示的地层关系和文化遗存说明，三星堆文化遗存经历了几个阶段，前后延续的时间很长，"在川西平原是自成系列的一支新文化，这支文化的上限在新石器时代晚期，下限至商末周初或略晚"②。考古工作者认为"三星堆遗址，是蜀人从原始社会到阶级社会长达2000年的物质发展过程的遗留"③。这些都证明了三星堆遗址由起初的聚邑发展为王国都城的过程。金沙遗址也不例外，大规模考古发掘揭示的地层关系和文化遗存说明，在年代上它与三星堆遗址相衔接并略晚，我们有充分的理由认为它起初也是古蜀某个氏族部落的栖息之地，到商周之际它才发展成为一个昌盛的大型聚邑，并取代了衰落湮没的三星堆而成为成都平原上新的文明中心。金沙遗址的兴盛和重要地位的确立，还开启了古代蜀人在成都地区修筑城邑的先声，为后世奠定了以成都为中心统辖四川境内各部族的社会生活格局。因此，将金沙遗址称为成都的母本之城应该是不过分的。

根据古籍中的记载，古蜀国的农业起源颇早。《蜀王本纪》中有"鱼凫田于湔山，得仙，今庙祀之于湔，时蜀民稀少"的说法④。可知在鱼凫王朝

---

①　林向《古蜀文化的发现与研究》，《寻根》1997年第4期，第9页。

②　《广汉三星堆遗址一号祭祀坑发掘简报》，《文物》1987年第10期，第1页、14页。

③　陈德安《三星堆遗址》，《四川文物》1991年第1期，第66页。

④　《全汉文》卷五十三，《全上古三代秦汉三国六朝文》第一册，中华书局1958年12月第一版，第414页。

时期，古蜀国已经有了早期农业，但开垦种植的规模有限，人烟也比较稀少。《华阳国志·蜀志》中对此也有类似记述，按照任乃强先生的注释："湔水，今彭县北海窝子河是也，出'关口'注于沱江（郫河），古称'湔水'……汉在都江置县云'湔氏道'，后遂改称湔县。又后遂混称都江堰为'湔堰'。本书所谓湔山，亦谓湔县之山。"①也就是说鱼凫王朝的农业垦种主要是在成都平原的西部边缘（今都江堰附近），同时还保留着渔猎的习俗。而从考古资料看，此时的鱼凫王朝统辖下的一些氏族部落已经沿着岷江支流逐渐往成都平原腹心地带迁徙。《华阳国志·蜀志》又有鱼凫之"后有王曰杜宇，教民务农，一号杜主"的记载。可知到杜宇取代鱼凫成为蜀王的时候，古蜀国的农业已有了较大的发展。尽管考古发掘揭示了当时"金属农具极少，可能还是以木制农具为主"②，但杜宇王朝确实是古蜀历史上最强盛的时期。不仅蜀国的疆域此时大为扩张，"乃以褒斜为前门，熊耳、灵关为后户，玉垒、峨眉为城郭，江、潜、绵、洛为池泽，以汶山为畜牧，南中为园苑"，而且杜宇大力发展农业的举措对巴国也产生了重大影响，"巴亦化其教而力务农，迄今巴、蜀民农时先祀杜主君"。这一遗俗在后世仍有广泛流传，直至20世纪上叶，四川一些地区的农民仍将杜宇敬奉为保护农牧之神。

从考古发现看，三星堆出土的大量器物证明古蜀王国在殷商时期已形成灿烂的青铜文明，有着繁荣的稻作农业，这对文献记载所述也是一个很好的印证。殷商时期的三星堆应该是古蜀内陆农业文明发展到鼎盛阶段的真实写照。有学者认为三星堆古城很可能是鱼凫王朝的都城。也有学者认为三星堆古城是杜宇王朝的"瞿上"城邑遗址。还有学者认为三星堆这座古城是由鱼凫王朝的故都发展而来的，在古蜀杜宇时代成为一个重要的政治经济中心，

---

① 任乃强《华阳国志校补图注》，上海古籍出版社1987年10月第一版，第118~119页。
② 刘琳《华阳国志校注》，巴蜀书社1984年7月第一版，第182~183页。

后来由于开明氏夺取政权而被废弃①。这些分析看法虽然见仁见智，但在鱼
凫时代成都平原已经出现了早期城市文明，杜宇时代已经形成了可以媲美于
中原地区和世界其他古老文明区域的灿烂的青铜文化则是不争的事实。金沙
遗址在年代上与三星堆遗址相衔接，其初始阶段很可能与杜宇时代的关系较
为密切。而从金沙遗址出土的大量石雕跪坐人像和石虎来看，栖息于此的古
蜀部族有着强烈的崇虎崇石观念，与古籍记述的开明王朝的崇尚习俗极为相
似，还有出土的大量象牙也可能与开明氏族有关。由此推测，金沙遗址很有
可能是开明氏族的早期繁衍栖息之地。至于古籍记述中的古蜀历代王朝同考
古学编年上的对应问题，还有许多未解之谜和尚待填补的空白，需要透过
"蚕丛及鱼凫，开国何茫然，尔来四万八千岁，不与秦塞通人烟"②的神秘传
说色彩，采用多学科综合研究方法进行更广泛更深入的探讨。

　　中国古代的农业主要分为两大系统，黄河流域北方地区以旱作农业为
主，长江流域南方地区则主要是稻作农业。根据考古资料，新石器时代黄河
流域已经种植黍、稷、粟、麦等旱作物，长江流域也开始种植水稻，至少都
有七八千年以上的历史。关于中国栽培种植水稻的起源，学术界曾有源于云
贵高原、华南、长江下游、黄河下游等多种说法。有学者根据现代用酶谱类
型来分析亚洲水稻的地理分布规律，认为"还是倾向于从西南的起源中心，
分为西路沿金沙江进入四川长江上游，一直到陕西；中路从粤北桂北经湘赣
至华中，然后至黄河中游；东路沿海则在太湖地区形成独特的内容丰富的中
心"③。据有的学者统计，20世纪中叶以来在我国各地发现的新石器时代稻作
遗存已有78处左右，其中63处属于长江流域，9处属于黄淮流域，还有广东、

---

① 　黄剑华《古蜀的辉煌》，巴蜀书社2002年4月第一版，第52～61页。
② 　李白《蜀道难》诗句。《蜀王本纪》中则有"从开明已上至蚕丛，积三万四千岁"
之说，又有蚕丛、柏濩、鱼凫"此三代各数百岁，皆神化不死"的说法，见《全汉文》卷
五十。《太平御览》卷一六六引《蜀王本纪》则说"从开明已上至蚕丛凡四千岁"。这些
说法常给人以神异迷茫、不可捉摸之感。
③ 　游修龄《太湖地区稻作起源及其传播和发展问题》，《太湖地区农史论文集》第1辑，
1985年。

福建、台湾各两处^①。旱作农业与稻作农业的不同分布状况显然与南北地域的自然条件有着密切的关系。四川境内虽然尚未发现早期的稻作遗存，但从文献记载来看，古蜀国很早就已成为一个生产水稻的中心。《山海经·海内经》中已有对当时农业状况的描述："西南黑水之间，有都广之野，后稷葬焉。爰有膏菽、膏稻、膏黍、膏稷，百谷自生，冬夏播琴。"《山海经·西山经》记述了当时的"神祠礼"，要"糈以稻米，白菅为席"。《华阳国志·蜀志》说秦灭蜀后，"司马错率巴蜀众十万，大舶船万艘，米六百万斛，浮江伐楚"。蒙文通先生说："可知在李冰守蜀开二江灌溉之前，蜀已大量产米。""在昭王二十七年蜀已能输六百万斛米出去，可见产量相当丰富。"^②如此庞大的米产量足以说明古蜀国生产水稻有着悠久的历史和可观的

金沙遗址出土的石盘蛇

① 陈文华《论农业考古》，江西教育出版社1990年7月第一版，第27页、59页、68～69页。
② 蒙文通《巴蜀古史论述》，四川人民出版社1981年8月第一版，第64页。又见《蒙文通文集》第二卷《古族甄微》，巴蜀书社1993年4月第一版，第228页。

规模。三星堆和金沙遗址稳定的聚居条件和丰富的水资源对当时发展稻作农业是非常有利的。除了水稻，当时还有其他多种农作物。家畜饲养在当时也可能发展到了相当的规模，此外还有一定数量的人员从事渔猎活动，整个社会经济生活呈现出繁荣兴旺的情景。

金沙遗址出土的动物造型中有多件石盘蛇，这是一个非常值得注意的现象，从它们的风格特征和用途来看，很可能与当时昌盛的稻作农业有关。其中已经公布的一件石盘蛇头长6.6厘米，身长41.8厘米，通高5.4厘米，重915克。采用蛇纹石化橄榄岩雕琢而成，并做了通体打磨①。其形态呈盘曲的S状，三角形的蛇头微微昂起，扁嘴大张，使用彩绘的方式描出了圆形的黑色眼眶和瞳仁，用朱砂涂抹了眼珠、口部与头颈等处。据考古工作者介绍，出土时石蛇与石虎共存，加上其带有巫术色彩的涂朱使用方式，推测这些石蛇可能也是古蜀族祭祀活动中的使用物，也可能是具有图腾意味的崇拜物。三星堆二号坑出土有多件残断的铜蛇，腹部有鳞甲纹饰，蛇头与背上有镂空的刀形羽翅，蛇头宽大上昂，蛇眼呈圆形凸起，尺寸长大犹如蟒蛇，形态十分生动。同时出土的还有蟠曲状的蛇形器，上有黑彩绘成的纹饰。②这些写实性很强、同时又有浓郁神化倾向的巨型铜蛇很显然应是古蜀王国大型祭祀活动中的一种崇奉象征。三星堆遗址范围内也出土有一件石质雕刻的蛇形器，现陈列于三星堆博物馆内，被称之为"蛇鹰阴阳形器"。金沙遗址出土的石蛇在形态上具有很强的写实性，未做神化夸张，在尺寸上明显小于三星堆风格华丽姿态舒展的铜蛇，而且做盘曲状，在质地与造型上都有差别，显而易见应是古蜀部族的使用物。金沙遗址石蛇与三星堆铜蛇展示出的应是一种使用等级与规格上的不同，石蛇为部族之物，铜蛇为王国都城之器，这也为探讨金沙遗址与三星遗址在考古学文化上的衔接和演化关系提供了一个重要的例

① 唐飞《石盘蛇》，《金沙淘珍》，文物出版社2002年4月第一版，第188～190页。
② 四川省文物考古研究所编《三星堆祭祀坑》，文物出版社1999年4月第一版，第325页，326～331页图一七八、图一七九、图版一二三、图版一二四、图版一二五。

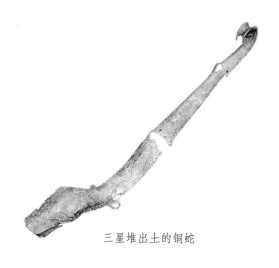

三星堆出土的铜蛇

证。尽管有这些差别，但石蛇与铜蛇所体现的象征含义则是一致的，它们都是古代蜀人的一种崇奉象征。推测商周时期的古蜀族群中很可能有崇蛇的部族，与崇虎的部族、崇鸟崇鱼的部族一样都统属于古蜀文化范畴，同时又保留着各自部族的一些崇尚习俗。金沙遗址出土资料揭示的石虎与石蛇亲密共处的情形，很可能透露了崇虎部族与崇蛇部族相互联姻的信息。此外可能还有崇鸟部族和崇鱼部族的联姻。古籍中就有黄帝娶嫘祖、为其子昌意娶蜀山氏女、大禹娶涂山氏女、杜宇娶朱提梁氏女利为妃等记载。这些都是我们熟知的典故，可知古蜀时代部族或氏族之间的通婚联姻是较为常见的现象。

这里需要进一步探析弄清的是，金沙遗址石蛇与三星堆铜蛇体现的究竟是什么象征含义。有学者认为，长江流域稻作地带的先民们自古就存在蛇崇拜，这一古老的现象可能远早于龙在南方地区的出现。如何星亮先生就认为："龙是蛇图腾的神化，是在蛇的基形上形成的。"[1]日本学者安田喜宪先生也认为："长江流域自远古时就存在蛇崇拜，由此产生了伏羲和女娲的神话。伏羲和女娲为人头蛇身。在苗族神话中，伏羲和女娲结婚，诞生了各个民族。"并说"日本最强有力的祖神也是蛇。把蛇作为神来崇拜的信仰在

①　何星亮《中国图腾文化》，中国社会科学出版社1992年11月第一版，第383页。

8000年前的绳文时代就已存在。"①我们知道，蛇是世界各地较为多见的爬行动物，在气候温暖、水源丰富的南方稻作地区尤为常见。《山海经》中就有关于蛇的大量记述，既有常见之蛇，也有神化了的或作为图腾象征的蛇。如《山海经·北山经》说"其神皆人面蛇身"，"有蛇一首两身，名曰肥遗，见则其国大旱"，"是有大蛇，赤首白身，其音如牛，见则其邑大旱"。《山海经·中山经》说："其中多鸣蛇，其状如蛇而四翼，其音如磬，见则其邑大旱。"又说："其中多化蛇，其状如人面而豺身，鸟翼而蛇行，其音如叱呼，见则其邑大水。"还有"怪神，状如人而载蛇，左右手操蛇"。又如《山海经·海外西经》说："巫咸国在女丑北，右手操青蛇，左手操赤蛇，在登葆山，群巫所从上下也。"又说："轩辕之国……人面蛇身。"《山海经·海外北经》则说："钟山之神……人面，蛇身。"又说："北方禺强，人面鸟身，珥两青蛇，践两青蛇。"《山海经·海外东经》则有"食稻啖蛇"与"食稻使蛇"的记述，又有"两手各操一蛇，左耳有青蛇，右耳有赤蛇"的记载。在《大荒南经》《大荒西经》《大荒北经》等篇章中也有"有神人面鸟身，珥两青蛇，践两赤蛇"的记录②。凡此种种，都是极为重要的研究资料。

通过上面援引的记述，可以归纳出几点看法：一、蛇在古代先民心目中有着久远的神秘感，如认为蛇与旱灾或水灾有关即是例证，因此形成了对蛇敬畏崇奉的习俗。二、人面蛇身是古人对蛇加以想象和神化的产物，具有浓郁的图腾意味，并成了古人崇拜的天神象征，如伏羲、女娲皆为人面蛇身就是最为典型的例子。三、操蛇、使蛇、珥蛇、践蛇之类可能都是古代先民们

---

① ［日］安田喜宪《龙的文明史》（蔡敦达译），［日］安田喜宪《日中携手，创造美丽的地球家园》（吴明泽译），《神话祭祀与长江文明》，文物出版社2001年3月第一版，第17页、271页。
② 袁珂《山海经校注》（增补修订本），巴蜀书社1993年4月第一版，第94页、95页、119页、148页、216页、263页、266页、277页、295页、306页、311页、426页、459页、485页。

带有巫术色彩的祭祀方式，反映的可能是巫师将蛇（可能是活蛇，也可能是石蛇、铜蛇）作为法器道具用于祭祀仪式的情景。祭祀的内容可能与禳除灾害祈求丰产等有关。许多稻作地区的古老部族可能都有这一习俗。四、在古人的崇尚观念中，操蛇、使蛇、践蛇可能还有人神沟通的寓意，或者说是巫师借以表达他有沟通人神能力的一种方式，蛇也可能是巫师之类借以通神的一种可以"践""乘"的神秘工具。总之，古籍记述的这类资料包含着极其丰富的信息，对我们探析金沙遗址出土石蛇的含义和用途是有重要参照作用的。

古代先民对蛇的敬畏和崇奉与蛇的一些自然属性可能有较大的关系。首先是蛇有很强的生存能力，蛇能通过蜕皮而获得再生，蛇的繁殖能力也很强，两蛇交媾的时间往往很长。先民很可能正是由此而联想到了子孙的繁衍和五谷的丰登。伏羲女娲蛇身交缠在一起便体现了交媾繁衍的寓意，人面蛇身也就成了人类祖神的象征。其次是蛇的蜕皮化身与蜿蜒游动的形态常给先民以神秘的联想，往往将天空中的闪电、虹霓、风云雨水与蛇联系在一起，如南方客家人就有将闪电称为"火蛇"的遗俗，又比如古代有不少关于蛇与

祝融乘龙　　　　　蓐收乘龙

《山海经》中的"乘龙"与"践蛇"图

旱涝的传说，"这些都表明古人以为蛇与雨水有关，于是人们敬蛇、祀蛇，并把它神化"，"把蛇视为主宰雨水之神"，直至把蛇神化成为龙[①]。再者是蛇在古代并非都是先民们的亲近之物，特别是毒蛇往往造成对人畜的伤害，从而引起古人对蛇的戒备与提防，可能正是由于此而形成了对蛇的敬畏，加上原始思维中对蛇的联想和神化，从而使蛇成了崇奉的象征。对蛇的敬畏崇拜在世界上其他古老文明区域也是一种常见的现象，比如古埃及、古代美索不达米亚、古印度等地都流传有蛇的神话传说和对蛇神的崇拜信仰。比较而言，中国古代对蛇的崇拜的最大的特点就是对蛇的神化，崇尚的极致便是将蛇演变成了龙。"随着时间的推移，尽管龙的地位大有'后来居上'之势，但是蛇仍然不失为一种令人敬畏的神物。"[②]例如《山海经》中既有许多"乘龙"之说，又有大量"践蛇"的记述，反映的便是龙蛇信仰并存的现象。三星堆考古发现对此也有充分的揭示，出土器物中既有神采奕奕的铜龙，也有栩栩如生的铜蛇，说明龙与蛇在古代蜀人的精神观念中都占有非常重要的地位。金沙遗址出土的多件石蛇则反映了栖息于此的古蜀部族对蛇的特别崇奉，也透露了商周时期成都可能是个多蛇的地区，这与当时稻田众多应有较大的关系。

句芒乘龙　　　　　　怪神操蛇

① 何星亮《中国图腾文化》，中国社会科学出版社1992年11月第一版，第377～383页。
② 芮传明、余太山《中西纹饰比较》，上海古籍出版社1995年11月第一版，第198页。

禺强践蛇　　　　　　　禺虢践蛇

弇兹践蛇　　　　　不延胡余践蛇

　　商周时期成都平原的稻作农业虽已发展到了一定的规模，但开垦种植的农田面积恐怕仍是有限的，并未遍及全境。当时的人烟也不能用稠密来形容。古蜀国的人口主要分布在一些大型聚邑附近，境内许多地区可能生长着大片茂密的林木，由于河流众多和排洪的不畅，境内可能还有大片的沼泽和湿地。这种地理条件和生态环境，自然就成了各种鸟兽栖息繁衍的乐园，也为古代蜀人的渔猎活动提供了极大的便利。2000年夏，在成都商业街发现了古蜀国开明王朝晚期（约相当于战国早期）的大型船棺、独木棺墓葬，出土的棺木都用巨大的楠木刳凿制成。其中最大的一具长约18.8米，直径约1.5米；其他有的长度略短，直径却达1.6～1.7米，加上棺盖则高达2米；最小型的棺木直径也在0.8～1米左右[①]。这些体型庞大的楠木至少要生长数百年才能达到如此规模，很可能是开明王朝就地取材制作而成，可知成都平原在春秋战国时期仍有大片的原始森林。类似的船棺墓葬在巴县冬笋坝、涪陵小田溪、广元昭化宝轮院、成都、新都、大邑、蒲江、彭县、绵竹、郫县、什邡、荥经等地皆有发现[②]。这些考古发现不仅揭示了船棺墓葬是春秋战国至秦汉之际巴蜀地区特有的一种丧葬习俗，而且也透露了四川盆地境内林木茂盛的情形，这些出土的古代葬具显然都是取材于附近所产的巨木制成。金沙遗址考古发掘也发现了巨型树根。最近在成都地区的新繁镇大墓山村附近又发现了一批罕见的古代乌木群，据报道介绍，直径大都在1米左右，多系三千多年前的原始森林在地质变化时埋没于地下隔绝空气硅化而成[③]。这些都为成都平原商周时期生长着大片原始森林提供了例证。前面曾引用《华阳国志·蜀志》的记述，说："司马错率巴蜀众十万，大舶船万艘，米六百万斛，浮江伐楚。"这一万多艘大舶船需用大量的木材制作，显然也是就地取材制作而

①　成都市文物考古研究所《成都市商业街船棺、独木棺墓葬发掘报告》，《成都考古发现》（2000），科学出版社2002年9月第一版，第78页、94页。

②　四川省博物馆《四川船棺葬发掘报告》，文物出版社1960年出版。四川省博物馆等《四川涪陵地区小田溪战国土坑墓清理简报》，《文物》1974年第5期。四川省文物考古研究所等《广元市昭化宝轮院船棺发掘简报》，《四川考古报告集》，文物出版社1998年5月第一版。四川省博物馆《成都百花潭中学十号墓发掘记》，《文物》1976年第3期。四川博物馆《四川新都战国木椁墓》，《文物》1981年第6期。四川省文管会等《四川大邑五龙战国巴蜀墓葬》，《文物》1985年第5期。四川省文管会等《蒲江县战国土坑墓》，《文物》1985年第5期。赵殿增、胡昌钰《四川彭县发现船棺葬》，《文物》1985年第5期。王有鹏《四川绵竹县船棺葬》，《文物》1987年第10期。郫县文化馆《四川郫县发现战国船棺葬》，《考古》1980年第6期。四川省文物考古研究所等《什邡市城关战国秦汉墓葬发掘报告》，《四川考古报告集》，文物出版社1998年5月第一版。四川省文物考古研究所等《荥经县同心村巴蜀船棺葬发掘报告》，《四川考古报告集》，文物出版社1998年5月第一版。

③　参见报道《罕见古代乌木群惊现新繁》，《成都商报》2003年5月2日A5版。

成，如果成都平原没有大片的森林是难以完成的。成都平原林木茂盛的情形可能延续到秦汉之际，由于大量砍伐和开垦才彻底改变。

　　金沙遗址发掘出土有成片的鹿角和野猪獠牙，数量非常惊人，反映了当时狩猎活动的活跃，也说明了当时动物数量的众多。《山海经·海内经》说都广之野不仅产稻，百谷自生，而且禽鸟甚多，"草木所聚，爰有百兽，相群爰处"。《山海经·大荒西经》也有类似记述，说"鸾凤自歌，凤鸟自舞，爰有百兽，相群是处，是谓沃之野"[1]。这些都是当时鸟兽众多、动物群聚的写照。鹿与野猪都是群聚性动物，喜欢在森林与草木茂盛的地方栖息出没。大量的鹿群与野猪栖聚于此，与当时成都平原得天独厚的自然生态环境不无关系。三星堆金杖和金沙遗址金冠带上的图像告诉我们，商周时期的古代蜀人已经能够熟练制作和使用长杆羽箭，他们不仅用箭来射鱼，而且可以用箭来猎取陆地动物。大量的出土资料告诉我们，渔猎在古蜀时代始终是古代蜀人社会生活中的一项重要内容。即使在农业经济已经相当发达的杜宇

成都商业街遗址出土的大型船棺

---

① 袁珂《山海经校注》（增补修订本），巴蜀书社1993年4月第一版，第505页、455页。

时代和开明王朝时期，狩猎同畜牧一样仍然有其重要地位。《华阳国志·蜀志》说杜宇"以汶山为畜牧，南中为园苑"，又说开明王朝"蜀王有褒、汉之地，因猎谷中，与秦惠王遇"，都是对当时情形的真实记述。古代蜀人喜欢射猎，在后世仍有反映。《史记·货殖列传》说卓氏迁蜀居于临邛，因冶铸铁器而"富至僮千人，田池射猎之乐，拟于人君"[①]，即是古蜀射猎遗俗的写照。

金沙遗址出土的大量鹿角，其用途和含义是个非常值得探讨的问题。世界上许多地区都有将鹿角用于巫术活动或祭祀仪式的习俗。如在远古时代的欧洲，岩画中就有描绘巫师头戴鹿角的形象[②]，表现的是巫师戴着鹿角在做祭祀舞蹈和施展巫术威力的情景，其目的可能与祈求丰育有关。美洲印第安人也有使用鹿头向太阳祈祷求得丰产的仪式，有的部族则有在鹿头柱子下跳祈雨舞的做法。有学者认为，正是由于古代先民相信戴着角冠具有促使生物丰育的巫术力量，所以角冠与鹿角之类便成了举行祈求丰育仪式时使用的重要"法器"[③]。此外，在古人的心目中，鹿角还具有辟邪的作用。在商周时期以及春秋战国的墓葬中出土的镇墓兽大都以鹿角作为冠饰[④]，即体现了辟邪的寓意。值得注意的是，在楚国墓葬的出土器物中，有的禽鸟头上和身上也饰有鹿角。如湖北随县擂鼓墩曾侯乙墓出土的鹿角立鹤，湖北江陵雨台山166号楚墓出土的虎座立凤[⑤]，便是最显著的例子。装饰在青铜立鹤头部与彩绘漆器虎座立凤背上的鹿角，显得分外张扬，极大地增添了鹤、凤的神奇感，可谓

---

① ［汉］司马迁《史记》第10册第3277页，第9册第3000页，中华书局校点本，1959年9月第一版。

② 朱伯雄主编《世界美术史》第一卷，山东美术出版社1987年8月第一版，第82页。

③ 芮传明、余太山《中西纹饰比较》，上海古籍出版社1995年11月第一版，第286~287页。

④ 皮道坚《楚艺术史》，湖北教育出版社1995年7月第一版，第104~110页，图五四，图五五，第16页图一四，第139页图七五，第163页图八八。

⑤ 皮道坚《楚艺术史》，湖北教育出版社1995年7月第一版，第112页图五六，12页图一一。

金沙遗址出土的鹿角与野猪獠牙

"集壮、美、奇于一身,令观者神旺"①。有学者认为,鹤、凤装饰的鹿角"与其他镇墓兽一般,也具有禳灾驱邪的作用,大概是可以肯定的"②。也有考古学者认为虎座立凤背上的鹿角为龙的象征,表现的是龙凤共身、足下踩虎、引魂升天(楚人借凤以引导所招之魂,借龙以飞升上天)、除恶辟邪的含义③。虽然对装饰的象征含义的理解有所不同,但认为鹿角有驱邪与辟邪的作用则是一致的。

除了鹿角与巫术的关系和辟邪的作用,鹿在古人心目中还是一种祥瑞的动物。《诗经·小雅》中已有"呦呦鹿鸣,食野之苹,我有嘉宾,鼓瑟吹笙"的描述。后世因之而有"鹿鸣宴"的流行。古籍中又有"德至鸟兽,则白鹿见"的说法。《艺文类聚》卷九十五则有"老子乘白鹿"与得道成仙者乘白鹿的记述,《列仙传》又有仙人所骑之鹿乃龙所化之说④。古人想象中

① 张正明《楚文化史》,参见图版一四,上海人民出版社1987年8月第一版,第139页。
② 芮传明、余太山《中西纹饰比较》,上海古籍出版社1995年11月第一版,第303页。
③ 张正明主编《楚文化志》,湖北人民出版社1988年出版,第92页。
④ 〔唐〕欧阳询《艺文类聚》,上海古籍出版社1982年1月新一版,第四册第1647~1649页。

的神异瑞兽麒麟就是从鹿演变而来，在后世位居"四灵"之首，有时亦称为天鹿（或做天禄）。《汉书·西域传》有"乌弋……有桃拔、师子、犀牛"的记载，孟康注文说："桃拔一名符拔，似鹿，长尾，一角者或为天鹿，两角者或为辟邪。"①可知天鹿（天禄）或辟邪在古人心目中都是神异之兽，是被除不祥的象征。鹿在古代又是巫师通神的工具或乘坐的脚力，是龙虎鹿三蹻之一。在汉代的画像砖上常见有仙人骑鹿的画面，便是鹿蹻通神遗俗的反映。在古希腊神话中，鹿也常常作为神祇的坐骑。有的古老民族还将金色的鹿角视为太

湖北江陵楚墓出土的鹿角镇墓兽

阳光芒的象征。总之，这些都说明了古人对鹿的重视。

有了这些对比和借鉴，现在来看金沙遗址出土的大量鹿角，它们的用途和含义就比较清楚了。首先，这些鹿角与经过专门挑选的野猪下犬齿以及美石之类堆积放置在一起②，应是一种有意识的行为。其集中分布区位于"梅苑"考古发掘区的北部，多达1300余件的大量珍贵文物（包括金器、铜器、玉石器）以及象牙堆积坑都是在该发掘区内出土的。由此推测，它们都与金

① ［东汉］班固《汉书》，中华书局校点本，1962年6月第一版，第12册第3889页。
② 朱章义、张擎、王方《金沙村遗址概述》，《金沙淘珍》，文物出版社2002年4月第一版，第11页。

画像砖上的"戏鹿"图（四川新都出土）

沙遗址统治者的祭祀活动有关，这些鹿角显然也是古蜀族举行某种祭祀仪式后的遗存。其次，巫风甚炽是古蜀时代的一大特色，这些鹿角很可能也是古代蜀人巫术行为方式中的使用之物，其用途可能具有厌胜的性质，体现的主要是辟邪的功能。再者，古蜀族使用这些鹿角可能也有祈求丰育的含义。希望部族繁衍强盛，这对任何古代民族来说都是一个极为重要的主题。古蜀族的祈求丰育可能还包含了希望五谷丰产、畜牧兴旺、百物繁荣的意思，以求获得更多的资源，以利于部族的昌盛发达。古代蜀人的精神观念总是呈现出绚丽多彩的情景，祭祀活动更是形式多样，往往展示出多重含义。金沙遗址出土的鹿角在用途上显然也体现出了丰富的含义，是探析古蜀族崇尚习俗的重要资料。与鹿角堆积在一起的野猪獠牙，可以参照鹿角与象牙在祭祀活动中的作用，在用途上可能也有某些类似的用意，体现的很可能是禳灾驱邪、袚除不祥的含义，同样是一种巫术行为，带有厌胜的色彩。附带提及三星堆二号坑出土的三枚虎牙，牙根部均有穿孔，表明可以穿系后作为饰物使用，显示了古代蜀人对大型猛兽獠牙的喜爱珍视之情。由此可知，古蜀族对象牙的崇尚，对野猪獠牙的重视，在观念上和习俗上都是一脉相承的。

　　四川盆地境内有着丰富的自然资源，在两千多年前的先秦时期，这里不仅有茂密的原始森林，有大量的各类动物和植物可供古代蜀人狩猎和采集，而且有着丰富的玉石与矿产资源，为古代蜀人制作玉石器和发展青铜冶铸业提供了极大的便利。众多的河流和丰富的水资源也为古代蜀人捕鱼、灌溉农

"仙人骑鹿"画像砖（四川彭县出土）

田、发展稻作农业提供了有利的条件。但发生洪灾时，也给古代蜀人带来很大的危害，甚至造成聚落和城邑的毁弃。因此，治理水患也就成了古蜀社会生活中的一件大事。《蜀王本纪》说杜宇时代发生大洪水，派鳖灵决玉山泄洪才获得了治水的成功，这应是对当时真实情形的记述。由于治水，还发生了开明王朝取代杜宇统治的政权更替。三星堆古城有穿城而过的古马牧河，金沙遗址则有穿城而过的磨底河，都说明了古代蜀人在择地筑城和建立大型聚邑时对水源的重视。马牧河如今已成了很窄的河渠，磨底河故道也已湮没，但它们在商周时期很可能是宽阔而重要的河流。磨底河给金沙遗址古蜀

族的生活既带来了便利，也可能在发生洪水时带来过危害。在对金沙遗址做深入研究时，这些都是我们需要特别注意的重要考古资料。

总之，成都平原上历年来的考古发掘积累了一些非常重要的环境考古资料，给了我们丰富的启示，对揭示古代蜀人社会生活的真实情形，具有不容忽视的重要作用，而且对深入探析古蜀历史文化的发展也有着非常重要的意义。

扫码领取
* 历史文物拓展
* 博物馆随身听
* 文物品鉴笔记
* 中国历史之家

繁荣的内
陆王国

第六章

一、兴旺的古蜀都邑

金沙遗址惊人的考古发现引起了海内外的关注。这里究竟是一处什么性质的遗址呢？这已成为备受世人关心的一个热门话题。在我们介绍和观赏了那些具有代表性的出土器物之后，现在让我们来对这方面再做一些探讨。

从考古发掘揭示的情况来看，金沙遗址出土的大量精美文物、房屋建筑遗迹和大型祭祀场所以及窑址、墓葬、灰坑的多处发现，说明这里在商周时期曾是古代蜀人的一处重要大型聚邑，或者说是一处非常昌盛的中心遗址，这应该是没有多大疑义的。定居于此的可能是古蜀族群中的某个部族，或者是几个联姻的部族，开始可能人口不多，部族比较弱小，经过长期栖息繁衍而日益兴旺，逐渐强盛起来。在年代上，金沙遗址与三星堆遗址相衔接。也就是说，当三星堆尚是古蜀王国都城的时候，金沙遗址就已经成为了古蜀部族的栖息之地。这个部族同样有着昌盛的祭祀活动，有着强烈的太阳崇拜观念，有着对鱼、鸟的特殊崇尚之情，并有在祭祀仪式中使用石雕跪坐人像、石虎、石蛇的传统，还有大量使用象牙、鹿角、野猪獠牙的习俗，这些行为方式大都带有浓郁的巫术色彩。据此来分析推测当时的古蜀社会政治体制结构，殷商时期古蜀王国应是由很多部族或氏族联盟构成的共主统治社会，三星堆都城则是古蜀王朝最高统治阶层的驻地，金沙遗址的古蜀部族在神权和王权方面要听从三星堆都城最高统治者的统辖，所以在祭祀器物的等级与规格上都显得比较小巧。比如金沙遗址出土的小型青铜立人像等就是显著的例子，与三星堆青铜雕像群宏大的气势有着明显的差异。又比如金沙遗址尚未发现一件青铜礼器，与三星堆出土较多的青铜尊、青铜罍相比较，也显示出了礼仪等级上的差别。到商周之际，金沙遗址的古蜀部族已经非常强盛了，考古发掘揭示出这里已经有了相当繁荣的社会生活，经常举行各种大型的祭祀仪式，陶器的生产和玉器的制作以及金器的加工都达到了很高的水

三星堆一号坑出土的青铜　　　三星堆二号坑出土的青铜尊　　　三星堆二号坑出土的青
龙虎尊　　　　　　　　　　　　　　　　　　　　　　　　　　铜罍

平，以稻作为主的农业生产已大为发展，畜牧和狩猎的活动也很可观，为古
蜀部族的繁衍壮大提供了充足的资源和切实的保障。当三星堆古城衰落乃至
湮没时，日趋强盛的金沙遗址很可能扮演了取而代之的角色。有学者认为，
从遗址宏大的分布规模、文化内涵的繁荣发达程度来看，金沙遗址很可能是
三星堆之后古蜀王国的又一处重要都邑所在。还有学者认为，三星堆古城衰
落湮没之后，古蜀都城里的一部分人向南迁入了金沙遗址，另一部分古代蜀
人向北迁移发展，进入了汉中盆地和宝鸡地区，成为弲国的主要成员。这些
看法显然都有一定的道理。

　　从大型聚邑发展演化为都城，在历史上是较为常见的一种现象。三星堆
古城就经历了这样的发展演变。考古发掘揭示的地层关系和文化遗存便对此
提供了充分的证据。金沙遗址也不例外，同样经历了这种由聚邑向都城的发
展演变。虽然我们对此已有了比较清晰的认识，但也有不少疑惑尚待我们去
做进一步的研究破解。比如金沙遗址和古代文献记载中古蜀王朝的对应关系
问题，这里究竟是古蜀历史上杜宇王朝创建的一处大型聚邑，还是开明氏族
在成都地区的早期栖息发展之地？目前我们还很难断定。但有一点则是肯定
的，金沙遗址并不是突然出现的一个都邑，也不是三星堆古城完全毁弃湮没
之后才出现的这样一个大型聚落中心。显而易见，金沙遗址曾有过一段较长

时期的开创、崛起、兴旺、繁荣发展过程，这才使它有了取代三星堆地位的可能，并为古蜀王国正式定都于成都开启了先声。

值得注意的是，金沙遗址目前尚未发现城墙遗迹，同成都平原上考古发现的宝墩文化六座早期古城不同，与三星堆古城遗址也不一样。金沙遗址是否属于开放的聚合模式？是否为一处无需城垣的古蜀国都邑？有很多研究古蜀历史文化的学者都注意到了成都在早期城市模式上与众不同的特点。徐中舒先生就认为古代的早期成都是自由都市[①]。段渝先生也认为："早期成都的功能体系中，起主导作用的是工商业，是一座早期的工商业城市，与具有王都气象的三星堆古城不同。""成都古无城垣，一方面是同它大量的干栏式建筑有关，显示出早期城市居民的民族风格和文化特性。一方面与它的功能体系相适应，是它作为一座早期的工商业城市的特点所决定的。"[②]这些都是很有见地的看法。段渝先生还提出了关于古代蜀国早期城市体系的一个假设，认为："在这个体系中，三星堆王都是首位城市，居于中心的、支配的地位，发挥着政治中心和宗教中心的功能。成都是次级城市，居于从属地位，主要发挥工商业功能。"[③]联系到成都十二桥遗址和金沙遗址的考古发现，将它们与三星城古城在时间上的衔接关系综合起来分析，这个假设应该是成立的。这与我们前面对金沙遗址与三星堆都城关系的分析，以及对金沙遗址由大型聚邑向都城发展演变的探讨，在基本观点上也是一致的。这里又要说到金沙遗址的聚合特点。作为商周时期古蜀王国一处繁荣昌盛的大型聚邑，按常理推测这里很可能也曾修筑有城墙，也许由于水患或离城市太近而被后人毁除了，或由于后世的迁建以及其他种种因素，终于导致了数千年之后金沙遗址城墙遗迹的消失。总之，这种可能性是存在的，并不能简单地加以否定。这些问题与分析看法的提出，对我们认识和探析古蜀文明丰富多彩

---

① 　徐中舒《成都是古代自由都市说》，《成都文物》1984年第1期。
② 　段渝《四川通史》第一册，四川大学出版社1993年10月第一版，第154页、155页。
③ 　段渝《四川通史》第一册，四川大学出版社1993年10月第一版，第155页。

的发展轨迹无疑是有重要启示作用的。

金沙遗址的考古发掘告诉我们，这里作为商周时期古蜀王国的一处重要中心遗址，不仅面积广阔、规模宏大，而且有着功能齐全的聚邑布局，由此可以想象当时的繁荣情形。其中有大面积的建筑居住区，有墓地，有宗教仪式活动区和大型的祭祀场所，还有大量的手工作坊和烧制陶器的窑址。这些考古发现揭示的情景和出土的大量器物，反映出当时古蜀社会已有一整套礼仪制度和多种行业的明确分工。栖居于金沙遗址的古蜀部族已形成了由巫师和部族首领构成的统治阶层，通过掌握神权和王权而控制着整个氏族和统辖的领地。从遗址的规模来看，可知当时栖居于金沙遗址（包括十二桥遗址和周边区域）的人口已颇为可观，整个社会都充满活力，物质文化灿烂兴旺，精神观念更是绚丽多彩。

金沙遗址的兴旺强盛首先与社会经济的繁荣发展密不可分。从成都平原20世纪中叶以来总的考古发现情况来看，以成都平原为活动中心的古蜀王国在商周时期无论是农业、畜牧业、副业、手工业等方面都有了相当可观的发展规模，此外还有大量的渔猎活动和与外界的商贸往来，从而为古蜀社会奠定了较为丰厚的经济基础，形成了灿烂的内陆农业文明。联系到《山海经》《蜀王本纪》《华阳国志》等古代文献中的记载，说都广之野"有膏菽、膏稻、膏黍、膏稷，百谷自生，冬夏播琴"[1]；说古蜀国"山林泽渔，园囿瓜果，四季代熟，靡不有焉"；又说"其宝则有璧玉、金、银、珠、碧、铁、铅、锡、赭、垩、锦、绣、罽、氂、犀、象、毡、旄、丹黄、空青、桑、漆、麻、纻之饶"；并说古蜀国的疆域"乃以褒斜为前门，熊耳、灵关为后户，玉垒、峨眉为城郭，江、潜、绵、洛为池泽，以汶山为畜牧，南中为园苑"[2]。这些记述向我们透露和描绘的都是一派兴旺昌盛的社会情形。

古蜀国繁荣昌盛的情景，与成都平原的气候、水资源等优越的自然条

①　袁珂《山海经校注》（增补修订本），巴蜀书社1993年4月第一版，第505页。

②　刘琳《华阳国志校注》，巴蜀书社1984年7月第一版，第176页、175页。

金沙遗址出土的铜方孔锄形器

件显然有着很大的关系。同时与古蜀部族农耕聚落的稳定、古蜀王国早期城邑的兴盛和社会生活的繁荣发展也互为促进，密不可分。从古籍中的记述可知，古代蜀人在栽种水稻方面有着悠久的历史和可观的规模，到秦并巴蜀之时古蜀国已经成为长江上游的水稻生产中心。商周之际的金沙遗址，显而易见也是以稻作农业为主，产量也颇为可观，除了满足日常食用，富余的还用来酿酒和贮藏。金沙遗址出土的与古蜀族饮食生活有着极其密切关系的大量陶器，对此便是一个很好的印证。在遗址范围内发掘出土的陶器种类很多，比较完好的器型主要有尖底盏、尖底杯、圈足罐、高颈罐、喇叭口罐、小平底罐、袋足盉、高柄豆、矮柄豆、豆形器、簋形器、细颈瓶、陶盉、陶瓮、束腰形器座、器盖等，此外还有数量庞大的陶片[①]。从器形种类来看，这些陶器包括了各种炊器、食器、饮器、水器、酒器，还有大量的贮器。这些丰富多样的器形充分反映了当时古蜀先民们食物的多样性。大量的贮器是供贮放粮食和食物之类使用的，反映了当时农产品的富余。在遗址范围内还发现有成排的窖穴，具有贮藏的性质，也是很好的印证。值得提到的是，在金沙遗址黄忠村"芙蓉苑"发掘出土了一件木质农具耜[②]，还发现了人工渠道的遗迹，也是当

① 朱章义、张擎、王方《金沙村遗址概述》，《金沙淘珍》，文物出版社2002年4月第一版，第7～13页。

② 参见报道《金沙出土商代古耜》，《成都日报》2003年2月25日B2版。《金沙挖出三千年前农家乐》，《成都商报》2003年2月25日A2版。关于耜等木质农具在考古中的发现以及在古代农业中的作用，请参见陈文华《论农业考古》第122～132页的介绍与论述，江西教育出版社1990年7月第一版。

时农业生产发展到了相当规模的重要例证。

可以说，正是由于商周时期古蜀王国农业生产的繁荣和日常生活的消耗和需求，促进了制陶业的兴旺。金沙遗址出土的大量陶器说明，古蜀族的陶器制作加工已成为一个很重要的行业，推测可能有较多的人员从事这个行业，在制作过程中已有比较完善的分工合作。金沙遗址范围内现已发现多处窑址，黄忠村"三合花园"就发现窑址17座，旁边还有房址17座、灰坑300多个，"金都花园"和"兰苑"等处也发现了窑址，由此可知当时制陶业的规模。考古发掘揭示的这些窑址群均是小型馒头形窑，每个陶窑的面积约6平方

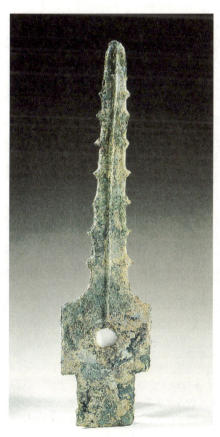

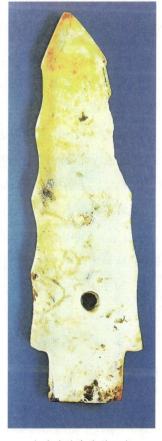

金沙遗址出土的铜戈　　　　　金沙遗址出土的玉戈

米，由工作面、窑门、火膛、窑室组成，窑室多呈前低后高的斜坡状①。烧制时火焰由火膛进入圆形窑，袋状的火膛和圆形窑室对充分燃烧提高窑温是比较有利的。出土的陶器大都为夹砂褐陶和灰陶，制作工艺以手工制作和慢轮加工为主，器形以实用为主，纹饰较少，素面居多。金沙遗址出土的陶器在形制特点方面与三星堆出土的陶器非常相似，在造型风格上给人以朴实无华之感，这很可能与古代蜀人的制陶习惯有关。从三星堆和金沙遗址出土的大量陶器陶片来看，当时的陶器制作主要是为古蜀国日常的世俗生活服务，与祭祀活动无关，所以追求简单实用便成了古代蜀人的制陶风格。

栖居于金沙遗址的古蜀族对青铜铸造、黄金制品和玉石器制作也非常重视，当时已有了大量的人员分工合作，专门从事这方面的制作。特别是金器和玉石器的制作加工尤为兴旺，已形成了专门的行业。这些器物和制品并非日常生活中的实用品，主要是为了满足频繁举行的各种祭祀与礼仪活动的需要。由于祭祀活动在古蜀社会生活中的重要性，更由于执掌神权与王权的统治阶层的无比重视，各种宝贵的资源都尽可能地被运用于此，因此促使了制作者们在造型艺术和技术工艺等方面都尽到了最大的努力，将他们的想象力和聪明才智都做了充分的创造发挥，从而使这类行业高度兴旺。

从金沙遗址出土的大量玉石器来看，其中绝大多数都与古蜀族的祭祀活动有关，反映了当时巫风的昌炽和"礼神"习俗的盛行，也印证了当时宗教祭祀活动的昌盛。其中有些玉石器，如造型精美、纹饰奇妙的玉琮之类为研究古蜀族的精神崇尚与文化交流提供了宝贵的资料。有些玉石器则可能兼具多种功能，如玉环、玉璧形器、玉筒形器、玉牌之类，既是"礼神之玉"与礼器，也可能作为装饰品。又比如玉戈、玉剑、玉矛既可能是仪仗，也可能

---

① 成都市文物考古研究所、北京大学考古文博院《金沙淘珍》第7页、10页，文物出版社2002年4月第一版。参见《成都市黄忠村遗址1999年度发掘的主要收获》，成都市文物考古研究所编著《成都考古发现》（1999）第167页、170页，科学出版社2001年7月第一版。见朱章义、张擎、王方《成都金沙遗址的发现、发掘与意义》，《四川文物》2002年第2期，第6页、8页。

具有实用性质。还有玉斧、玉锛、玉凿等，既可作为祭祀品，也可作为工具使用。在制作工艺方面，无论是对玉石料的选择、切割，还是琢制加工、雕刻钻孔、研磨抛光，都显示出很高的水平。从遗留的痕迹推测，玉石料的切割很可能是使用一种比较锋利带锯齿形的金属工具进行的。按照器物的厚薄切割成毛坯后，再加工磨制成形。一些圆形的玉石器可能采用了转轮之类的磨制加工方法。出土的多件筒形器以及作为串饰使用的绿松石管则显示出了钻孔方面的高超技

金沙遗址出土的玉斧形器

术。一些玉石器上面透雕镂刻的动物形态和刻画的图案纹饰则充分展现了制作者丰富的想象力和娴熟的雕刻技艺。这些种类繁多精心制作的玉石器，许多都堪称商周时期玉石器中的精品。特别是人物和动物造型，更是玉石雕刻杰作，不仅凝聚着丰富的文化内涵，而且洋溢着浓郁的古蜀特色。

　　从材料质地看，金沙遗址出土的玉器大都为透闪石玉，出土的石器大都为蛇纹石化橄榄岩、蛇纹岩、蛇纹石化大理岩、砂岩等。经过初步鉴定研究，这些玉石器材料可能来源于成都平原西北边缘山区，如汶川龙溪可能是透闪石玉产地之一，彭州白水河一带则可能是蛇纹岩等材料的采集地①。三星堆出土的玉器和石器材料，有学者认为主要产于川西平原的龙门山等地，

①　杨永富、李奎、常嗣和《金沙村遗址玉、石器材料鉴定及初步研究》，《金沙淘珍》，文物出版社2002年4月第一版，第198页。

金沙遗址出土的玉璧状斧形器

金沙遗址出土的玉凹腰筒形器

特别是石料可能来源于龙门山脉南段，即茂县——汶川——都江堰一带①。此外，岷山、玉垒山、邛崃山脉也可能是古代蜀人采集玉石材料之处。古籍中有不少记载。如《山海经·中山经》中就有"岷山，江水出焉……其上多金、玉，其下多白珉，其木多梅、棠，其兽多犀、象，多夔牛，其鸟多翰、鹭"之说。又说："崃山，江水出焉，东流注大江，其阳多黄金，其阴多麋、塵。"袁珂先生说崃山也就是现在的邛崃山②。《华阳国志·蜀志》说"其宝则有璧玉"，佚文则有"玉垒山，出璧玉，湔水所出"的记述③。可知古蜀王国境内有不少出产玉石（包括黄金等矿产）的山川，为采集玉料和石料提供了丰富的资源。从制作工序上看，从玉石料的开采、运输，到切割下料、琢治研磨、雕刻加工、钻孔抛光等，需要大量分工合作的工匠和人力，而且还需要一定数量的后勤人员和管理人员。根据金沙遗址出土玉石器的庞大数量来推测，这应是一支人数较多的行

① 四川省文物考古研究所编《三星堆祭祀坑》中附《三星堆一、二号祭祀坑出土玉石器岩石类型薄片鉴定报告》第514页，文物出版社1999年4月第一版。
② 袁珂《山海经校注》（增补修订本），巴蜀书社1993年4月第一版，第189页、190页。
③ 刘琳《华阳国志校注》，巴蜀书社1984年7月第一版，第175页、178页注［八］。

业队伍，由此也可以想见当时古蜀族玉石器加工制作的繁荣热闹情景。

金沙遗址出土的众多黄金制品说明古蜀族已经有了开采和制作黄金器物的丰富经验，反映出金器加工也是当时一个比较兴旺的手工行业。黄金制品的材料，很可能采集于四川盆地周边的山川河谷地带，古籍中对这些产金之处就有不少记载。结合四川境内的地质情况来看，岷江、大渡河、雅砻江、金沙江的一些地段都有较为丰富的金矿分布，涪江、白龙江和嘉

金沙遗址出土的石斧形器

陵江上游一些地方也出产沙金。古蜀族将采集到的黄金原料经过长途跋涉运送到金沙遗址大型聚邑的作坊里，然后熔化冶炼，锤揲成形，制成各种精美的金器和黄金装饰品。推测当时应有较多的人员从事这一行业。在金沙遗址出土的珍贵器物中，较为完整的金器就有31件之多。这些金器形态多样，制作精致，有金面罩、金冠带和各种金饰品。它们大都用很薄的金片或金箔制成，在工艺上采用了锤揲、剪切、打磨、刻画、模冲、镂空、嵌贴等多种手法，显示了很高的水平。有的金器或金饰品还采用娴熟的技巧镂刻了美丽精妙而富于想象力的图案，赋予了丰富的象征含义。如神奇的太阳神鸟金箔饰就给人以精妙绝伦之感，堪称商周时期黄金制品中罕见的杰作。此外，金冠带上奇妙的图案、金箔蛙形饰独特的形态纹饰都可谓三千年前金器加工工艺中的经典之作。这些古蜀时代具有独创性的黄金制品所展现出的穿越时空的艺术魅力，至今仍使人惊叹不已。

在此之前，三星堆遗址也出土有大量的金器，特别是独具特色的金杖、黄金面罩、多种黄金动物图形和装饰品等，展示出极其高超的加工制作技艺和丰富的文化内涵。金沙遗址出土的金器进一步揭示了古代蜀人在黄金开采

三星堆出土的青铜公鸡

加工方面的非凡成就。在风格特色和文化内涵上，金沙遗址出土的金器与三星堆所出黄金制品可谓一脉相承，而在工艺和图案等方面则又有了更多的创新发挥。在世界考古史上，19世纪70年代曾在古希腊迈锡尼墓葬中发掘出土了大量黄金制品[1]。20世纪20年代在古埃及新王国时期的图坦卡蒙陵墓出土了人形金棺和金面具等黄金制品1700余件，被一些学者称为是中亚和西方青铜时代文明的杰作[2]。三星堆和金沙遗址的考古发掘揭示，古代蜀人也是世界上最早开采和使用黄金的古老部族之一，在殷商时期就已熟练地掌握了黄金的加工制作技术，制作出了可以同古埃及、古希腊文明媲美的金面具、金杖、金冠带、太阳神鸟金箔饰等精妙之作，纠正了过去西方艺术史上的偏见，为世界美术史增添了新的内容。

总的来说，正是古蜀国农业生产的兴旺和手工业的昌盛促使了当时整个社会经济的繁荣。金沙遗址的考古发现还告诉我们，商周时期古蜀族的农副业也很兴旺，家畜饲养业和畜牧业可能都较为发达。在三星堆二号坑出土的器物中有5件青铜水牛头和1件栩栩如生的青铜公鸡之类，出土的多件青铜尊和青铜罍肩部则分别铸有三牛头、三羊头或四羊头[3]。三星堆一号坑出土

---

① 朱伯雄主编《世界美术史》，山东美术出版社1989年1月第一版，第三卷第82～86页。

② 同上，第二卷第251～256页。

③ 四川省文物考古研究所编《三星堆祭祀坑》，文物出版社1999年4月第一版，第340页、332页、238～262页。

的动物骨骼，经鉴定大部分为中型
动物，如猪、羊等，少数为大型动
物，如水牛等。还有鹿角、象牙与
象的臼齿等①。三星堆遗址范围内所
进行的环境考古也发现有猪、牛、
山羊等骨骼残骸②。金沙遗址也出土
有形态逼真的铜牛首多件③。这些考
古发现与出土器物，显然都是古代
蜀人大量饲养家畜的印证。我们知
道，新石器时代人们已经开始饲养
马、牛、羊、鸡、犬、猪"六畜"。
随着社会的发展和农业的进步，家畜
的种类与数量也大大增多。参照三星
堆古城大量饲养家畜的情形，推测金
沙遗址大型聚邑内所饲养的家畜也会
有相当的数量。在养蚕植桑和其他养
殖业方面可能也有一定的规模。此
外，古蜀族的渔猎活动也很活跃，作
为农副业的一项重要补充，增添了更
多的食物来源。金沙遗址出土的金冠
带图案，与三星堆金杖图案一样都刻
画了四支长杆羽箭贯穿鸟颈射入鱼头
的情景，这应是古蜀族使用弓箭经常

三星堆出土铜尊上的牛首

金沙遗址出土的铜牛首

① ［日］本乡一美《三星堆一号祭祀坑出土动物骨骼的初步观察》，《三星堆祭祀坑》，文物出版社1999年4月第一版，第522页。
② 贺晓东《广汉三星堆环境考古调查》，《四川文物》1997年第4期第61页。
③ 唐飞、孙华《铜牛首》，《金沙淘珍》，文物出版社2002年4月第一版，第50～51页。

从事渔猎活动的生动写照。不言而喻，透过其蕴含的神话色彩和象征含义，折射和反映的则是现实生活中的世俗内容。金沙遗址多处大面积出土有野猪獠牙和鹿角，数量甚多，便反映了当时猎获物的丰富。

考古发掘揭示，商周时期古蜀族的建筑业也很发达。三星堆曾发现大量的房屋建筑遗迹，金沙遗址也发现有多处房址遗迹。在金沙遗址的"兰苑"和黄忠村"三合花园"发掘揭示的房址群均为富有古蜀特色的木（竹）骨泥墙式建筑。这些建筑有大型和小型之分，大型建筑面积宽敞，规模宏大，可能为古蜀族的王公贵族与统治阶层所拥有；小型房舍面积较小，可能是平民阶层的住所。如黄忠村"三和花园"房址群中有5座房址均为大型排房建筑，长度在20米以上，最大的一座（F6）宽近8米，长度在54.8米以上，至少有5个开间，面积在430平方米以上。这5座房址的布局也很有规律，可能为一组建筑[1]，反映了较高的使用等级。在建筑方式上，这些大型建筑和小型房舍均挖有基槽，并有密集的小柱洞，大型建筑每间隔一定距离（1米左右）还有一大柱洞，是当时修筑时采用大型梁柱留下的遗迹。特别是木骨泥墙式的大排房建筑，不仅格局宏大，特色鲜明，而且考古发掘揭示出有叠压打破关系，"对我们了解当时的建筑结构、水平及功用都提供了难得的实物资料"[2]。非常有意思的是，金沙遗址的这些房址在坐落位置上基本都是西北—东南朝向，推测可能与古代蜀人的方位感有关，由此可知古蜀族在进行建筑时曾有一定的规划。在年代上与金沙遗址相衔接的十二桥遗址，发掘揭示出大面积木结构建筑群，可看出梁架结构，有梁枋、立柱，大都采用原木并于两端加工，在结构上使用了榫卯与捆扎相结合的技术，墙壁与房顶还采用了竹木、树皮、茅草等材料。该建筑群虽由于洪水袭击而倒塌，但仍可看出其建筑形式为南方地区典型的干栏式。这种木结构房居"与平原上雨量充沛、地面潮

---

[1] 朱章义、张擎、王方《金沙村遗址概述》，《金沙淘珍》，文物出版社2002年4月第一版，第7页、10页。

[2] 成都市文物考古研究所编著《成都考古发现》（1999）中所载《成都市黄忠村遗址1999年度发掘的主要收获》，科学出版社2001年7月第一版，第180页。

成都十二桥遗址发掘的木结构建筑群

湿的自然环境是密切相关的"[①]。金沙遗址滨河而居的建筑群，与十二桥遗址属于同一地区同一文化类型，很可能也是干栏式建筑，后来的毁弃湮没同样也有遭遇洪水方面的原因。总的来说，商周之际古蜀族这种约定俗成的建筑形式，既有统治阶层追求的大型建筑风格，又有平民阶层小型房舍的生活情调，应是当时社会生活情形的真实反映。

金沙遗址规模宏大的整体布局还显示出统治者对这座大型聚邑实施切实有效管理的能力。如果将金沙遗址与成都地区考古发现的其他商周遗址联系起来，可知成都这座早期大型聚邑的规模并不仅仅限于金沙遗址，已经向东面和南面延伸发展。这也反映了当时人口的增多和社会的繁荣，说明古蜀族在成都地区的开拓发展取得了卓有成效的。到开明王朝五世由于遭遇洪水等

① 王毅《成都市巴蜀文化遗址的新发现》，《巴蜀历史·民族·考古·文化》，巴蜀书社1991年4月第一版，第296页。

原因放弃故邑，徙治成都时①，这里的大型聚邑已经形成了早期城市的雏形，很可能已经成为了当时古蜀国的一个经济文化中心。而这大概正是开明王朝要在成都正式建立都城的关键所在吧。

　　总而言之，金沙遗址考古发掘为我们揭示了商周时期古蜀族繁荣的社会生活，也为我们追寻、了解古代蜀人在成都地区的经营发展轨迹，为探讨古蜀王国绚丽多彩的历史文化提供了宝贵而丰富的资料。

扫码领取
- 历史文物拓展
- 博物馆随身听
- 文物品鉴笔记
- 中国历史之家

---

① 　《路史·余论》卷一说"自开明五世开明尚始立宗庙于蜀"，又说"开明子孙八代都郫，九世至开明尚，始去帝号称王，治成都"。《寰宇记》卷七二引《蜀王本纪》说"蜀王据有巴蜀之地，本治广都樊乡（在今双流区境），徙居成都"。《华阳国志·蜀志》说"九世有开明帝，始立宗庙……开明王自梦廓移，乃徙治成都"。学者们通常认为是开明五世（也有说是九世）自郫邑徙治成都。参见刘琳《华阳国志校注》第185～187页，注〔四〕、注〔八〕，巴蜀书社1984年7月第一版。关于对"五世"与"九世"的讨论，以及对"梦郭移"的解释，参见黄剑华《古蜀的辉煌》第57～58页，巴蜀书社2002年4月第一版。

二、昌盛的祭祀活动

　　金沙遗址和三星堆的考古发现告诉我们，商周时期的古蜀王国有着昌盛的祭祀活动。三星堆出土的青铜雕像群和大量礼仪性器物就揭示了古蜀国盛大的祭祀活动场面，展现了丰富多彩的祭祀内容和祭祀形式。金沙遗址的统治者也不例外，同样要经常举行各种祭祀活动，有着浓厚的崇巫之风。金沙遗址的大量出土材料还说明，内容丰富、形式多样的祭祀活动和古蜀族的社会生活有着极为密切的关系，在王权和神权的统治体系中占有很高的地位并发挥着重要作用。

　　从金沙遗址出土了青铜立人像、石雕跪坐人像、石虎、石蛇、金面具、太阳神鸟金箔饰、金箔蛙形饰、大量的礼仪性玉石器以及数量庞大的象牙、鹿角等情形来看，古蜀族这个时期的祭祀活动是相当频繁的。其祭祀内容可能有日神崇拜、祭祀太阳、暴巫尪求雨、祭祀天地、社祭、神山祭祀、祭祀祖先、祭祀鬼神、占卜、祈求丰育、图腾崇拜和自然崇拜，此外还有巫术厌胜和驱厉逐邪的傩仪活动等。从金沙遗址大型聚邑的功能布局推测，可能有专门举行祭祀仪式的宗庙或神庙，还可能有多处固定的祭祀场所。其祭祀规模也可能有多种，有大型的祭祀活动，也有季节性的祭祀仪式，还可能有特殊情况下的祭祀形式。这些祭祀活动大都有着浓郁的巫术色彩，并具有古蜀部族与众不同的习俗特色。比如对石虎、石蛇的崇奉，赋予石跪人像的特殊象征含义，以及对大量获取的象牙、鹿角、野猪獠牙的特殊使用方式等。

　　首先是祭日活动，它在金沙遗址古蜀族的社会生活中占有特别重要的地位。我们知道，由于远古时代太阳和自然万物的密切关系，太阳崇拜便成了先民们的一种重要观念。在世界上许多古老的民族中都有广为流传的太阳神话，比如古希腊神话中的阿波罗太阳神、中国的十日神话传说与射日神话等就是最有特色的例子。到了青铜时代，随着农业经济的日趋繁荣，太阳崇拜活动也更为昌盛。商周时期的古蜀国创造了灿烂的内陆农业文明，太阳崇拜和祭日活动更是呈现出丰富多彩的情形。三星堆出土的青铜神树、青铜太阳轮形器等大量器物，以及五彩缤纷的众多的圆日图案等，对此便给予了充分的揭示。金沙遗址出土的太阳神鸟金箔饰和头戴旋转光芒状冠饰的青铜立人像，以及具有"暴巫尪祈雨"特殊象征含义的石跪人像等，则是古蜀族盛行太阳崇拜和举行特殊祭日活动情景的生动反映。曾有学者指出，产生太阳崇拜有两大原因：一是太阳充当了农业丰产的赐予者，二是贵族与太阳神攀亲的需要，而"本质的原因在于人类通过太阳的运动规则确立了最初的空间意识和思维结构"。因为"太阳是给人类创造出时间与空间的宇宙主宰，时空的创造者也就是世界万物的创造者"，所以"太阳创造主的观念在中国上古史上是不绝如缕的"①。也有学者认为，在先民们崇拜太阳的观念中，太阳不仅是农牧业丰产之日神，也是一些民族和王权的保护神，此外还是光明正大、明察秋毫之神。②那具有丰富象征含义的金沙遗址太阳神鸟金箔饰和青铜立人像等出土器物，似乎就显示出了这些多层意思。神奇的太阳神鸟金箔饰图案既是空中光芒四射的太阳象征，又生动而精妙地表现了古代蜀人对太阳的尊崇和敬畏。图案中刻画的四只飞鸟则好像是《山海经》中所述帝俊之裔"使四鸟"的写照。金沙遗址的统治者很可能以此来表明他们都是帝俊的后裔，同时也表明他们是和太阳神有着特殊亲密关系的部族。金沙遗址青铜立人像头上所戴冠饰，那奇异的弧形旋转芒，也使人油然联想到太阳耀眼的光芒，显然具有同样丰富的象征含义。青铜立人像扮演的可能是光明的使者，代表的是古蜀族掌握神权和王权的地位显赫的贵族，同时又是沟通天地人神的巫师。

从出土资料来看，古蜀族的祭日活动与一年四季的日常社会生活很可能

---

① 叶舒宪《中国神话哲学》，中国社会科学出版社1992年1月第一版，第202页、214页、226页。

② 何星亮《中国自然神与自然崇拜》，三联书店1992年5月第一版，第150～155页。

有着非常密切的关系。在殷墟出土的卜辞中有"宾日""出日""入日"的记录，有学者认为这是殷人对日神朝夕迎送的礼拜仪式，推测殷人祭日的仪式有"宾""御""又""权""岁"等类别[①]。古蜀族是否也有宾日、饯日的崇拜仪式，因未发现类似的文字记载而不得其详。由于地理环境和氏族习俗方面的差异，商周时期的蜀人与殷人和周人在礼仪方面显示出许多不同的特点。但相互间的文化交流和经济往来，使古代蜀人又不可避免地接受了来自中原的较多影响。据《礼记》等古代文献记载，周人每逢立春、春分、立夏、夏至、立秋、秋分、立冬、冬至等节气都要进行祭祀太阳的活动。推测古蜀族可能也不例外。在商周时期古代蜀人的祭日活动中，祈求丰年、禳除灾荒很可能是最重要的一项活动内容。太阳既是古代蜀人心目中的保护神，也可能是古蜀族崇拜的祖神，希望太阳为古蜀国的农副业带来风调雨顺五谷丰登应是很自然也很重要的一件事。当气候发生异常变化，蜀地遭遇大旱或洪灾的时候，古蜀族也要举行大型祭祀活动，"暴巫尪求雨"便是属于此类祭祀活动的一种形式。金沙遗址石跪人像所反映的正是这类祭祀活动的情形。其寓意便是以象征古蜀族统治阶层的石人为牺牲，祈福于上帝，企盼获得太阳神的保护。

应该说明的是，太阳崇拜和祭日活动在三星堆出土的大量器物中也有非常精彩的反映，不仅有青铜神树和铜鸟作为十日神话的形象体现，而且有青铜太阳轮形器、大量圆日形状的青铜菱形眼形器、各种圆日状的青铜圆形挂饰、四面坡状神殿屋盖上的圆日图像、胸前有圆日图像的人面鸟身像等，都与太阳崇拜观念有着密切的关系。可以想象一下，由于装饰着如此众多的圆日图像，古蜀国盛大的祭日活动场面势必给人以强烈的震撼和无比神奇的感受，这很可能正是古代蜀人所希望达到的一种祭祀效果。金沙遗址出土的大

---

① 陈梦家《殷墟卜辞综述》，科学出版社1956年第一版，第573～574页。参见萧兵《中国文化的精英——太阳英雄神话比较研究》，上海文艺出版社1989年5月第一版，第26页。又参见朱天顺《中国古代宗教初探》，上海人民出版社1982年7月第一版，第14～21页。

量珍贵器物，也同样充分地反映了古蜀族太阳祭祀活动的昌盛，说明这是古蜀国社会生活中影响很大的一种信仰习俗。

其次是祭祀天地和山川河流，这也是金沙遗址古蜀族祭祀活动中的重要内容。金沙遗址出土的大量礼仪性玉器便与这类祭祀活动有关。远古时代的先民们已有制作玉石器物用于祭祀活动的习俗，商周时期已形成了礼仪祭祀制度。《周礼》等古籍中就对此做了较为详细的记述，对祭祀昊天上帝、日月星辰、社稷五岳、山林川泽、四方百物，以及祭享先王和丧葬礼仪等都有规定。《周礼·春官·大宗伯》还特别提到"以玉做六器，以礼天地四方，以苍璧礼天，以黄琮礼地，以青圭礼东方，以赤璋礼南方，以白琥礼西方，以玄璜礼北方"，其目的是为了"以礼乐合天地之化，百物之产，以事鬼神，以谐万民，以致百物"[①]。金沙遗址出土的玉器几乎包括了上述的所有类型，不仅有玉质精美的传世玉琮，更有数量众多的玉璧和玉璋，还有其他许多种类的玉质器物，丰富多彩，洋洋大观，充分显示了古蜀族使用玉器进行祭祀活动的昌盛。三星堆考古发现揭示，古代蜀人对神山祭祀尤为盛行，出土的青铜神树底座和青铜神殿之上皆铸有神山之形，玉璋图案中更是生动地刻画了祭祀神山的情景。金沙遗址出土的许多器物（包括象牙）也印证了古蜀族对神山有着特别的崇奉之情。正如石兴邦先生所说："中国古代崇山观念很重，并赋山以崇高的政治地位。""以山为祖居之地，在世界各族人民也是普遍的一种信念。因为山为水之源、石之根、精灵之居处，人祖之所自，故崇敬山岳（特定的）。玉出于山而为石之精英，与神人相关，必有灵性，以之为器，必能通神人之灵犀。故玉之崇拜应源于山之崇拜，也为古代精灵崇拜之一种演化形态。"[②]三星堆和金沙遗址出土的玉石器数量甚为可观，与古代蜀人强烈的崇奉神山观念应该是密切相关的。

---

① 《十三经注疏》，中华书局影印本，1980年9月第一版，上册第762页、763页。
② 石兴邦《中国文化与文明形成和发展史的考古学探讨》，《亚洲文明》第三集第19页，安徽教育出版社1995年9月第一版。

　　从风格特点来看，金沙遗址出土的礼仪性玉器，有些器形很明显接受了来自中原的影响，也有一些器物吸纳了其他区域文明的因素，而更多的则展现出浓郁的古蜀特色。其中玉琮和玉璧的性质很可能与中原文明一样，应是祭祀天地的礼器。具有古蜀特色的玉璋可能是祭祀山川的礼器，有的可能是祭祀神山的法器。玉剑玉矛之类则可能是祭祀活动中使用的仪仗。从出土玉器的数量来看，古蜀族举行这些祭祀活动可能是经常性的，而且规模较大，参加的人数众多，场面相当可观。其中一些重要玉器曾长期使用，如出土的长型玉琮，一些玉璧玉璋等。由此推测，它们在古蜀族的祭祀活动中可能是作为长期祭献和供奉用的"礼神之玉"。结合三星堆玉璋图案内容，以及金沙遗址范围内出土玉器分布状况来看，可知古蜀族在不同的祭祀活动中具有多种祭祀形式，其中也曾采用悬插和瘗埋的方式。瘗埋可能是古蜀族在特定状况下的一种祭祀形式，因玉器制作加工较为复杂，所以瘗埋的除了少量玉器，更多的则是象牙。在古蜀族频繁举行的祭祀活动中，很可能象牙是作为玉器替代品使用的。大量获取的象牙显然为古蜀族祭祀山川等活动提供了极大的便利。有的学者认为在象牙的使用方式上可能带有巫术厌胜的色彩[1]。在金沙遗址范围内被瘗埋的还有大量的鹿角和野猪獠牙之类，很可能也与古蜀族类似的祭祀活动有关。

　　再者是祭祀祖先和祭祀鬼神，这也是金沙遗址古蜀族很重要的祭祀内容。世界上的许多民族在远古时代就有祖先崇拜、敬畏鬼神的习俗，到了繁荣的青铜时代，这一传统习俗尤为昌盛。三星堆出土的体型庞大的青铜纵目人面像，有学者认为就是古代蜀人崇拜的祖先神灵。那糅合了人兽特点的极尽夸张的造型，使人油然联想到古史传说中蚕丛氏"纵目"的写照，并且有古蜀图腾崇拜的多层象征含义。而将神、鬼、人的特征集合于一体正是古蜀先民们祭祀鬼神和祖先崇拜的重要特征。在金沙遗址出土的器物中，有风格

---

[1]　江玉祥《广汉三星堆遗址出土的象牙》，《三星堆与巴蜀文化》，巴蜀书社1993年11月第一版，第200～203页。

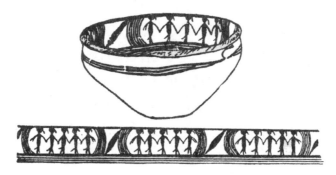

古代先民的祭祀舞蹈（青海大通上孙家寨出土彩陶盆图像）

奇异的小型玉人头像，在前面已对其做了较多的探析。换个角度来看，制作者很可能也赋予了它类似的象征寓意，把它作为糅合了神、鬼、人特征的崇奉象征。玉兽面纹斧形器也具有丰富的多重含义，应是古蜀族祭祀鬼神之类活动中使用的重要器物。从器形和使用状况看，这类器物选材优良，制作精致，为多次使用品，说明金沙遗址统治阶层可能经常举行这类祭祀活动。

古蜀族举行祭祀祖先和鬼神的活动，主要是出于对创业传世的远古祖先的崇奉。他们在氏族起源神话和历史传说中都是强有力的人物，古蜀族祈盼获得他们对氏族后代的庇佑。在《礼记·祭法》和《国语·鲁语》等文献中对此就有较多的记述，可知古代各族大都有这种祭祀习俗。祖先崇拜还反映了先民们对血缘关系的重视，是加强氏族凝聚力的一种古老传统。特别是当一个部落征服或合并另一个部落后，二者处于一个共同体中生活时，这种血缘上的联系对维持共同体的统一是大有益处的。"在氏族联合体中，祖先崇拜的作用，主要是纪念祖先的功绩，借用祖先崇拜来加强共同血缘观念，以巩固以血缘为基础的内部团结，以及明确人们之间的辈分关系"。在阶级社会里，祖先崇拜的祭祀权则被统治阶层所垄断，成为维护等级制度权威的一种重要手段[1]。鬼神则是作为保护氏族的神秘力量而受到崇拜的，和崇奉的祖

① 　朱天顺《中国古代宗教初探》，上海人民出版社1982年7月第一版，第208页。

先一样，都是祭祀的重要对象。在实行多部族联盟的共主制的古蜀王国内，很可能有氏族和部落共同的祖先崇拜和鬼神崇拜，同时又保留着部族各自的一些崇拜特色。大概正是由于这个原因，因而显示出了金沙遗址与三星堆在这类祭祀活动使用器物方面的相似和差异。

值得注意的是，古蜀族的丧葬习俗与这类祭祀活动也有着较为密切的关系。金沙遗址范围内已发现了多处埋葬的遗骸，并伴随有随葬品出土。由此推测，古蜀族可能有某种丧礼、葬礼以及丧葬方面的祭祀活动。从文献记载和出土的资料来看，魂归天门观念曾广泛流行于蜀地，是古代蜀人的一种主题观念。汉扬雄《蜀王本纪》中有"李冰以秦时为蜀守，渭汶山为天彭阙，号曰天彭门，云亡者悉过其中，鬼神精灵数见"的记述[1]。这种由来已久的天门或天阙的传说，表达的便是古代蜀人魂归天门的观念。三星堆出土的玉璋图案中，在上边两座神山之间便刻画了天门的象征。在古代蜀人心目中，天门既是群神之阙，亦是死者灵魂进入天国的入口。这种比较原始和质朴的古蜀早期天门观念的象征，随着历史的发展，后来逐渐演化为双阙的造型。例如简阳鬼头山汉代崖墓出土的3号石棺画像，由人物建筑和祥鸟瑞兽组成的画面中就有双阙和镌刻的"天门"二字。巫山汉墓出土的鎏金铜牌饰也同样刻画有高大的双阙和隶书的"天门"二字。这简洁的"天门"二字，不仅是对画像中双阙性质和象征含义的最好注释，而且生动地说明了古代蜀人的天门观念在巴蜀地区的长期流传。金沙遗址出土的玉兽面纹斧形器两边都有精美对称的纹饰，顶部的浅浮雕兽面纹和身部的"冂"字形卷云纹边栏表达的很可能也是天门的象征含义，应是体现古蜀族天门观念的一件重要器物。它可能是古蜀族举行祭祀鬼神之类活动或在葬礼中超度亡魂、供巫师使用的法器。器物图案展示了古蜀族对灵魂与天国以及人神之间关系的丰富想象，是古蜀族精神崇尚的形象写照。

---

[1] 《全汉文》卷五十三，《全上古三代秦汉三国六朝文》第一册第415页，中华书局1958年12月第一版。

社祀很可能也是古蜀族经常举行的祭祀活动，金沙遗址出土器物在这方面也有较多的揭示。文献记载和考古资料告诉我们，我国各地的先民们在史前时期就有了崇拜土地、向地神献祭的习俗，夏禹时已有了社祀的形式，殷商时期演化为一种频繁的祭祀活动，这与农业的兴旺和社会经济的发展有着密切的关系。原始的土地神崇拜主要是崇拜土地的自然性质与作用，采用向土地直接献祭、礼拜的方式，祭法是将酒或血之类祭品洒在地上或灌注于地。殷人也采用掩埋祭品向土地献祭的祭法，同时又有"燎""岁"等祭法。而祭祀活动形式则有向土地神求年、受年、祈雨等内容，卜辞中对此有大量记载。这类祭祀活动有规定的祭祀场所，通常还要垒一个土堆象征土地神，作为祭社的"冢土"。三星堆会不会是古代蜀人举行大型祭社活动的"冢土"呢？这是一个非常值得研究的话题。古代祭社活动，有的还要在"冢土"上栽立树木，《论语·八佾》中就有"哀公问社于宰我，宰我对曰，夏后氏以松，殷人以柏，周人以栗"进行社祭的记述。从有关文献记载来看，商周以后的社祭活动也十分兴盛，社神已变成与许多社会事务有关的神灵，如农耕、求雨、免除灾害要举行社祭，日蚀时要献币于社，出征或凯旋要祭献于社，还有其他许多重要事情都要祭社[①]。金沙遗址发现的面积较大的卵石铺地的场所，很可能就是古蜀族经常举行社祭之类祭祀活动的地方。场所附近是否有"冢土"，因年代久远、地貌变迁已不得而知。在社祭形式上，古蜀族可能也采用献祭和贯注于地的祭法。三星堆出土的顶尊跪献青铜人像便表现了献祭美酒的情景。金沙遗址出土有大量的陶器陶片，其中应有盛酒的容器。此外，大量的野猪獠牙和鹿角、被宰杀动物的血以及美酒，可能都是古蜀族社祭活动中祭献之物。

在金沙遗址"梅苑"的考古发掘中，与金器、铜器、玉器等一起出土的

---

① 朱天顺《中国古代宗教初探》，上海人民出版社1982年7月第一版，第70页。

遗物中还发现有卜甲[1]。据考古工作者介绍有明显的灼痕。之前在十二桥等遗址中也有类似发现，说明商周时期的古蜀族亦有占卜的习俗。但从出土卜甲的数量可知，古蜀族的占卜远不能与殷商王朝频繁的卜筮活动相比。从各地的出土资料来看，卜用甲骨在河南、山东、江苏、安徽、湖北、陕西、河北、辽宁、吉林、内蒙古、山西、甘肃等地区的一系列考古遗址中均有出土，时间最早可至新石器时代，夏商时期最为鼎盛。至晚商殷墟王邑，甲骨占卜更是盛极一时。骨料主要采用牛胛骨和龟甲，又有用牛肋骨、象骨、鳖甲者，上面不仅有各类形制的钻凿灼痕，还有契刻卜辞，重要者还涂朱涂墨[2]。成都地区和四川境内历年来考古发现的卜甲数量很少，而且未见类似于殷墟的卜辞，反映出占卜在古蜀族的祭祀活动中并不突出，绝不像殷商王朝那么重要，很可能只是巫师在某些祭祀场合使用的一种方式。古代先民们占卜的目的主要是为了测算未来的福祸吉凶，而不同地区不同部族的占卜形式则多种多样，如彝族有羊骨卜，西南一些少数民族流行鸡卜等[3]。金沙遗址出土的卜甲虽然件数不多，仅有灼痕而无刻画的文字符号，但仍是研究古蜀族占卜习俗的重要资料。通过与殷墟出土的甲骨的对比，从一个方面说明了商周时期中原文明和古蜀文明的不同特点，透露了两者在社会生活和传统习俗方面的差异。金沙遗址还出土有石龟以及青铜龟背形器十余件，显示了古蜀族对龟的崇尚。

大量的出土资料告诉我们，古蜀族的祭祀活动大都带有浓郁的巫术色彩。巫师在古蜀王国是一个特殊的阶层，是祭祀活动的主持者。氏族和部族

[1]　朱章义、张擎、王方《金沙村遗址概述》，《金沙淘珍》，文物出版社2002年4月第一版，第9页。

[2]　宋镇豪《夏商社会生活史》，中国社会科学出版社1994年9月第一版，第515页、521页。

[3]　参见《中国各民族宗教与神话大词典》第668页（彝族羊骨卜）、108～109页（侗族鸡卜）、378页（黎族鸡骨卜）、474页（苗族鸡卜）、528页（羌族的羊骨卜、鸡蛋卜）、552页（水族鸡卜）、590页（佤族鸡骨卜）、649页（瑶族鸡骨卜），学苑出版社1990年10月第一版。

的首领很可能同时也是巫师，王国的最高统治者则为群巫之长，为最大的巫师，三星堆青铜雕像群对此便有很好的揭示。金沙遗址考古发现在这方面也为我们提供了丰富的信息。金沙遗址出土的金冠带即为古蜀族巫师和首领戴用的饰物。许多具有浓郁古蜀特色的玉制器物也应是巫师在祭祀活动中使用的礼器和法器。古蜀族的神权显然就掌握在首领兼巫师的手中，不言而喻，他们同时也是王权的执掌者。这些由古蜀族巫师主持的祭祀活动，展现出许多不同于其他区域文明的特点，比如昌盛的太阳崇拜和祭日活动，比如与祭祀祖先和鬼神密切相关的魂归天门观念，比如独特的人物雕像和图腾象征，以及大量象牙的献祭和瘗埋等，无论是祭祀内容还是祭祀形式都展现出绚丽多彩的古蜀地域文化特色。这些独具一格的地域文化特色，不仅反映了古蜀族久远的传统习俗，同时也与商周时期独特的古蜀社会结构有着密切的关系。

　　古蜀族在举行祭祀活动时会有相应的祭祀仪式，当时究竟是一种什么样的情景，现在已很难描述了。但根据出土资料透露的信息，推测很可能会有祭祀的舞蹈。这也是远古时代较为常见的一种现象，那些充满神秘意味的舞蹈曾是先民们祭礼中一个不可缺少的部分。比如青海大通上孙家寨墓地出土的"彩陶盆舞蹈图"就生动地描绘了先民五人一组手拉着手，在祭祀仪式或巫术活动中进行舞蹈的情景。非常有意思的是，图中的舞蹈者腰下都有装饰的尾巴，学者们通常称之为"尾饰"，这是古代先民"系尾"习俗的反映[①]。也有学者认为图中描绘的是鱼祭或蛙祭舞蹈，下体表现的是男根外挺，与生殖崇拜有关[②]。《山海经·中山经》记述说，"凡岷山之首，自女几山至于贾超之山，凡十六山，三千五百里"，祠神之法要用吉玉或璧、羞酒、少牢具（或太牢具），还要"干儛，用兵以禳；祈，璆冕舞"。据郭璞解释：

---

①　杜金城《远古神韵——中国彩陶艺术论纲》，上海文化出版社2001年1月第一版，第148～150页，图二十二。

②　赵国华《生殖崇拜文化论》，中国社会科学出版社1990年8月第一版，第119页、120页图94、204页。

金沙遗址出土的青铜立人像线描图

"禳，祓除之祭名；儺者，持盾武舞也。"汪绂解释后面一句的意思是："求福祥则祭用璆玉，舞者用冕服以舞也。"袁珂先生认为："二句意当为禳则干舞，祈则冕服持玉以舞也。"[①]这些记述透露出岷山之域的古老部族是有祭祀舞蹈习俗的，而且有多种舞蹈形式。如果从文化人类学的角度进行考察，迄今我们在西南地区的一些少数民族聚居区仍能看到这类遗俗的影响。联系到金沙遗址发现的大型祭祀场所，显然为古蜀族祭祀活动中的舞蹈提供了很大的便利。祭祀场所的规模说明参加者一定众多。我们可以联想一下，当古蜀族举行规模宏大的祭祀活动时，巫师和祭祀者手持形式多样的法器与

① 袁珂《山海经校注》（增补修订本），巴蜀书社1993年4月第一版，第195～196页。

礼器，在热烈、肃穆、神秘的气氛中进行献祭、舞蹈等仪式，那会是一种多么令人惊叹的场景。

此外，傩仪活动也可能是古蜀族社会生活中的常见之事。这类傩仪活动常常和驱厉逐邪、巫术厌胜、丧葬仪式等联系在一起。特别是采用狰狞的道具达到驱赶吓走恶鬼瘟疫的目的，这是古代非常盛行的一件事情。这类傩仪活动也有相应的舞蹈，巫术的氛围更为浓厚。金沙遗址出土的器物在这方面也提供了许多重要的资料。

总之，金沙遗址作为商周之际成都地区的一个大型聚邑，无论是社会生活还是精神面貌都呈现出一幅绚丽多彩的情形。由于缺少文字记载，我们对当时各方面的真实情况都知之甚少。但大量的考古资料却使我们透过迷茫初步触摸到了那些邈远遗存的概貌。通过对出土器物的探析，我们对古代蜀人的历史文化有了许多深切的感知，对古蜀族丰富的祭祀活动以及当时的信仰观念和崇尚习俗也有了大概的了解。当然，这些揭示还是比较粗浅的。相信随着出土资料整理公布的增多，随着研究工作的深入，一定会有许多新的更为接近历史真相的认识出现。

三、活跃的文化交流

古蜀王国的兴衰更替以及和周边区域文明的关系，在古代文献记载中一直给人以扑朔迷离之感。随着20世纪中叶以来考古发现的增多，我们透过神话传说的迷雾，对古蜀王国的神秘面貌终于有了越来越清晰的了解。1986年三星堆一号坑与二号坑震惊天下的考古发现，使我们真实地看到了数千年前古蜀文明的灿烂辉煌。2001年以来金沙遗址的考古发掘则进一步揭示了商周时期古蜀族繁荣昌盛的历史文化，展现了成都地区早期城市文明演进发展的根脉。在此之前，成都羊子山遗址、十二桥商周遗址、宝墩文化六座早期古城遗址的考古发现，都为传说中的古蜀历史提供了重要印证。

这些密切相关的一系列重要考古发现告诉我们，岷江流域和成都平原作为中华文明的重要发源地之一，有着同中原地区和其他地域一样悠久而发达的历史文化。古蜀王国在商周时期甚至更早就已进入农耕社会，兴建了许多早期城市并修筑了规模宏大的都邑，形成了富有地域特色的灿烂辉煌的青铜文明。通过三星堆和金沙遗址出土的大量精美文物所展现的绚丽多彩的文化内涵，可知古蜀先民们虽地处内陆却并不封闭，有着很强的开拓创新精神，同长江中下游地区、黄河流域的中原地区和西北地区、广袤的西南夷地区乃至南亚和中亚地区很早就有了文化与经济上的交流往来。聪明的古代蜀人正是通过与外界的交流往来，学习和吸纳了许多外来文化因素，促进了古蜀社会的繁荣。而灿烂的古蜀文明也对周边区域产生了积极广泛的影响，使古蜀王国成了长江上游西南地区名副其实的文明中心。

根据考古发掘提供的丰富材料，参照古代文献记载透露的信息，古蜀国很可能是以古蜀族为主体，联络了西南地区众多的氏族和部族而建立的一个共主制王国。其统治阶层即由古蜀族的蜀王、大巫师，同各氏族和部族的首领、巫师组成。三星堆出土的形貌多样、姿态各异、气概非凡的青铜雕像群便是古蜀共主制王国统治阶层的真实写照。金沙遗址的考古发现，出土的人物动物造型和器物图案纹饰所展示的丰富内涵，对此也是一个很好的印证。栖居于金沙遗址的古代蜀人中可能有崇鱼与崇鸟的氏族，也有崇奉石虎与石蛇的部族，或许还有崇尚金蛙与石龟的蜀人。这些氏族与部族之间可能还有相互的通婚与联姻。金沙遗址与三星堆出土器物在等级与规格上的差异也是各部族服从共主王都统辖的反映。在古蜀族群中，可能有不少从外地迁来的部族，比如取代鱼凫王朝的杜宇，以及后来取代杜宇建立开明王朝的鳖灵，都并非成都平原上的土著。这些部族的到来和加盟，也带来了新的文化因素，为古蜀历史文化的发展增添了活力。

考古材料还告诉我们，古蜀王国并不是隶属于殷商王朝的一个方国，在商周时期一直处于相对独立的地位。古蜀王国与殷商王朝是有着文化交流和经济往来却又互不统辖的两个政体。随着考古发现的增多和研究的深入，学者们对此已有了越来越多的共识。同样，由古蜀族为主体和西南各部族共同创建的古蜀文明也同中原文明有着许多明显的不同，在礼乐制度、精神观

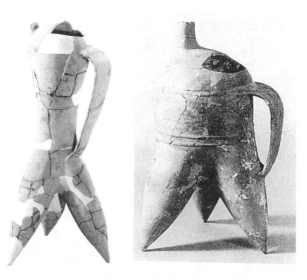

三星堆遗址出土的陶盉与河南偃师二里头出土的陶盉

念、宗教崇尚、审美情趣、社会习俗等方面都显示出一定的差异。如果从深层的原因来说，中国南方长江流域是稻作农业起源地之一，中原则是旱地农业起源的核心地区，正是由于农业生产方式上的不同，史前时期就形成了两种农业体系和南北两大农业经济文化区，从而促使了古蜀文明和中原文明经过长期发展而形成不同的地域特色。

商周时期的古蜀文明在青铜器铸造、玉石器制作、金器加工等方面都显示出浓郁的地域特色，说明这是由古蜀族为主体经过长期创建发展形成的一种本土文化。同时又可看出，在地域特色中融入了一些外来文化影响，应是古蜀族与周边区域有着长期文化交流的结果。三星堆出土的大量器物对此就有很好的揭示，青铜雕像群是古蜀国本土文化的结晶，铜尊铜罍则接受了来自中原殷商王朝的影响，陶盉也显示出与中原二里头文化之间有着较为密切的关系①。古籍中记述，上古时期黄帝娶西陵氏女嫘祖为正妃，又为其子昌意娶蜀山氏之女。夏禹也兴于西羌，为了治水曾多次往返于岷江流域和黄河流域，说明古蜀与中原有着源远流长的交流和影响。古蜀与中原的文化交流主要有水陆两途，这种交流和影响在沿途出土器物中有着充分的反映，学者们对此已做了较多的探讨②。金沙遗址出土的大量考古材料也为我们在这方面的探析提供了许多例证和新的思考。

金沙遗址出土的玉石器如同三星堆出土的青铜礼器一样，也透露出古蜀与中原等地区有着长期文化交流的丰富信息。例如玉制的有领璧形器，在黄河流域中下游地区的龙山文化遗址，在夏商时期的河南偃师二里头遗址、安阳殷墟妇好墓、江西新干大洋洲商墓等均有出土，可知这是一种流传时间很长、传播区域较广的器物③。三星堆和金沙遗址出土的玉有领璧形器在器形和

① 邹衡《三星堆文化与夏商文化的关系》，《四川考古论文集》，文物出版社1996年12月第一版，第57页。

② 黄剑华《古蜀的辉煌》，巴蜀书社2002年4月第一版，第272～278页。

③ 朱章义《玉有领璧形器》、孙华《玉高领璧形器》，《金沙淘珍》，文物出版社2002年4月第一版，第92～96页。

风格上与之相近或相似，很显然是接受了来自中原和黄河中下游玉制礼器的影响，利用古蜀国本地的玉材模仿制作的。三星堆和金沙遗址出土的数量众多的玉璋也接受了殷商王朝和西周玉制礼器的影响，在器形和图案纹饰上则充分发挥了古代蜀人的创意和想象力，洋溢着浓郁的古蜀特色。

金沙遗址和三星堆出土的玉琮很显然是吸纳和接受了来自长江中下游良渚文化的影响。从时间上看，良渚文化出现较早，年代约为公元前3300～前2200年，是具有显著地域特色的中国东南地区新石器时代文化。20世纪30年代发现的浙江吴兴钱山漾遗址、良渚遗址，以

古老的长江三峡曾是古蜀与楚地、中原交往的主要途径

及后来草鞋山、张陵山、寺墩等重点遗址的发掘揭示，良渚文化居民以稻作农业生产为主，过着较稳固的定居生活，有着兴旺的手工业，尤其是玉器制作十分昌盛，在丧葬方面盛行"玉殓葬"习俗。[①]外方内圆磨制抛光并雕刻纹饰的长筒形玉琮便是良渚文化玉器中的典型之作。成都平原考古发现的宝墩文化遗址（距今约4500年前），已发现的六座早期古城遗址说明这个时期的古蜀文化已相当发达，与当时的长江中下游和黄河流域基本处在同一发展水平线上。学术界通常认为古蜀文化与中原和周边地区的交往可能有水陆两

① 《中国大百科全书·考古学》，中国大百科全书出版社1986年6月第一版，第271～273页。

途，沿长江上下是一条主要途径。①这种源远流长的交往很可能从远古时代就开始了。我们虽然不能准确说出其肇始的年代，但古蜀先民们和长江中下游的良渚文化居民很早就有了往来和文化上的传播则是不争的事实。金沙遗址出土的传世青玉长琮就是一个很好的例证，无论是玉质造型或纹饰都表明这是一件来自良渚文化的典型玉琮。它很可能是经长江中游进入四川境内而成为金沙遗址的一件重要传世礼器。四千多年前的长江两岸有良好的植被和大片的森林，其得天独厚的生态环境和驾船沿江上下的便利可能远比我们想象的要好。随着人类文明的发展进程，这种相互间的文化交往和经济往来也不断增多，到商周时期已更加密切了。

古蜀先民们与良渚文化居民在文化上的交往和相互影响，从出土器物图案纹饰上看也有较多的反映。在良渚文化玉器上刻有典型的兽面纹，有学者认为这种兽面纹的上半部其实为人面，表现的是一个戴皇冠者的形象。这种糅合了人兽特征并采用"冠状饰"的表现手法，在三星堆和金沙遗址出土器物中也有精妙的展示，如三星堆出土的青铜兽面和金沙遗址出土的玉人头像等，都含有神秘的原始宗教崇拜意味。通过比较研究，我们当然不能说二者有直接的渊源关系，但文化交往方面的相互影响和艺术表现手法上的借鉴创新应该是一种源远流长的客观存在。此外，崇鸟和崇日观念也是中国远古南方文化系统中一种非常典型的共有的现象。浙江余姚河姆渡文化遗址出土有"双凤朝阳"象牙雕片和"双鸟负日"骨匕，良渚文化的陶器和玉器上则有演化而来的鸟纹图案。在三星堆和金沙遗址出土器物中，对崇鸟和崇日观念更是做了大量创新的淋漓尽致的表现。如金杖和金冠带上的鱼鸟图案，充满了丰富的想象力，展现出一种超越时空的艺术魅力。

古蜀先民是聪明而善于学习的部族，在吸纳和接受外来文化因素的过程

---

① 李学勤《商文化怎样传入四川》，《中国文物报》1989年7月21日。李学勤《〈帝系〉传说与蜀文化》，《四川文物》1992年"三星堆古蜀文化研究专辑"第16～17页。李学勤《三星堆饕餮纹的分析》，《三星堆与巴蜀文化》，巴蜀书社1993年11月第一版，第79页。

中，常常进行模仿并给予充分的创新发挥。考古发现对古蜀族这种由来已久的习俗已有大量揭示，这也可以说是商周时期古蜀文明的一大特色。金沙遗址出土的黄玉琮便是古代蜀人对良渚文化传世玉琮的模仿之作，形态是那么相似，而风格则更为简洁。那朴实流畅的纹饰造型，说明了古代蜀人的审美观念和崇尚心理。玉琮已成为商周时期古蜀族所喜爱并大量仿制的祭祀礼仪器物。古代蜀人对来自中原的一些玉器也有较多的模仿，如玉戈、玉剑以及前面提到的有领玉璧形器和玉璋等，都可看出与殷商王朝同类玉器在器形上的相似之处，同时又显示出风格上的演变和自成特色。值得注意的是，三星堆出土的镶嵌有绿松石的青铜牌饰与河南二里头遗址出土的青铜牌饰在形态上极为相似，而在图案风格上则各有千秋，显然也是通过两地文化交流而加以模仿的结果。这里还应提到金沙遗址出土的玉贝，据考古工作者鉴定推测，它的制作年代大约在商代晚期[①]，玉材精美，形态逼真，是仿照海贝式样采用圆雕手法制成的一件玉雕佩饰。其工艺手法很可能传到了中原，河南新郑出土了一件西周时期的玉贝，制作较为简陋，年代亦稍晚[②]。三星堆和殷墟商墓均出土有大量海贝，应是古蜀国与中原、沿海地区密切往来的见证。在长期进行文化交流和经济往来的过程中，影响总是相互的，中原给各地以影响，各地也给中原以影响[③]。古蜀文明与中原文明和周边区域文明的关系，以及相互间的交流和影响，便是很好的例证。

古代蜀人吸取了许多外来文化因素，促使了内陆农业文明的繁荣和古蜀国社会生活的兴旺，从而对周边区域也产生了积极而广泛的影响。例如三星堆青铜神树崇拜观念对西南地区的少数民族就产生过深远的影响。雅砻江下游的四川盐源县境内出土的战国至西汉初期墓葬中一批人兽纹青铜祭祀枝

---

①　王方《玉贝形饰》，《金沙淘珍》，文物出版社2002年4月第一版，第158～159页。

②　参见《中国玉器全集》（二），河北美术出版社1994年出版，第318页，图版二九七。

③　苏秉琦《关于考古学文化的区系类型问题》（原载《文物》1981年第5期），《苏秉琦考古学论述选集》，文物出版社1984年6月第一版，第226页。

片①，就是古蜀通天神树观念对这里的部族产生影响的反映。在云南晋宁石寨山等墓地出土了有领璧形器，与金沙遗址出土的有领璧形器形态相近，很有可能是通过古代南方丝路接受了来自古蜀的传播和影响。还有三星堆出土的玉瑗，此类玉器在古滇国墓地也出土较多。此外，三星堆出土有铜鸡和立鸟圆雕装饰品，有学者认为可能是一种杖头铜饰。此类杖头铜饰在古滇国墓地也屡有发现，仅晋宁石寨山和江川李家山墓地就出土不下五十件。很显然，这些说明了古蜀文化曾对滇文化产生过重要而久远的影响。考古材料还告诉我们，古蜀文化在楚地也有传播，产生过重要影响，和楚文化有着密切的关系。而且，古蜀文化对西南夷之夜郎文化、邛都文化、冉駹文化以及东南亚文化都产生过广泛而积极的影响。

古蜀族与周边区域这种长期的交流往来，除了带来文化上的相互影响，还促使了人口的流动和迁徙，对古蜀文明的发展进程产生了不可忽视的重要作用。古蜀历史上的蜀山氏和蚕丛氏是崛起于岷江上游的古老部族，后来沿着岷江走出山地进入成都平原，成为古蜀王国的开创者，是古代蜀人崇敬的祖先。之后的柏灌氏在传说记载中语焉不详，推测很可能是古蜀部族中的一支，有学者认为这支部族协助大禹治水可能随之迁往了中原②。其后的鱼凫、杜宇、开明都不是古蜀国中的土著。鱼凫可能是活动分布范围较广的崇鸟和崇鱼部族的联盟，强大起来后成为古蜀王权的执掌者。杜宇可能是兴起于江源（泛指岷江或长江上游）的农牧氏族，与朱提（今云南昭通）梁氏女利联姻，强盛后取代鱼凫自立为蜀王，修筑都邑，扩张疆宇，大力推广农业，称为杜主和望帝。开明则是来自长江中游荆楚地区的氏族，史载鳖灵入蜀后因治水有功而被立为相，又以受禅的方式夺取了政权，建立了开明王朝。这些成为古蜀国统治者的部族或氏族，不仅促成了古蜀历代王朝的兴衰更替，也

---

① 刘世旭《四川盐源县出土的人兽纹青铜祭祀枝片考释》，刘弘《若木·神树·鸡杖》，《四川文物》1998年第5期，第8页，第12～16页。

② 谭继和《禹文化西兴东渐简论》，《四川文物》1998年第6期第12页。又见《夏禹文化研究》，巴蜀书社2000年11月第一版，第154页。

通往秦陇的广元明月峡古栈道

为灿烂的古蜀文明增添了丰富的内涵。古代蜀人也有往外地流动和迁徙的，杜宇失国后，可能带着追随他的族人流亡到了今凉山和云南地区，据传现在的彝族便是杜宇的后裔[1]。开明末代王子安阳王在国破后也远离故土，率数万人辗转迁徙到达交阯之地，于此称雄达百余年之久[2]。用历史发展的眼光来看，这些历史事件对古蜀文化的传播与发展，客观上有着积极的作用。

考古发现在这方面也为我们提供了较多的材料，长江中游不少地方出土有蜀文化的器物，四川境内一些地方则发现有楚文化的墓葬，

这些都是蜀楚两地人口迁徙和文化交流的遗存[3]。在古代蜀人北出褒斜与中原交往的过程中，也留下了许多重要遗存。如陕西城固出土的铜器群中就有很多属于古蜀文化的器物。尤其值得提到的是在陕西宝鸡地区茹家庄、竹园沟、纸坊头等处发现的一批西周时期强国墓葬，出土的许多器物都与三星堆和金沙遗址的出土器物相似，显示出古蜀文化在这里的强烈影响[4]。例如茹家庄一号车马坑青铜轵饰上的人面造型，茹家庄一、二号墓出土的青铜人像，以

---

① 黄剑华《天门》，四川人民出版社2001年8月第一版，第78～82页。

② 蒙文通《越史丛考》，人民出版社1983年3月第一版，第63～77页。《蒙文通文集》第二卷《古族甄微》，巴蜀书社1993年4月第一版，第359～373页。

③ 徐中舒、唐嘉弘《古代楚蜀的关系》，《文物》1981年第6期第17～25页。

④ 卢连成、胡智生《宝鸡强国墓地》中的有关图录与文字介绍，文物出版社1988年10月第一版。

及出土的玉戈、玉虎、玉牛首、玉兽面饰等，无论是造型风格还是制作技艺都具有浓郁的古蜀特色。据此推测，定居于此的很可能是商周时期向北迁徙的一些蜀人，他们与来自中原的商周文化相融合，并吸纳了西北地区的一些文化特点，形成了复合型的弸氏文化。

宝鸡弸国墓地出土的玉虎

　　三星堆考古发现告诉我们，古蜀文化不是一个封闭的体系。金沙遗址的考古发掘再次揭示了商周时期的古蜀国与外界有着广阔的经济往来和文化交流。正是这种开放的襟怀和活跃的姿态，促进和形成了古蜀国高度繁荣的经济和异常发达的文化，从而使古蜀国成为长江上游一个重要的东方文明中心。同时也扩大了古蜀文化在周边区域的传播和影响，在中华文明发展史上谱写了青铜时代杰出而又辉煌的篇章。

四、永恒的艺术魅力

　　无论是从考古学、历史学还是文化人类学的角度来看，金沙遗址考古发现都有着十分重大的意义，给了我们多方面的重要启示。金沙遗址出土的大量文物蕴含着极其丰富的文化内涵，不仅向我们展示了商周时期古蜀王国灿烂的历史文化，而且为我们了解古代蜀人繁荣兴旺的社会生活、绚丽多彩的精神观念，以及发达的制作工艺和浓郁的艺术特色提供了珍贵的资料。

　　金沙遗址考古发现给我们的重要启示，首先是和三星堆密切的文化关系，其次是在雕塑造型艺术和图案纹饰等方面都显示出了浓郁的令人着迷的古蜀特色。我们知道，三星堆出土的青铜雕像群和器物在国内和海外许多国家展出时曾激起强烈的反响，倾倒了数以万计的观众。因为三星堆考古发现不仅揭示了一个湮没的文明，而且展示出一种穿越时空的无与伦比的永恒魅力，所以它轰动了世界。金沙遗址考古发现也具有同样的意义和影响，当出土器物整理上架后并一度在北京大学举办展览时，文博界和学术界的专家学者与参观者们面对那些神奇精美的大量文物，同样也感到了一种震撼和惊叹。

　　过去我们对古蜀历史文化知之甚少，古蜀族和古蜀王国以前一直云遮雾绕地被浓郁的神话传说色彩所笼罩。自从有了三星堆考古发现，终于揭开了千百年来笼罩在古蜀历史上的神秘面纱，使我们看到了古蜀文化灿烂的真实面貌。但三星堆辉煌文明的突然湮没以及湮没后的去向仍是一个很大的谜。金沙遗址考古发现则使我们对此有了新的认识，以丰富的出土资料进一步拓宽了我们的视野，使我们看到了商周时期古蜀族在成都地区的繁荣发展。可以说，三星堆遗址和金沙遗址都从考古学文化方面揭示了灿烂的古蜀文明，是殷商至西周时期长江上游内陆农业文明的重要遗存。它们在文化形态上有着极其密切的关系，不仅地域相近，在时间上也有相互衔接和延伸的关系，既有共同的文化面貌又有各自的绚丽特色。也可以说古蜀文明是以古蜀族为主体、联盟了西南各部族共同创建的一种地域文明，有着与众不同自成体系的鲜明特色，并同周边和其他地区有着源远流长的交流和往来，吸纳和接受了不少外来文化的影响，同时也向周边区域传播着自身的影响。三星堆和金沙遗址考古发现还雄辩地告诉我们，古蜀先民们创造的青铜文明在商周时期发展到了非常辉煌的程度，展现出绚丽多彩的繁荣情形，完全可以和中原文明以及世界上的古埃及文明、古希腊文明、古罗马文明相媲美。三星堆和金沙遗址考古发现，不仅为世界考古史增添了最为亮丽的光彩，更重要的是对中华文明起源呈现出多元一体、多源一统的发展格局提供了重要佐证，以独树一帜的青铜文化在中华文明起源和发展进程中写下了神奇的一页，也在人类文明发展史和世界美术史上谱写了新的重要篇章。

金沙遗址考古发现在美术考古方面也具有极为重要的意义。出土的金器、玉器、青铜雕像、石雕人物和动物等大量珍贵文物，从图案纹饰到圆雕造型都充满了丰富的想象力，洋溢着浓郁的艺术特色，可谓异彩纷呈，魅力无穷。在制作工艺和雕造镂刻等技艺方面也形式多样，娴熟自如，显示出很高的水平。金沙遗址考古发现所揭示的艺术风格特色大致可以从个性色彩、艺术手法、审美观念、纹饰工艺等几个方面来加以归纳。而这几个方面所展示出的特色又常常是相互交错在一起的。

金沙遗址出土的精美文物，最大的不寻常之处便是同三星堆考古发现一样，具有非常鲜明的个性色彩。它们所展示出的风格特征与中原文明和其他区域文明并不完全相同，而是独树一帜，别具特色，给人以耳目一新之感。特别值得提到的是金沙遗址出土的金饰，其中太阳神鸟金箔饰采用镂空方式刻画出光芒四射的太阳和四只绕日飞翔的神鸟，那充满动感的图案是如此神奇绝妙，蕴含着无比丰富的内涵，简洁洗练的表现手法更是精湛绝伦，堪称是古代世界东方艺术史上的千古绝唱。当我们观赏它时，不仅感到一种发自内心的惊叹，而且会油然引发出丰富的联想，联想到先秦时期绚丽多彩的神话传说，联想到古代蜀人非同凡响的崇尚意识和审美情趣，而这一切都巧妙地浓缩在了图案之中。这幅采用类似于现代剪纸手法制成的金箔图案，表现的也不仅仅是高超的工艺技法，更重要的是展现了一种充满想象力和创造力的艺术境界。正因为这样，所以它具有永恒的艺术魅力。它是古代蜀人精神追求和心灵世界的缩影，是中华民族古代图案纹饰中的杰作，也是世界美术史上永远使人赞叹的一个经典。

金沙遗址出土的金冠带上所刻画的图案也非常典型，制作者发挥了丰富的想象力和独创意识，运用写实与夸张相结合的艺术手法，将古代蜀人的宗教信仰、族属意识、王权象征等含义巧妙地融化于图案之中，对这些绚丽多彩的精神文化内涵作了精妙的表现。金沙遗址金冠带上的鱼鸟图案与三星堆金杖图案一脉相承，都蕴含着很深的用意，而手法又是如此简洁流畅，构思是那么神奇绝妙，洋溢着鲜明而浓郁的古蜀特色。面对着这些富有独创性的灿烂图案，我们会油然地领会到它们的鲜活与生动，体会到它们含蓄而又淋漓尽致地张扬着的那种充满活力的信念和精神，感受到它们穿越时空的艺术魅力。

金沙遗址出土的石雕跪坐人像和石虎也是古代蜀人了不起的艺术杰作。这些采用石头雕造的人物与动物造型同样展示了古代蜀人在审美观念和艺术表现手法方面的鲜明特色与高超水平。特别令人印象深刻的是众多石跪人像微妙而丰富的神态表情，反映了雕造者对人物原型细致入微的观察与把握。石跪人像在形态造型上也不乏简练和粗犷，并巧妙地利用了彩绘，达到了生动传神的效果。石跪人像的姿势也耐人寻味，蕴含着丰富的内涵。雕造的石虎也体现了粗犷与精雕细琢相结合的风格，石虎张口怒吼的威猛之态和强壮有力蓄势待发之状亦给人以生动逼真之感，而涂抹的朱砂更增添了几许神秘的色彩。这些栩栩如生的石虎，不仅形神兼备，技艺精湛，而且透露出古代蜀人强烈的崇尚情感，为我们了解古蜀国和西南诸族的观念习俗提供了珍贵的资料。更重要的是，商周时期的古蜀文明通过三星堆青铜雕像群展现了大型铸造艺术的灿烂成就，并由金沙遗址石雕跪坐人像和石虎显示出石雕造像艺术的绚丽特色，在中国和世界美术史上增添了新的内容。

金沙遗址出土的大量玉器在琢制技艺和图案纹饰方面也极富特色。其中的小型玉人头像雕琢精致、风格奇异，那炯炯的大眼和夸张的冠饰，以及着力刻画的龇牙咧嘴凶狠狰狞之态，仿佛充满了一种神秘的力量，给人以震撼心灵之感。这种赋予了超凡想象的玉人头像与三星堆青铜面具在造型风格上有异曲同工之妙，都具有丰富的内涵，堪称古代蜀人的神奇创造。另一件玉斧形器上刻画的兽面纹饰同样在夸张的形态中突出了兽面的狰狞威严，在丰富而奇妙的想象中蕴含着特殊的象征含义，为我们了解古蜀族的社会习俗、精神观念和审美情趣提供了珍贵的资料。

总而言之，金沙遗址考古发现向我们展示了古代蜀人丰富多彩的社会生活情景和精神文化风貌，也展现了异彩纷呈的艺术特色和雕造制作工艺方面的非凡成就。数千年前的灿烂遗存，如今已成为揭示成都这座西部历史文化名城根脉的耀眼明珠。古代蜀人的聪明才智和令人叹为观止的神奇创造，已凝聚为永恒的魅力，深深地扣动着后人的心弦，并将永远彪炳于史册。

（本书所用金沙遗址图片转引自《金沙淘珍》《四川文物》等已经公开发表的图片资料。李绪成、李升摄影，江章华提供。）

初版后记

    金沙遗址是继三星堆之后成都平原上又一处了不起的考古发现。我还记得两年前听到消息时的情景：当时，文博界和学术界的同仁们都奔走相告，那份惊讶、惊喜交织在一起的兴奋心情，真是难以言传。之后不久，当看到那些清理出土的一件件别具特色的精美文物时，更是真切地体会到了一种震撼与欣喜。以后又几次参观，每次都有很深的感受。对那些研究古蜀文明有着深厚情结的学者们来说，金沙遗址提供的大量考古资料实在是太重要了。它带给我们的并不仅仅是惊叹，还引起了我们许多新的思考。

    成都市考古队是文博战线一支开拓性很强的队伍，人数不多，但个个都是风华正茂的精兵强将。他们的机会和运气也实在是好得不得了，先前已有宝墩文化六座早期古城遗址的考古发现，填补了成都平原史前考古的空白。现在随着城市建设速度的加快，又有了金沙遗址的发现，巨大的幸运再一次降临在了这些年轻有为的考古工作者头上。当然，伴随着幸运，落在他们肩上的也是一副很重的担子。当站在工地上面对前所未有的宏大规模和紧张有序的发掘场面时，每一个参观者都不能不为他们执着的事业心和巨大的工作热情而感叹。如果用朝气蓬勃和气势如虎来形容此情此景，应当是不过分的。而更令人敬佩的是他们的工作进度，还有那种完全开放的态度。仅过了短短几个月，清理出土的文物已经登记上架，开始接待一批又一批的参观来访者。只有将学术视作天下公器的人，才会有这等襟怀。他们毫无保留地展示，不烦其厌地介绍，目的只有一个：让大家多了解金沙遗址，也让社会多关注金沙遗址，并团结更多的学者来共同研究金沙遗址。刚过了一年，一部介绍金沙遗址出土资料的图文并茂的大气之作《金沙淘珍》就已经出版问世并摆在了世人面前。这确实是令人敬佩而且使人非常感动的一件事情。这与考古界中那些喜欢把持垄断出土资料、办事拖沓、数年甚至十几年不发表考古报告的做法，真是有天壤之别。有了这样的例子，那些庸碌之辈不知是否会感到汗颜？

金沙遗址以及成都商业街船棺葬等一系列重大考古发现，引起的轰动不亚于三星堆。长期居住于成都的人们，对此感觉尤为强烈。每当谈起金沙遗址，人们便眉飞色舞，心中洋溢着一种自豪的感觉。驱车经过南延线宏伟的立交桥，人们便会指着那巨大的金光灿烂的太阳神鸟图案说："看，金沙遗址出土的！"如今在世人的心目中，金沙遗址已成为最大的骄傲，也成了成都这座历史文化名城一道最为亮丽的风景线。

关注金沙遗址的人实在是很多很多，不仅有学者，还有远见卓识的出版家。巴蜀书社是在出版界和学术界享有盛誉的一家出版社，历年来出版过一系列很有影响的好书。特别是近年精心策划隆重推出的《三星堆文明丛书》，在海内外获得了好评。颇有眼光的巴蜀书社段志洪总编以一位优秀出版家的敏锐和对古蜀文明的热情关注，迅速将对金沙遗址的研究介绍作为重要选题加以策划出版。段总编和我谈起这个选题的一些构想时，我也谈了一些建议，有很多想法都是相同的，可谓不谋而合。段总编随即邀请我来参与这个选题的写作。说内心话，金沙遗址确实是非常值得写的一部大书，这也是对古蜀文明作进一步深入探讨的契机，所以这个选题对我有着不可抗拒的诱惑力。但当时颇有些踌躇，因为我不知道金沙遗址的考古材料什么时候正式公布，而这恰恰是进行研究和动笔写作的前提与关键。值得庆幸的是，成都市考古队的同仁们以空前的工作热情和前所未有的出版速度，将有代表性的出土器物和初步的整理认识汇集为图文并茂的《金沙淘珍》迅速出版问世了。有了这些基本资料，在段总编盛情邀请下，于是我开始了对金沙遗址的研究写作。促使我下决心的，当然还有考古界同仁的支持。在去年的一次研讨古都文明的学术会议上，我同成都市考古队队长王毅先生谈起了我要写金沙遗址，王毅先生热情地微笑着说："好啊，我支持你！"后来我和江章华先生、蒋成先生也谈到了要对金沙遗址进行研究和写作的事，他们都同样表示了热情和支持。对引用已经公布的图片资料也达成了共识，取得了他们的允诺。有了这种坦诚和默契，自然也就增添了认真写好这部书的信心。

写作的进展还是比较顺利的，但也累人，常常要工作到深夜，坚持数月，丝毫不敢松懈。由于金沙遗址的发掘工作还在进行，全部的考古资料要公布出来还有个整理的过程，所以现在做的都是些初步的研究，叙述的也是对金沙遗址的一些初步认识。在研究方法上，我依然采用多学科结合的方式，特别注意考古资料与文献记载的印证。所提出的看法，也大都是一家之言。对有些出土器物的认识，比如石雕跪坐人像等，与其他学者的看法并不一致。我想，能够坦率陈述自己的学术观点应该是一件很好的事情，学术就是在争鸣与讨论的过程中发现真谛、获得发展的。而这本身就是一部抛砖引玉之作，所希望的也就是能够为后来的研究工作起一点铺垫的作用。同时也为热切关注金沙遗址的广大读者尽快提供了解与观赏的便利。

在文本的叙述上，尽可能注意了文字的流畅及图文的配合。追求唯美与典雅当然不是一件坏事，但要真正做到这一点也决不是一件容易的事情。好在已经努力了，还是让读者来评判吧。书中所引用的资料与学者们的论述都一一注明出处，以示严谨与尊重。作为一位文史两栖的写作者，对笔耕的甘苦体会很深，本书是我已经出版的一些学术著述中耗费心血较多的一部。要说的话很多，这里只是概略地记述了写作此书的缘起，涉及学术方面的都已写在书中了，怀着诚恳的心情，很希望能得到高明者的批评指教。在这里还要特别感谢关心支持我的同仁们和朋友们，特别鸣谢王毅先生、江章华先生、蒋成先生的支持，感谢巴蜀书社段志洪总编和责任编辑罗红同志对书稿进行了认真的审读和编辑加工，还要感谢美编在版式和装帧设计上付出的努力。最后要感谢的是读者，希望此书能成为你们喜欢的读物，那将是我最大的欣慰了。

二〇〇三年初夏

于天府耕恩斋

再版后记

拙著《古蜀金沙》在2003年11月出版之后，当年被评为四川省优秀图书奖，得到了学界的诸多好评，并获得了读者们的广泛欢迎，相当畅销。特别是在金沙遗址博物馆的书店里，《古蜀金沙》更是供不应求，是深受读者喜欢的读物。

光阴荏苒，弹指间十多年过去了，《古蜀金沙》依然保持着良好的口碑。2020年4月23日是第23个"世界读书日"，据人民网、四川日报等媒体报道，成都图书馆正式发布了"第二批天府文化推荐书单"，一共推荐了23本书，其中就有拙著《古蜀金沙》。在新闻媒体的报道中，学者们认为，推荐的这批书目，主要是为了扎实阅读，留住文化根脉，让天府书香更盛，也是为了开卷有益，优化传承创新。喜欢天府之国，爱上成都这座名城，就要从了解她的历史文化开始。《古蜀金沙》能成为"读懂四川"的一部优秀著述，这确实是令人高兴的事情。

原来的版本印数有限，早已售罄。四川文艺出版社决定再版发行，这也是令人欣喜的好事。

感谢四川文艺出版社的领导和责任编辑，也感激广大读者对拙著《古蜀金沙》的厚爱。

让我们一起来传播书香，为弘扬成都的历史文化而多读好书。

二〇二〇年仲秋
于天府耕愚斋

文物品鉴会
快来进入数字博物馆吧

本书专属二维码：为每一本正版图书保驾护航

历史文物拓展

蒙古文物

鲜卑遗址

女真文物

土谷浑遗址

扫码专属

· 博物馆随声听：三百条文物讲解等你来享！
· 文物品鉴笔记：阅读珍贵笔记边记边存！
· 中国历史之家：历史爱好者们的聚集地！